Franz-Joseph Huainigg

Auch Schildkröten brauchen Flügel!

Ein herausforderndes Leben

UEBERREUTER

Dieses Buch widme ich meinen Eltern und meinen Geschwistern, die mir eine schöne Kindheit geschenkt haben, ebenso Judit und Katharina, die mir durch ihre Liebe Kraft und Freude zum Leben geben. Zum Entstehen dieses Buches haben meine AssistentInnen Katja Bohländer, Sonja Lang, Nina Eigner, Fares Nassan-Agha, Romana Wachsenegger, Petra Pitzl, Daniela Schuster wesentlich beigetragen, indem sie mit viel Geduld und Ausdauer mit mir das Buch geschrieben haben.

Vielen Dank an Brigitte Hilzensauer, die mit Feingefühl einen roten Faden in mein Manuskript gebracht hat.

Nicht zu vergessen Fritz Panzer, ohne den es dieses Buch nicht gäbe, da er die Idee dazu hatte.

ISBN 978-3-8000-7341-2
Bearbeitet von Brigitte Hilzensauer
Covergestaltung: Walter Reiterer
Coverfoto: Eva Thebert
Copyright © 2008 by Verlag Carl Ueberreuter, Wien
Druck: Druckerei Theiss GmbH, A-9431 St. Stefan i. L.
Gedruckt auf Salzer Papier
7 6 5 4 3 2 1

Ueberreuter im Internet: www.ueberreuter.at

Inhalt

Ein Besuch und eine Frage

Papa läutete an der Haustür meiner Großeltern. Nichts rührte sich, hinter den Glasscheiben blieb es dunkel.

»Der Opa sitzt sicher wieder vor dem Fernseher und hat den Apparat voll aufgedreht«, lachte meine Schwester Claudia.

»Und die Oma hockt in ihrem Büro und zählt Geld«, meinte trocken mein Bruder Christian und trat zwei Schritte zurück, um einen Blick auf das Bürofenster im ersten Stockwerk zu erhaschen.

Papa drückte noch einmal auf den Klingelknopf, diesmal etwas länger und energischer. Man hörte das Surren aus der Wohnung. Pause. Noch immer war nichts zu hören. Dann aber ging doch das Licht an und Opa näherte sich der Tür.

»Hallo!«, rief er. »Hallo! Wer ist da?«

»Ich bin's, der Franzi!«

Die Sicherheitsschlösser klackerten. Dann ging die schwere Holztür auf und Opa drückte uns rasch die Hände. »Anni, die Kinder sind da!«, rief er hinauf in den ersten Stock und schon war er wieder auf dem Weg zu seinem Fernseher, um nur ja nichts zu versäumen.

Wir durchquerten die große Küche mit ihren roten Küchenkästchen, vorbei am Herd, auf dem wie jeden Sonntag Gulaschsaft mit Würstchen brodelte, vorbei an den gerahmten Fotos der Enkelkinder, und gingen ins Wohnzimmer. Opa saß bequem in seinem breiten Fauteuil, die Füße auf einen Hocker gelagert, und ließ sich nicht im Fernsehgenuss stören, obwohl heute ein neuer Gast dabei war: Judit, meine Freundin, die ich den Großeltern vorstellen wollte.

Inzwischen war auch Oma im Bademantel aus dem ersten Stock gekommen und hatte uns Enkelkinder mit einem feuchten Kuss auf den Mund begrüßt. Wie hatte ich das als Kind gehasst! Wie immer roch sie nach 4711, echt Kölnischwasser. Bald saßen wir alle am Wohnzimmertisch bei Brot und Speck, Gurkerln und Schnaps, Würsteln und Gulaschsaft. »Auf dich, mein Junge!«, sagte Oma und prostete meinem Vater zu. Auch Judit nahm einen Schluck Schnaps, was die Familie wohlgefällig aufnahm. Geschätzt wurde sie ohnehin schon, hübsch und adrett, engagiert und studiert, mit einem Vater, der General-direktor der Österreichischen Nationalbibliothek war. Keine schlechte Partie. Meine Oma brachte es auf den Punkt: »Du wärst genau die richtige Frau für den Christian und den Betrieb!«

Das lehnte Judit entrüstet ab. Sie hatte sich für mich entschieden, einen kleinen Mann, der mit Krücken und Stützapparaten durch das Leben hüpfte. Ich brauchte nicht auf das Möbelgeschäft Rücksicht zu nehmen wie mein Bruder; er würde es erben, also musste er auch – so stellte die Familie sich das vor – eine Frau finden, die »geschäftstaug-lich« war. Eine Art Kopie ihrer selbst schwebte Oma wohl vor. Die Aufgabe schien Christian zu überfordern, jedenfalls konnte er sich nie für eine Frau entscheiden, obwohl er von vielen umschwärmt war, wie ich einst neidvoll beobachtet hatte. Aber heute war mein triumphaler Tag: Judit gehörte zu mir.

»Gibt es noch Apfelsaft?«, fragte Claudia. Eine überflüssige Frage: Der Keller meiner Großeltern war immer bis oben hin mit Vorräten vollgestopft. Nur einen Teil konnten die zwei verbrauchen, der Rest wanderte meist in die Mülltonne. Mein Vater begründete diese Hams-tereinkäufe mit den Erfahrungen des Krieges. Wer einmal gehungert habe, der sorge vor, auch wenn weit und breit kein Krieg mehr in Sicht sei.

Das Tischgespräch verlief wie immer: ein wenig Politisieren, Schwel-gen in Erinnerungen, Skandale in anderen Familien – und natürlich das Geschäft. Judit beteiligte sich hie und da mit kurzen Einwürfen, sonst hörte sie zu, amüsiert und aufmerksam. Doch eine Frage lag ihr auf dem Herzen, und sie wollte die Antwort aus erster Hand hören:

»Warum ist Franz eigentlich behindert? Kam das wirklich von einer Impfung?«

Kurze Schrecksekunde. Dann ergriff Oma das Wort. »Die Sissi ist schuld!«, sagte sie knapp. Betretenes Schweigen. »Wenn es mir nicht aufgefallen wäre, dass mit dem Kind etwas nicht in Ordnung ist ... Ich habe den Franzi gepackt und bin mit ihm nach Klagenfurt zu einem Arzt gefahren.«

Der Umgang mit Verantwortung in unserer Familie hatte eine eige-ne Logik. Nie waren meine Großeltern schuld. Was immer sie taten, es war richtig. Gingen sie sonntags in ein Restaurant essen, dann speiste man dort am allerbesten. Machten sie mit dem Auto einen Ausflug, dann hätte man den Tag nicht gelungener verbringen können. Ging etwas im Geschäft schief, war der Schuldige bald gefunden: der Franz, mein Papa. Gab es Probleme mit den Kindern, war die Erziehung meiner Mutter der Grund. Leute, welche die Schuld auf andere abschieben, leben länger, habe ich einmal gelesen. So gesehen war ich sicher, dass meine Großeltern sehr alt werden würden.

Vater mischte sich begütigend ein. Die Schuld an meiner Behinderung trage wohl der Arzt, der bei mir die Dreifachimpfung gegen Diphtherie, Tetanus und Keuchhusten durchgeführt habe.

Und Mama gab sich selbst die Schuld oder zumindest eine Mitschuld.

Judit verteidigte sie: »Das hätte doch jedem passieren können!«

So sehe ich es auch. Die Schuldfrage spielt für mich keine Rolle. Was würde es auch bringen, sich darüber Gedanken zu machen? Ich war und bin behindert, die Behinderung gehört zu mir und prägt mein Leben. Ohne sie hätte es einen völlig anderen Verlauf genommen. Ich hätte vielleicht eine Tischlerlehre begonnen, wäre Geschäftsführer des Möbelhauses geworden und würde meine Familie sonntags mit dem Auto zum Essen ausführen. Vielleicht hätte ich sogar Kinderbücher oder Kabaretttexte geschrieben, aber im österreichischen Nationalrat wäre ich wahrscheinlich nicht gelandet. Ziemlich sicher aber hätte ich Judit nicht getroffen, und dadurch wäre mir das Schönste in meinem Leben nie geschehen: Ich hätte diese wunderbare Frau nicht kennengelernt und die große und einzigartige Liebe meines Lebens nicht erfahren dürfen.

Der wirkliche Grund für meine Behinderung konnte also auch an diesem Abend nicht geklärt werden. Vielleicht hatte ich den Impfstoff der Dreifachimpfung nicht vertragen, vielleicht hatte die Reaktion auf die Impfung in meinem Körper etwas ausgelöst, das eine Lähmung verursachte. Vielleicht war ich auch zum Zeitpunkt der zweiten Impfung – ich war damals sieben Monate alt – leicht erkältet. In den Sechzigerjahren schenkte man solchen Dingen noch wenig Beachtung. Nach der ersten Teilimpfung hatte ich jedenfalls bereits mit Fieber reagiert, was den Arzt nicht besonders nervös machte. Er bezeichnete es als eine übliche Reaktion; bei der nächsten Teilimpfung sollte sich dies bessern. Das war allerdings nicht der Fall, ich bekam kurz darauf wieder hohes Fieber und war ab diesem Zeitpunkt stets kränklich und so schwach, dass ich im Kinderwagen meinen Kopf nicht mehr hochheben konnte. Später verschlimmerte sich mein Gesundheitszustand dramatisch, ich bekam hohes Fieber und Lähmungserscheinungen an den Beinen. Meine Eltern ließen mich von mehreren Ärzten in Kärnten untersuchen. Keiner konnte jedoch die Ursache feststellen und man verwies sie an das Preyersche Kinderspital in Wien. Auch dort war man nicht imstande, uns weiterzuhelfen. Doch mein Zustand besserte sich nicht, ich konnte nur krabbeln und nicht auf eigenen Beinen stehen.

Das war offensichtlich durch die Impfung ausgelöst worden, wurde aber trotzdem nie als Impfschaden anerkannt, laut offiziellem Bescheid des Sozialministeriums. Als etwa zwanzig Jahre nach meiner Geburt vom Parlament ein sogenanntes »Impfschadengesetz« beschlossen wurde, reichte ich meinen Fall ein. Ein Arzt nach dem anderen schrieb Gutachten, die von »möglich« über »eher unwahrscheinlich« bis »auszuschließen« reichten. Persönlich untersucht hat mich keiner.

Mit drei Jahren wurde ich im Wiener Allgemeinen Krankenhaus aufgenommen. Damals war es so gut wie unmöglich, dass Väter oder Mütter bei ihren Kindern im Spital bleiben konnten. So verabschiedeten wir uns tränenreich und ich blieb einsam und von Heimweh geplagt in meinem Gitterbett zurück. Man schleppte mich von Untersuchung zu Untersuchung, konnte aber nach wie vor nichts Auffälliges feststellen, das meine Lähmung erklärt hätte. Alles in Ordnung, hieß es.

Bei psychologischen Tests konnte ich brillieren. Und wie man Aufmerksamkeit gewinnt, hatte ich auch bald heraus. So aß ich beispielsweise zur Abwechslung einmal eine ganze Tube Zahnpasta der Marke Blendi (sie schmeckte gut, wenn ich mich recht erinnere) – und erbrach prompt, das erste Mal, an das ich mich erinnere. Die Reaktion der Krankenschwestern überraschte mich: Ich wurde aus dem Bett gehoben, herumgetragen, gestreichelt, man wechselte die Bettwäsche

Meine Mutter trägt mich auf den Armen – und das
tat sie jahrelang

– kurz, ich stand im Mittelpunkt. Vielleicht konnte ich deshalb die Kotzerei jahrelang nicht mehr lassen.

Solche und ähnliche Geschichten wurden Judit beim Abendessen mit meinen Großeltern aufgetischt. Als es ans Verabschieden ging, gab es wieder einen feuchten Kuss der Oma. »Das kannst du sicher brauchen«, meinte sie und drückte mir hundert Schilling in die Hand. »Davon darf der Opa aber nichts wissen!«, fügte sie etwas leiser hinzu, aber doch so, dass er es hören konnte. Er tat wie immer, als hätte er nichts mitbekommen. Oma liebte solche Spielchen, aber er trug es mit Fassung und sagte nie ein Wort. Vielleicht sind Großmütter eben so. Vielleicht wollte sie aber auch nur zeigen, wer im Haus die Hosen anhatte.

»Europamöbel Huainigg«

Im Geschäft jedenfalls führte sie das Regiment. »Europamöbel Huainigg«: Um diese zwei Worte drehte sich alles, es war ihr Lebensinhalt. Zwar war Opa der offizielle Besitzer des Möbelhauses in der Oberkärntner Kleinstadt Spittal an der Drau, allerdings hatte Oma längst das Regiment übernommen. Mit deutscher Gründlichkeit – sie war in Essen geboren und im Ruhrgebiet aufgewachsen – leitete sie die Geschäfte. Geschätzt und gefürchtet zugleich saß sie in ihrem »Glaskobel« mitten im Geschäft, von wo aus sie einen guten Blick auf das Geschehen rundum hatte. Manche Kunden hatten solche Angst vor ihrer Bestimmtheit, dass sie nur zwischen zehn und elf Uhr kamen, wenn Oma in die Stadt einkaufen und danach zur Bank ging. Kam ein Kunde zur Tür herein, rief sie schon: »Bedienung!«; erfolgte dann keine Reaktion, schallte es kurz darauf durch alle Lautsprecher: »Bedienung!!« Wenn sie morgens nach ihrem Frühstück (einem »Doppeldecker«, bestehend aus einer halben Semmel mit Ribiselmarmelade und einer Scheibe Pumpernickel, sowie einer starken, aber magenfreundlichen Tasse Kaffee) ins Büro kam, brachte sie für Mann und Sohn ein dick mit Butter und Speck belegtes Brot mit. Wenn Papa zu Mittag keinen Hunger mehr hatte, wusste meine Mutter, dass er die Jause brav aufgegessen hatte.

Opa fuhr kaum noch zu Kunden, spazierte nur tagsüber durch das Geschäft und inspizierte die Küchenabteilung, die Schlafzimmer, Wohnzimmer, Bauernmöbel, Kinderzimmer und auch die Werkstatt. So legte er am Tag einige Kilometer zurück, was ihn gesund und fit hielt. Arbeit und Privatleben waren bei meinen Großeltern untrennbar verbunden. Sie lebten nicht nur für das Geschäft, sondern auch im Geschäft: Die Wohnung befand sich im ersten Stock des alten Möbelhauses in der Schillerstraße, das aber bald einem neuen, dreistöckigen Gebäude am anderen Ende der Straße weichen musste, da das alte längst zu klein geworden war.

Spittal an der Drau war zur Zeit meiner Kindheit eine Kleinstadt mit 10.000 Einwohnern. »Europamöbel Huainigg« ist in der Umgebung seit über hundert Jahren ein Begriff. Generationen haben dort schon ihre Möbel gekauft, erst die Eltern, später die Kinder und Enkelkinder. In meiner Kindheit in den Sechzigerjahren war das Möbelhaus das einzige weit und breit, dann aber entdeckten die großen Ketten das kleine Städtchen an der Drau und errichteten riesige Möbelzentren. Doch dank meinem Vater konnte sich »Europamöbel Huainigg« halten. Er war die Seele des Geschäfts, er lebte für das Geschäft, das er eines Tages erben sollte. Morgens um halb acht verließ er die Wohnung, um zwölf war er wieder zu Hause, zumeist angespannt und nervös. »Schlechtes Wetter, nervige Kunden«, hieß es dann. Seiner Theorie nach entsprach die Kundenlaune immer den herrschenden Außentemperaturen. Als Kind verfolgte ich interessiert die Wettervorhersage im Fernsehen und schon wusste ich, wie mein Vater am nächsten Tag aufgelegt sein würde. Im Geschäft aber ließ er sich nichts anmerken, dort gewann er durch seine offene und gesellige Art viele Kunden; Sportsfreunde, abendliche Trinkgefährten und Leute, die persönliche Beratung mehr schätzten als anonymes Einkaufen, kamen zu Huainigg.

Ein Geheimnis seines Erfolges waren auch Gegengeschäfte. So gingen wir am Wochenende oft in Hotelrestaurants, Cafés und Gasthäuser essen: Wer bei uns Kunde war, bei dem waren auch wir Kunden. Wir Kinder waren immer dabei. Meine Eltern hatten kein Problem, ihren behinderten Sohn überall hin mitzunehmen. Dass ich bei jedem dieser Essen mehrmals erbrechen musste, fiel den Kellnern natürlich auf, und sie fragten, ob »eh alles in Ordnung« sei. »Natürlich«, lächelten meine Eltern, »das Essen ist wunderbar, nur der Franzi hat heute etwas.« Im Bemühen meiner Eltern, die Gunst der Restaurantinhaber für die Familie Huainigg und deren Möbelhaus zu gewinnen, war ich also ein geschäftsstörendes Element. Ich rechne es meinen Eltern hoch an, dass sie mich unverdrossen trotzdem mitnahmen. So lernte ich nicht nur viele Restaurants kennen, sondern auch deren Toiletten.

Abends kam Papa nicht immer gleich nach Hause, sondern besuchte noch Kunden, maß Zimmer aus oder beriet über die Möglichkeiten der Einrichtung. Die besten Geschäfte machte er aber sicherlich in seinen Stammlokalen. Nach ein paar Bier waren alle bester Laune, Geschäfte wurden mit Handschlag abgeschlossen. Darin war mein Vater Meister. Er verkaufte aber nicht nur, sondern kaufte auch. So erwarb er nach der Geburt meiner Schwester spätnachts als Ausdruck seiner Freude von einem Bauern eine halb verfallene Almhütte mit Plumpsklo und Schweinestall.

Am Wochenende saß Vater oft am Esstisch und zeichnete Einrichtungspläne oder komplettierte sein Fahrtenbuch. Ich saß bewundernd daneben, während er die Autofahrten des vergangenen Jahres rekonstruierte. Es war mir ein Rätsel, wie man das noch so genau wissen konnte.

Im Geschäft hieß er nur »der Herr Franz«. »Der Herr Franz« hielt das Geschäft am Leben. Trotzdem behandelten ihn meine Großeltern nicht wie den Juniorchef, sondern wie einen bloßen Angestellten. Ihr Verhältnis zu meinem Papa war kurios. Einerseits war er der einzige Sohn von drei Kindern und somit potenzieller Geschäftserhalter, andererseits wurde er von ihnen oft heruntergemacht, »wie der letzte Dreck behandelt«, klagte Vater. Besonders zur Weihnachtszeit spitzte sich die Situation zu. Alle Jahre wieder gab es einen heftigen Streit zwischen Vater und Opa, weil mein Vater beispielsweise die Heizung im Geschäft zu sehr auf- oder zurückgedreht oder ähnliche eigenmächtige Handlungen gesetzt hatte. Beide schrieen sich vor dem Heizkessel an, mein Vater brauste auf und verließ – »für immer!« – das Geschäft. An den nächsten Tagen hockte er zu Hause und ging uns allen auf die Nerven. Selbst zum Kartenspielen mit uns Kindern hatte er dann keine Lust und Geduld. Er schmiedete Pläne, ins Ausland zu gehen und dort als Geschäftsführer eines Möbelhauses zu arbeiten. Doch unter dem Christbaum wurde dann eine Friedenspfeife geraucht, Vater ging wieder ins Geschäft, spielte mit uns Karten und die Welt schien in Ordnung – bis zum nächsten Krach.

Auch während des Jahres gab es immer wieder familiäre Gemetzel, beispielsweise als sich mein Vater in der Vorstadt ein Grundstück kaufte und seinen Eltern eröffnete, dass er für seine Familie ein Haus bauen wolle. Anstelle von Glückwünschen und eventuell auch einem finanziellen Zuschuss – immerhin lebten wir alle von einem Angestelltengehalt meines Vaters – erntete er nur Spott und Hohn. Mit keinem Wort würdigten seine Eltern seine Entschlossenheit und Tatkraft. Gleichzeitig dürfte ihnen aber sehr wohl bewusst gewesen sein, dass gerade diese Eigenschaften meinen Vater als Geschäftsmann auszeichneten. Er war der Kronprinz und gleichzeitig die Konkurrenz im eigenen Haus.

Meine Mutter kam vom Land und war eine liebende Frau mit großem Mutterherzen, sehr fleißig und obendrein – wie Fotos bezeugen – in den getupften kurzen Röcken der Sechzigerjahre eine attraktive Frau. Kein Wunder, dass sich mein Vater in die medizinisch-technische Assistentin verliebte. Die Liebe muss sehr leidenschaftlich gewesen sein, denn bald darauf kam ich zur Welt. Heiraten wollte mein Vater freilich nicht, zu sehr hing er am freien Junggesellenleben – das durch die Beziehung zu meiner Mutter ohnehin längst zu Ende war. Er schwärmte zwar oft von anderen Frauen, aber sein Herz gehörte meiner Mutter, auch wenn es ihm als Macho schwerfiel, dies einzugestehen. Kurz darauf, ich war noch kein Jahr alt, war sie wieder schwanger und endlich wurde geheiratet. Einige Monate später kam mein Bruder Christian zur Welt. Meine Mutter hängte die Arbeit beim Kinderarzt endgültig an den Nagel und widmete sich ganz der Familie.

Am Boden

Als ich vier Jahre alt war, hatte mein Vater seinen Traum vom Eigenheim verwirklicht, und so zogen wir von unserer Wohnung im Haus meiner Großeltern in unser neues Refugium in einer neu angelegten Vorstadtsiedlung. Rundum lagen Äcker und Wiesen, die nach und nach verschwanden, während immer neue Häuser in die Höhe wuchsen. Alle ähnelten einander, hatten links einen Eingang und rechts eine Balkontüre mit Terrasse, davor ein lang gezogenes Stück Wiese. Nie fehlte die Garage.

Obwohl ihr älterer Sohn noch nie auf eigenen Beinen gestanden war, lebten meine Eltern nach dem Prinzip Hoffnung. Sie waren überzeugt, dass ich eines Tages gehen würde, und hatten deshalb ihr Haus im 08/15-Stil errichtet: Stufen beim Eingang, kleine Toiletten, Schlafzimmer im ersten Stock. Das erforderte eine weitere Perfektionierung meiner Kriechkünste, in denen ich es bereits zu großer Meisterschaft gebracht hatte.

Mein Tag begann mit einem Plumps. Den Kopf voraus kroch ich aus dem Bett, wobei ich die gelähmten Beine nachzog, die heftig auf dem Boden aufschlugen. Es brannte kurz und schmerzhaft, aber das gab sich bald. Dann krabbelte ich zur Türe, richtete meinen Oberkörper auf, so gut es ging, langte mit den Fingerspitzen nach der Türschnalle und öffnete die Türe. Weiter ging es den Gang im ersten Stock entlang bis zur Treppe, die ich mit dem Kopf voraus hinunterrutschte, während ich die Beine hinter mir nachzog. Es war eine eigene Kunst, unter Ausnützung der Schwerkraft von Stufe zu Stufe zu sausen. Siebzehn waren es, das wusste ich genau. Ich bewältigte sie mehr oder minder kopfüber und griff dabei abwechselnd mit der linken und der rechten Hand nach Stufenkante um Stufenkante. Hätte ich eine verfehlt – was nie passierte –, wäre ich ungebremst hinuntergestürzt. In den Händen und Armen war ich stark, was für meine Fortbewegung sehr wichtig war.

Der umgekehrte Weg am Abend ging anders vor sich: Meine Mutter zog mir auf der Küchenbank die Kleider aus, ich glitt auf den Boden und Mama ergriff meine Beine. »Scheibtruhenfahrt« nannten wir diese Art der Fortbewegung. Splitternackt ging ich so jeden Abend auf den Händen die Stiegen hinauf in den ersten Stock und ins Bad, wo mir Mama den Pyjama anzog. Pyjamas hatte ich viele, jeder Nikolaus, jeder Osterhase brachte einen. Und gab es einmal keinen, dann lagen im Osternest oder Nikolaussackerl grüne Münzen von Palmers – für einen weiteren Pyjama.

Am Boden fühlte ich mich wohl. Das war meine Welt. Das Krabbeln hatte ich perfektioniert: Auf dem Spannteppich ging es eher langsam dahin, auf dem Perserteppich im Vorraum musste man »in Strichrichtung« krabbeln, auf dem glatten Küchenboden glitt es sich am besten. Ab und zu wagte ich mich auch aus dem Haus und auf die Terrasse mit dem rauen Steinboden. Das tat weh! Nachdem ich mir ein paar Mal die Füße wund gerieben hatte, kroch ich nur noch mit Schuhen. Steinplatten, das musste ich ebenfalls schmerzhaft lernen, können in der Sommerhitze brennend heiß werden. Aber ich war erfinderisch und legte die Kartonhülle einer Langspielplatte unter meine Füße. Zwar verrutschte sie immer wieder, aber ich kam voran, wenn auch langsam, und der Karton schützte meine Beine.

Die Hosen allerdings hinderten beim Kriechen. Immer wieder rutschten sie nach unten. Was tun? Also nähte mir meine Mutter Latzhosen, sehr modern in den Siebzigerjahren, die hielten auch noch bei fünf Meter pro Minute. Die Latzhosen waren nach einem Schnitt aus einer Frauenzeitschrift in coolem Giftgrün, Grellrot oder Grellorange geschneidert. Auf dem Brustlatz gab es eine große Tasche, in die ich alles steckte, was ich am Boden fand: Kohlrabistücke, Büroklammern, ungekochte Nudeln, Spielzeugritter … Es dauerte nie lange, da wurden die Latzhosen an den Knien löchrig und unsere Nachbarin nähte mir rote Lederherzen auf den grünen Stoff. Ebenfalls sehr in Mode damals.

Die Welt vor dem Haus war spannend. Am Boden krochen Ameisen, Käfer und Regenwürmer, die ich in kleinen Tic-Tac-Schächtelchen einfing, um sie nachher eingehend zu studieren. Zum sechsten Geburtstag bekam ich von Oma ein Mikroskop, das mir bei meinen

Forschungen sehr dienlich war. Nachdem ich das Äußere der Tierchen genau betrachtet hatte, ging ich daran, sie mit der Rasierklinge meines Vaters zu sezieren. So opferte ich ihr Leben für die Wissenschaft, wenn auch mit schlechtem Gewissen, war ich doch ein bisschen wie einer von ihnen. Wir, die wir am Boden krochen, hätten zusammenhalten sollen. Aber die Wissbegier war stärker.

Zum Namenstag gab es eine Überraschung. Mama überreichte mir eine Schachtel, in der es hörbar krabbelte und kratzte. Sollte es ein Hase sein? Eine Katze? Oder gar ein Hund, wie ich ihn mir immer gewünscht hatte? Doch nein, es war eine Schildkröte. Man konnte sie nicht streicheln oder ihr Befehle wie »Sitz!«, »Platz!« oder »Bei Fuß!« beibringen. Trotzdem war ich hellauf begeistert, denn die Schildkröte war wie ich: langsam und doch zügig am Boden dahinkriechend, hartnäckig, zielbewusst und stur.

Ich nannte sie Kralli, da sie unentwegt in Schachteln herumkrallte, scharrte und kratzte. Ihre Vorderkrallen waren dadurch ganz stumpf geworden. Sie kam aus Griechenland und so zog es sie mächtig in den Süden. Immer wieder gelang es ihr, über den Schachtelrand zu klettern und auch die fünf Zentimeter hohe Schwelle der Terrassentüre schaffte sie. Dann gehörte die Welt ihr und sie marschierte quer über den Rasen, wohin ich ihr nicht folgen konnte, kletterte über das Mistbeet und verschwand schließlich in Nachbars Garten. Dreimal stand kurz darauf die Nachbarin vor der Tür und hielt mit den Fingerspitzen Kralli am Panzer fest. Sie ekelte sich sichtlich vor dem Tier, aber das Pflichtbewusstsein war stärker. Kralli zappelte und ruderte, aber hoch in der Luft hatte sie keine Chance zu entkommen. Meine Wiedersehensfreude war groß und ich redete der Schildkröte ins Gewissen, nicht mehr fortzulaufen. Doch als sie das vierte Mal ausbrach, blieb sie trotz intensiver Suche verschwunden. Meine nächste Schildkröte hieß Jimmy; sie war nicht, wie Kralli, ausgewachsen, sondern klein und süß. Nachts schlief sie bei mir im Bett, was meine Eltern zunächst duldeten. Aber als Jimmy weißen Schleim ins Bettlaken absonderte, bekam sie Bettverbot. Ich bastelte für sie eine Schlafstelle: Eine Schachtel wurde mit Wasserfarben bunt bemalt und trug die Aufschrift »Jimmy«; innen wurde sie mit Spannteppich-Resten ausgekleidet, die mir

Hartnäckig und zielbewusst …

mein Vater aus dem Geschäft mitbrachte. Ich liebte Jimmy. Sie fraß mir Tomaten und Salat aus der Hand und kämpfte mit mir gegen die bösen schwarzen Ritter, welche die Burg besetzten, indem sie einfach über sie hinwegkrabbelte und die Spielfiguren umstieß. Über weite Distanzen trug ich Jimmy in der Brusttasche meiner Latzhose mit mir. Eines Tages aber bewegte sie sich zu meinem Entsetzen nicht mehr. Woran sie gestorben war, blieb im Dunkeln; wahrscheinlich lag es an der nicht artgerechten Tierhaltung. Da ich nicht wollte, dass sie von Würmern zerfressen würde, schweißte ich sie in einen Gefrierbeutel ein und vergrub sie in unserem Garten. An einem Stöckchen befestigte ich ein Stück Karton, worauf zu lesen stand: »Hier ruht in Frieden mein geliebter Jimmy.«

Ich hatte viele Freunde, genauer gesagt: Freundinnen. Da waren Marlies und Regine, die mit mir »Mensch ärgere dich nicht« spielten, Doris, die Katzenmutter, und Angelika, die Besitzerin einer Schildkröte. Mit ihr hatte ich davon geträumt, dass ihre Schildkröte gemeinsam mit Kralli Eier legen und kleine Schildkrötenbabys zur Welt bringen würde. Es war beim Traum geblieben.

Mein Bruder spielte auf der Straße vor unserem Haus mit den anderen Kindern, meist Buben, Fußball oder Tempelhüpfen, während ich in der Eingangstüre kniete und die spielenden Kinder beobachtete.

»Der Franzi ist ein fröhliches Kind«, sagte meine Mutter, »er lacht immer.«

Lächelnd wurde ich von Ärzten untersucht, die nichts feststellen konnten – außer dass ich eben ein fröhliches Kind war. Lächelnd ließ ich in Kärnten, später im Wiener Allgemeinen Krankenhaus die vielen Prozeduren über mich ergehen, mit deren Hilfe man herauszufinden hoffte, welche Fehlsteuerungen in meinem Körper abliefen: Gehirnluftfüllung, Rückenmarkpunktion, psychologische Tests. Auf allen meinen Kinderfotos lächle oder lache ich. Dass ich manchmal in der Nacht weinte, merkte keiner.

Meine Kotzkarriere

Auf der Kinderstation im Allgemeinen Krankenhaus hatte ich zum ersten Mal gekotzt, und schön langsam war eine Gewohnheit daraus geworden. Mehr als ein paar Bissen konnte ich nicht essen, und schon stellte sich das bekannte Würgen im Hals ein. Beim Mittags- und Abendtisch war der Ablauf meist so: zwei Bissen nehmen, kauen, schlucken, erbrechen. Ich glitt von der Bank auf den Boden, kroch aufs Klo und zog mich dort an der Muschel hoch. Nachdem ich hinuntergespült hatte, kroch ich wieder zurück auf meinen Platz. Die Stimmung meiner Eltern schwankte zwischen Ignorieren, Akzeptieren, Schimpfen und Besorgnis. Doch alles half nichts, mir blieb das Essen einfach im Hals stecken.

Im Kinderspital in Wien hatten meine Eltern von einer Ärztin in Paris erfahren, die schon bei zahlreichen behinderten Kindern Wunder bewirkt haben sollte. Dieser Floh kitzelte mächtig ihr Ohr. Vielleicht würde sich an meinem Zustand etwas zum Besseren ändern? Eine solche Möglichkeit wollten sie nicht einfach ausschlagen, das hätten sie sich später vielleicht ewig vorgehalten.

Also fuhren wir nach Paris. Zuvor musste ich meinen Eltern das feierliche Versprechen abgeben, während der Reise nicht zu erbrechen. Und das mitten in einer Periode, in der ich den ganzen Tag mit einem Speitopf durch die Wohnung kroch. Aber ich wollte unbedingt den Eiffelturm sehen und war bereit, alles Geforderte zu versprechen. Ob ich es halten konnte, war eine andere Frage. Ich erbrach ja nicht absichtlich, sondern litt auch selbst sehr darunter.

Anfang der Siebzigerjahre flog man nicht nach Paris, man setzte sich ins Auto und fuhr dort hin. Eine kleine Weltreise für die ganze Familie. In den Tagen davor hatte ich es geschafft, mich und somit auch meine Kotzerei in den Griff zu bekommen. Und so durfte ich mitfahren, nach Paris, zum Eiffelturm. Meine Eltern waren froh, dass ich nicht mehr erbrach. Doch die Freude dauerte nur kurz: Schon nach wenigen Kilometern verknotete sich mein Hals, ich wurde bleich und presste die Worte heraus: »Ich muss speiben.« Hektisch suchten alle nach einem Plastiksack. Eine Chipspackung wurde ausgeleert und von mir wieder angefüllt.

Während der zwei Tage Anreise konnte ich keinen Bissen bei mir behalten. In Paris angekommen, fuhren wir stracks zum Eiffelturm. Meine Eltern und mein Bruder gingen zum Pariser Wahrzeichen, ich blieb im Auto zurück. Weil ich zu schwach sei, so die vernünftige Argumentation. Ich empfand es als Strafe für den Bruch meines Versprechens, war gekränkt und ärgerte mich, überhaupt mitgefahren zu sein.

Eine Woche blieben wir in Paris, eine Woche kotzte ich ununterbrochen. Zuletzt kam nur noch Blut. Die Ärztin, die wir aufsuchten, wusste auch keinen Rat. Sie schrieb Gymnastikübungen für mich auf und meinte, man sollte versuchen, mir Marmelade zu essen zu geben. Doch auch die behielt ich nicht bei mir. Auf der Rückfahrt nach Österreich war ich so schwach, dass mein Vater meinte: »Sobald wir zuhause sind, bringen wir dich sofort ins Krankenhaus, damit du intravenös ernährt wirst.«

»Was ist intravenös?«, fragte ich.

»Da wird dir durch eine Nadel flüssige Nahrung ins Blut gespritzt.«

Ich versuchte mir vorzustellen, wie das gehen könnte. Irgendwie bekam ich ziemliche Angst bei der Vorstellung, dass man mir eine Wurstsemmel in die Adern spritzen würde. Vielleicht war es die Angst, vielleicht hatte ich aber bloß endlich mein Plansoll an Kotzen erfüllt: Jedenfalls nahm ich am letzten Tag vor der Heimkehr beim Frühstück im Hotel eine Semmel, schnitt sie auseinander, belegte sie mit Salami und Käse und aß sie auf. Die anderen staunten nicht schlecht.

Das aber war nur eine kurze Episode. Weder an meiner Lähmung noch am Erbrechen änderte sich etwas. Meine Eltern pilgerten von Arzt zu Arzt, keiner wusste wirklich Rat. Man verschrieb bloß ständige Bewegungstherapie, und so turnte meine Mutter jeden Tag fleißig mit mir. Ich hasste die Übungen im Allgemeinen und speziell jene auf Bällen. Auch die Therapeutin, die dienstags kam und jedes Mal eine Buttersemmel verzehrte, während ich die Hände in die Höhe strecken sollte, genoss nicht meine volle Zuneigung.

Ein Heilpraktiker in Salzburg äußerte die Theorie, dass sich in meinem Gehirn »etwas festgesetzt« habe; das werde sich aber wieder lösen und dann würde ich wieder normal gehen können. Natürlich werde der Lösungsprozess nicht ganz von alleine vor sich gehen, hatte der Heilpraktiker eingeschränkt und meinen Eltern ein paar gute Tipps mit auf den Weg gegeben. An die hielten sie sich strikt. Und so musste ich täglich eine halbe Stunde, unter einem Tuch schwitzend, beißend-scharfe Substanzen inhalieren, um danach in einem heißen Kräuter-Wasser-Gemisch gebadet zu werden. »Ist ja nur zu deinem Besten«, hieß es. Das Einzige, was mich daran freute, war die Belohnung, durfte ich doch nach den Bädern eine halbe Stunde eingewickelt im Bett meiner Eltern liegen. Dort roch es heimelig und trotzdem – nach der großen Welt.

»Wilde Integration« in der Volksschule

Etwa einen Kilometer von unserem Haus entfernt lag die Volksschule Ost, ein einstöckiger Flachbau mit vielen Fenstern und einem Pausengarten. Gegenüber dem Haupteingang wohnte der Schulwart in einem kleinen Häuschen.

Es war der Tag der Schuleinschreibung, alle Eltern pilgerten mit ihren sechsjährigen Kindern in die Schule. So auch meine Mutter mit mir auf dem Arm. Für mich war dieser erste Schulbesuch sehr aufregend. Die Lehrer empfanden ähnlich, als sie mich sahen. Was meine Mutter denn mit mir da wolle, wurde sie gefragt. Für behinderte Kinder gebe es ganz besondere Schulen. Für den Franzi wäre das wohl das Beste. Ein gemeinsamer Unterricht, das sei ja noch nie da gewesen. Und überhaupt wisse man gar nicht, wie man mit mir umgehen solle. Nein, nein, der Franzi, der brauche eine besondere Betreuung in einer speziellen Behindertenschule. So eine gebe es in Wien, die Adresse werde man gerne vermitteln.

Wenn meine Mutter in den vergangenen sechs Jahren durch mich etwas gelernt hatte, dann war es Hartnäckigkeit. Und so blieb sie einfach sitzen. Die Lehrerin und der Direktor waren zunächst ziemlich verlegen, fanden dann jedoch die dem österreichischen Schulsystem adäquate Lösung: Franzi wurde einem Test unterzogen.

Die Lehrerin zeigte mir für eine Sekunde ein Bildchen und ich musste die Abbildungen benennen: Haus, Baum, Auto, Kinderwagen … Ich fand das Spiel ziemlich fad und kindisch. Nachdem ich den Test bravourös bestanden hatte, machte sich erneut Ratlosigkeit breit. Daher wurde eine neue Prüfung angesetzt: Ich musste mit der linken Hand über den Kopf zum rechten Ohr greifen. Grinsen: Ganz klar, der Franzi ist noch nicht schulreif. »Aber wie gesagt, probieren Sie es in Wien in der Spezialschule«, meinte der Schuldirektor.

Meine Eltern dachten aber nicht daran, mich einfach wegzugeben. Und überhaupt verstanden sie nicht, dass ich nicht wie jedes andere Kind in die normale Schule gehen sollte. Da mich die Schule aber nicht nahm, suchten sie einen Privatlehrer. Doch es fand sich niemand.

Ein Jahr später erschien meine Mutter wieder mit mir beim Reifetest in der Schule. Ich lächelte die Frau Lehrerin und den Herrn Direktor an und zeigte ihnen gleich einmal, wie toll ich mit der linken Hand das rechte Ohr erreichte. Vielleicht war es der Mangel an weiteren Testmöglichkeiten, vielleicht war es meine herzerweichende Freundlichkeit: Jedenfalls wurde ich in die erste Klasse aufgenommen – auf Probe, versteht sich.

Das warf ein neues Problem auf: Wie sollte ich jeden Tag in die Schule kommen? »Mit dem Auto«, sagte meine Mutter. Aber dazu musste sie zuerst eines kaufen und die Fahrschule machen. »Auf dem Rad schieben ginge auch«, sagte meine Oma, die es mit diesem Argument ablehnte, einen Zuschuss für die Fahrschulprüfung oder ein gebrauchtes Auto zu leisten. Meinem Vater fiel die Entscheidung schwer, die er als Mann und Geldheimbringer zu fällen hatte: Einerseits sah er ein, dass es für meine Mutter und mich äußerst schwierig sein würde, bei jedem Wetter und bei jeder Jahreszeit mit dem Fahrrad einen Kilometer zur Schule zu rollen; andererseits hatte er durch den Hausbau kaum Geld. Meine Oma aber ließ sich leider nicht vom Autokauf überzeugen. So musste eben ein Kredit aufgenommen werden, und eines Tages stand eine gebrauchte blaue »Ente«, ein Citroën 2 CV, vor unserer Haustüre. Der Boden war durchgerostet und hatte ein Loch, aber das störte uns überhaupt nicht. Wir liebten das wackelige Gefährt, dessen Stoffdach man im Sommer ganz zurücklegen konnte. Der Citroën wippte bei jeder Unebenheit, lehnte sich in Kurven weit hinaus und auch die Heizung hatte ihre Tücken: Im Sommer heizte sie und war nicht abzustellen, im Winter blies es kalt aus den Lüftungsschlitzen.

Mama schaffte natürlich den Führerschein mit Bravour und so schaukelten wir mit der blauen Ente in die Schule. Dort wartete bereits einer meiner Mitschüler, um mir die Schultasche hinauftragen zu dürfen, während ich auf dem Arm meiner Mutter das Klassenzimmer »betrat«. Ich besaß einen eigens ausgepolsterten Sessel und einen Teppich, worauf ich zwischendurch liegen, aber nicht schlafen durfte.

Bei den Lehrern war ich nicht nur wegen meiner schulischen Leistungen sehr beliebt. Sie trugen mich in der Pause herum, eine Lehrerin tat immer so, als wolle sie mir die Nase abbeißen. Davor hatte ich wirklich Angst! Falls sie das tut, dachte ich, beiß ich ihr schnell und fest ins Ohr. Wenn ich nicht getragen wurde, krabbelte ich in der Klasse und in der Pausenhalle herum. Dass ich nicht gehen konnte, war für meine Klassenkollegen nur am Anfang etwas Besonderes, bald jedoch das Natürlichste auf der Welt. Ich kann mich nicht daran erinnern, jemals verspottet worden zu sein. Mit den Buben spielte ich fast jeden Tag »Mädchen-Fangen«: Sie fingen die Mitschülerinnen, ich kitzelte sie. Im Kitzeln war ich Klassenbester.

Vom Turnunterricht war ich befreit. So durfte ich entweder länger schlafen und meine Mutter brachte mich später in die Schule oder ich saß im Turnsaal neben der Lehrerin und schlug die Trommel, zu deren Takt die anderen Kinder im Kreis liefen. Heute denke ich, dass ich ruhig mitturnen hätte können. Es hätte sicherlich Übungen gegeben, die ich mit den anderen Kindern hätte machen können. Aber zur damaligen Zeit zerbrach man sich darüber nicht den Kopf.

Wie viel ich meiner damaligen Volksschullehrerin zu verdanken habe, ist mir erst später bewusst geworden. Meine Integration war eine Ausnahme. So ziemlich alle behinderten Menschen, denen ich später begegnete und die meine Freunde wurden, hatten eine Sonderschulkarriere hinter sich. So gab es damals – und gibt es heute noch – die so genannte »Waldschule« in Niederösterreich, entlegen, fernab von der Gesellschaft und den Eltern. Dorthin kamen und kommen körperlich beeinträchtigte Kinder aus ganz Österreich. Der Unterricht dürfte gut sein, aber in dieser »heilen Welt« der behinderten Kinder entstehen Feindbilder, eine künstliche Trennung zwischen »denen da draußen« und »wir drinnen«. Die Schüler und Schülerinnen verlernen den normalen Umgang mit nicht behinderten Menschen, Unsicherheit und Vorurteile treten an die Stelle von Vertrautheit und Wissen. Der Hausverstand meiner Eltern und ihre Liebe haben es verhindert, dass ich in einem fernen Schulinternat abgeliefert wurde. Sie kämpften für meine Integration, für meine gleichberechtigte Teilhabe am Leben. Heute wird die damalige Form der Schulintegration, wie ich sie erlebte, als »wilde Integration« abgetan. Doch vieles, was damals selbstverständlich geschah, wird nun von LehrerInnen nur geleistet, wenn sie dafür eigene Ressourcen oder mehr Geld bekommen.

Heute gibt es an beinahe jeder Volksschule eine Integrationsklasse, zweifellos ein politischer Erfolg. Doch wie die Integration in den Klassen wirklich abläuft, hängt natürlich von den jeweiligen LehrerInnen ab. Es gibt noch immer LehrerInnen, die sich nach über fünfzehn Jahren der Integration im Regelschulwesen der neuen Aufgabe verschließen, mit dem Argument, dass sie den Umgang mit behinderten Kindern in ihrer Ausbildung nie gelernt hätten.

Ich bewundere alle Eltern, die ein behindertes Kind haben und für dessen Integration kämpfen. Obwohl sich in diesem Land für behinderte Menschen viel zum Positiven entwickelt hat, etwa was das Pflegegeld oder die Schulintegration betrifft, ist es noch immer ein Kampf – und wird es wohl bleiben. Doch jene, die den Kampf führen, werden auch von den Kindern belohnt. So wurde beispielsweise Heinz Forcher, Vater eines behinderten Kindes, zum politischen Vorreiter der neu gegründeten Elternbewegung und Maria Rauch-Kallat fand durch ihren Einsatz für die blinde Tochter den Einstieg in die Politik. Meine Eltern waren und sind keine politischen Kämpfer; sie kämpften für ihren Sohn und gewannen diesen Kampf. Meine weitere Entwicklung und Karriere habe ich sicherlich der Aufnahme in die Volksschule zu verdanken. Im niederösterreichischen Wald hätte mein Leben eine andere Wendung genommen.

Alle Jahre Tobelbad

Da ich niemals auf eigenen Beinen gestanden war, sondern mich nur auf allen vieren kriechend fortbewegte, verkürzten sich die Sehnen meiner Beine immer mehr. Die Ärzte und Therapeuten verschrieben gegipste Nachtschienen; dazu musste meine Mutter jeden Abend meine Beine in die Schienen pressen und mit Mullbinden fixieren. Dies ging anfangs recht gut und ich gewöhnte mich daran, trotz der so malträtierten Beine einzuschlafen. Mit der Zeit aber verkürzten sich die Sehnen noch mehr und die Prozedur wurde von Abend zu Abend für meine Mutter qualvoller und für mich schmerzhafter. Wenn das Kunststück dennoch gelungen war, erbrach ich hin und wieder oder bekam heftige Bauchschmerzen. Irgendwann entschied meine Mutter, dass es so nicht mehr weitergehen könne, doch sie hatte noch nicht aufgegeben: Ein Orthopäde sollte mir neue Schienen anfertigen. Er sah sich meine schief verwachsenen Beine an und diagnostizierte, Schienen würden da nichts mehr helfen. Er hatte meiner verzagten Mutter aber auch eine Lösung anzubieten: Tobelbad, ein sogenanntes Rehabilitationszentrum im Herzen der Steiermark.

Und dort landete ich und erbrach gleich einmal zur Begrüßung. Der junge Oberarzt nahm es gelassen. Kinder waren für ihn etwas Außergewöhnliches, außerhalb der Routine, da das Rehabilitationszentrum von der Unfallversicherungsanstalt für Arbeitsunfälle eingerichtet worden war, und Arbeitsunfälle haben eben nur Erwachsene. Ich weiß nicht, ob es meine verwachsenen Beine waren oder mein Lächeln oder das Lächeln meiner attraktiven Mutter, die das Herz des jungen Arztes in Schwingung versetzten; wahrscheinlich war es eine Mischung daraus. Jedenfalls wurde eine Ausnahme gemacht und ein Kind namens Franzi stationär aufgenommen. Allerdings wusste man mit ihm nicht so recht umzugehen, noch dazu mit einem, das ständig kotzte. So gab man mir Babybrei zu essen. Den erbrach ich erst recht, schon aus Protest: Ich war wirklich kein Baby mehr, sondern bereits neun Jahre alt, und das sollte man auch in Tobelbad zur Kenntnis nehmen.

Da am Boden herumkriechende Patienten kein schönes Bild abgeben, man mich aber nicht den ganzen Tag im Bett liegen lassen wollte, wurde ich mit einer tollen Erfindung bekannt gemacht: dem Rollstuhl. Einen solchen hatten meine Eltern zuvor immer abgelehnt. Er hätte für sie das endgültige Eingeständnis bedeutet, dass ihr Sohn behindert war.

Man gab mir den kleinsten Rollstuhl, der vorhanden war, aber auch in dem erreichte ich nur mit Müh und Not die beiden Treibräder. Das störte mich jedoch nicht. Fasziniert von diesem Gefährt hatte ich bald alle Tricks heraus, elegant und vor allem schnell durch die Gänge zu brausen. Ich war so von den neuen Möglichkeiten hingerissen, dass mir der Abschied von meinen Eltern nicht schwerfiel. Als sie weg waren, saß ich in meinem Rollstuhl am Eingang und wartete. Dann erst wurde mir bewusst, dass ich nun alleine entscheiden konnte, was ich machen wollte. Bislang hatte ich die Welt nur von den Armen meiner Mutter aus erfahren und sie quasi immer begleitet. Jetzt konnte ich mich erstmals über lange Distanzen alleine fortbewegen. Und so rollte ich gleich einmal in die Kantine und bestellte ein Eis.

In der ersten Nacht schlief ich schlecht. Immer wieder wachte ich auf, weil das Licht angedreht wurde und Pfleger herumliefen. Als ich am nächsten Tag fragte, sagte man mir, dass einige Patienten in der Nacht umgedreht werden müssten. Das könnten sie selbst nicht, aber man müsse es tun, weil sie sonst auf der Haut offene Wunden bekämen. Das alles war für mich eine fremde Welt. Und noch etwas musste ich in Tobelbad lernen: Jeder, der nicht erwachsen war, hieß Berndi, nach einem behinderten Kind, das schon öfter hier gewesen war. Alle freuten sich, dass Berndi wieder da war, und ich kämpfte lange vergebens dagegen an. Ein erster Erfolg gelang mir bei einer Visite, als der Primarius meinte: »Berndi wird nächsten Montag operiert.«

Darauf ich verärgert: »Franzi wird operiert.«

»Okay«, entschuldigte er sich, »der Franzi wird operiert.«

Der Gedanke daran beunruhigte mich und ich versuchte das offenbar unaufschiebbare Ereignis zu verdrängen. Am besten gelang mir das, wenn ich in meinem Rollstuhl durch das Gebäude flitzte. Ich hatte bald heraus, wie man flott durch die Gegend sauste, die vielen

Langsamgeher mit ihren Krücken überholte oder im Slalom um sie herumfuhr. So war ich bald gefürchtet, da ich mit meinem Gefährt jeden Moment um die Ecke biegen konnte.

In den Siebzigerjahren war selbst Tobelbad nicht rollstuhlgerecht und das Wort »barrierefrei« ein Fremdwort. Besonders stark zu spüren bekam ich dies, wenn ich als neunjähriges Kind Lift fahren wollte und die Tasten nicht erreichte, weil sie so hoch angebracht waren, der Norm von Leuten entsprechend, die auf beiden Beinen gingen. Aber ich hatte bald einen Trick heraus: Ich stellte mich in die Liftkabine und wartete, bis jemand den Lift holte. Natürlich gestand ich niemals ein, dass ich noch zu klein war, um die Knöpfe zu erreichen, sondern begrüßte die Einsteiger mit den Worten, dass sie schneller gedrückt hätten als ich. So kam ich trotzdem an mein Ziel.

Die Zeit bis Montag, dem Tag, an dem die Operation stattfinden sollte, zog sich. Ich fürchtete mich, hatte aber auch einen Trick parat: Ich stellte mir nämlich vor, dass irgendwann ja der Montag vorbei sein würde; zu diesem Zeitpunkt würde ich mich hinbeamen, wie im Raumschiff Enterprise. Auch wenn mir das nicht gelang, verdrängte ich mit dieser Vorstellung doch einen Teil meiner Angst. Den zweiten Teil bewältigte ich mit der Vorfreude auf einen Hund. Den sollte ich nämlich bekommen – das hatten meine Eltern versprochen –, wenn ich endlich gehen konnte. Darauf freute ich mich und deswegen war ich bereit, Einiges auf mich zu nehmen.

In der Früh um fünf Uhr ging das Licht an. Diesmal wurde nicht ein Bettkollege umgedreht, diesmal besuchte man mich. Ich wurde gewaschen.

»Warum muss man gewaschen werden, wenn man operiert wird?«, fragte ich. »Wird dabei nicht ohnehin alles wieder schmutzig, vom Blut?«

Dann bekam ich eine Spritze zur Beruhigung. Ich dachte, das sei schon die Narkose, und schlief sofort ein. Als ich erwachte, lag ich auf dem Rücken, mein Mund war ausgetrocknet, eine Krankenschwester redete beruhigend auf mich ein. Ich sagte, dass ich furchtbaren Durst hätte, und sie flößte mir mit einem Löffel ein wenig Tee ein. Als ich versuchte, meine Beine zu bewegen, durchzuckte mich ein heftiger Schmerz. Dann schlief ich wieder ein.

Bis zum Wochenende hatte ich mich halbwegs von der Operation erholt, bei der meine Kniesehnen verlängert worden waren. Das Fieber war weg, das Blut tropfte nicht mehr aus dem Schlauch, der vom Gips direkt in eine am Bettrand hängende Flasche führte. Ich las Comics und scherzte mit den anderen. Am darauffolgenden Montag wurde ich neuerlich operiert. Diesmal wollte ich alles richtig machen und schlief nicht bei der ersten Spritze ein. Man rollte mich mit dem Bett vor den Operationssaal, wo ich ein wenig warten musste. »Wahrscheinlich«, dachte ich, »damit sie zuerst das Blut vom vorherigen Patienten abwaschen können.« Dann wurde ich geholt und rollte mit dem Bett in das, wie mir schien, heilige Zimmer ein, wo sonst niemand hin durfte. Dort waren lauter Menschen in grünen Gewändern mit grünen Hauben und grünem Mundschutz. Sie schienen mich aber zu kennen, denn sie begrüßten mich mit einem »Hallo, Berndi«. Sie werden es nie lernen, dachte ich. Man legte mich auf den Operationstisch, mein Arm wurde in eine Klemme mit lauter Löchern gesteckt. »Lustig«, dachte ich zuerst, doch als ich begriff, dass die Löcher als Zielscheiben für die Spritzen dienten, ergriff mich Panik.

»Möchtest du eine Narkose mit Äther, durch den Mund?«, fragte mich ein grünes Männchen. Ich nickte. Keine Spritzen, das war mir lieber. Durch ein Mundstück sollte ich tief ein- und ausatmen. Alles um mich herum begann sich zu drehen. An jeder Stelle des Kreises sprach eine andere Person und an einer Stelle bimmelte eine Glocke. Eigenartig, dachte ich. Dann dachte ich nichts mehr.

Als mich meine Eltern ein paar Tage später besuchten, saß ich schon wieder vergnügt im Bett. Mit zwei Gipsbeinen wurde ich vorübergehend nach Hause entlassen. In der Schule waren meine Beine das Ereignis schlechthin, zumal sich die weiße Gipsfläche hervorragend als Malfläche für Grüße, Liebesschwüre und Unterschriften eignete.

Die Zeit, so lernte ich, vergeht in einem Rehabilitationszentrum anders als zuhause. Langsamer. Besonders am Wochenende schien eine

Stunde so lang wie mindestens zwei. Gleichaltrige Spielkameraden hatte ich nicht und die Spiele der Erwachsenen – Zigarettenrauchen zum Beispiel – waren mir strengstens verboten worden. Das fand ich unfair.

Eines Tages kam die Krankenschwester in mein Zimmer, tat geheimnisvoll und schob mich im Rollstuhl in den Turnsaal. Dort warteten bereits eine Therapeutin und ein Mann von einer sogenannten Orthopädiefirma. Meine Beine wurden in zwei Schienen gepresst, mit Binden fixiert und dann wurde ich zu zwei Stangen geführt, die man »Gehbarren« nannte.

»Und jetzt musst du aufstehen«, sagte die Therapeutin.

»Stehen?«, fragte ich ungläubig.

»Na klar«, sagte der Mann, fasste mich unter den Achseln und hievte mich in die Höhe. Und da stand ich dann, das erste Mal in meinem Leben, wackelig und mit beiden Händen krampfhaft die Stangen haltend, auf meinen eigenen Beinen. Das Gefühl war überwältigend. Mit der Zeit lernte ich, aus den Hüften Schwung zu holen und so ein Bein vor das andere zu schleudern. Wie ein Löwe im Käfig kam ich mir vor, der immer dieselbe Strecke hin und her geht.

Die nächste Trainingseinheit ließ nicht lange auf sich warten. Ich bekam in eine Hand einen Stock und durfte mich nur noch mit der anderen Hand an einer fest montierten Stange anhalten. Die Freiheit, so spürte ich, kam immer näher. Und eines Tages hatte ich zwei Krücken in der Hand und stand, diese weit von mir abgespreizt, wackelig mitten im Turnsaal. »Wenn der Oberarzt das sieht, werden ihm die Augen herausfallen«, motivierte mich meine Therapeutin. Für mich war das Ereignis, mehr oder weniger aufrecht zu stehen, ergreifend. Eine Art umgekehrte Mondlandung: Ein kleiner Schritt für die Menschheit, ein großer Schritt für mich.

In den darauffolgenden Wochen bekam ich meine ersten »Stützapparate« und einen »Beckengürtel«. So gestützt sollte ich eines üben: Gehen. »Rechter Stock, linkes Bein, linker Stock, rechtes Bein«, sagte die Therapeutin, während ich mich unendlich langsam im Takt ihrer Befehle durch den Turnsaal quälte. Ich übte mit großem Eifer. Nicht unbedingt, weil ich gehen wollte; mit dem Rollstuhl herumzudüsen

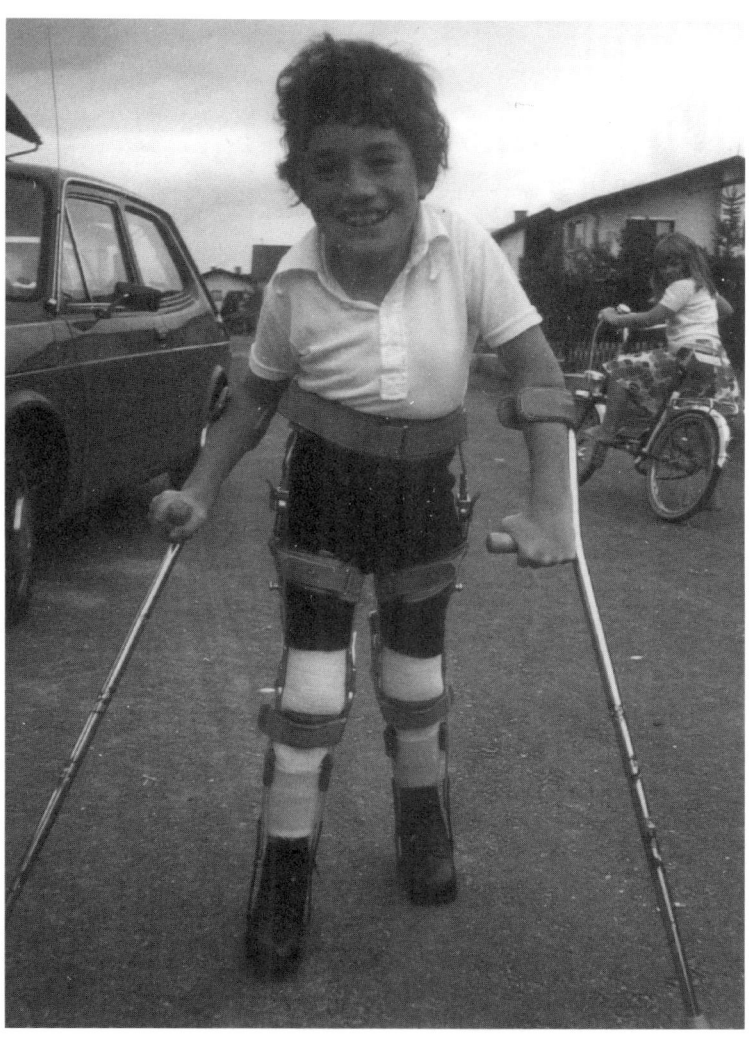

Endlich auf eigenen Beinen stehen!

war weitaus einfacher und schneller. Nein, ich erinnerte mich an das Versprechen meiner Eltern: Wenn du gehen kannst, bekommst du deinen Hund. Und eben dieser Hund schien mir von Tag zu Tag sicherer.

Als ich von Tobelbad entlassen wurde, konnte ich gehen. Mühsam zwar und noch immer sehr langsam, aber immerhin. Man hätte mir auch einen Rollstuhl mitgegeben, damit ich zwischendurch schneller vorwärts käme, meine Eltern lehnten das aber ab. Ich solle mich nur bemühen, meinten sie, und mir blieb keine andere Wahl, als mich als Aufrechtgeher zu bewähren. Tatsächlich konnte ich mich bald immer schneller mit den Krücken fortbewegen.

Einige Zeit wartete ich darauf, dass meine Eltern mich mit dem versprochenen Hund überraschten. Doch nichts kam, und so hielt ich eines Tages die Zeit für gekommen, sie an ihr Versprechen zu erinnern. Welche Enttäuschung, als sie einen Hundekauf mit der Begründung ablehnten: »Wir meinten, richtig gehen.« Darauf fehlte mir die Antwort.

Wie relativ die Auslegung von »richtig« und »falsch« sein kann, erfuhr ich ein paar Jahre später. In der Hauptschule hatte ich meine Müh und Not, mit der Geschwindigkeit meiner Klassenkameraden beim Gehen mitzuhalten. Jung und kreativ, wie ich war, erfand ich eine neue Gehmöglichkeit, den »Schwung-Gang«: Ich schwang beide Beine zugleich zwischen den Krücken nach vorne, was meine Geschwindigkeit wesentlich erhöhte. Ein bisschen kam ich mir dabei wie Tarzan vor. Immer wenn meine Eltern sahen, wie ich mich hüpfend durch die Gegend bewegte, meinten sie: »Geh anständig!« Also ging ich ja doch; juristisch gesehen wäre mir der Hund also zugestanden.

Beinahe jedes Jahr verbrachte ich nun zwei bis drei Wochen in Tobelbad, das zu meiner zweiten Heimat wurde. »Der Franzl ist wieder da!«, lautete dann die erfreute Begrüßung. Ich kannte das Rehabilitationszentrum und die Leute dort bald in- und auswendig. War ich im ersten Jahr als einziges Kind unter den erwachsenen Patienten noch ziemlich verlassen gewesen, so bot sich bald eine Lösung: Ich freundete mich mit drei älteren Damen an. Für sie war ich Kind-Ersatz, sie wiederum waren für mich Mutter-Ersatz. Die Freundschaft mit zweien von ihnen hielt über Jahrzehnte.

In den Achtzigerjahren wurde Tobelbad gründlich umgebaut: Die stinkenden Gangtoiletten, die auf jeder Station für alle Patienten gemeinsam herhalten mussten, wurden durch größere Toiletten für jedes Zimmer ersetzt, die Stockwerke konnte man nicht mehr nur über Stufen, sondern auch über lang gezogene Rampen überwinden, die Türen öffneten sich alle automatisch und es gab Lifte mit leicht erreichbaren großen Tasten. Gleich blieb der Alltag im Rehabilitationszentrum: Um sieben Uhr gab es Frühstück, um zwölf Uhr Mittagessen, um fünf Uhr Abendessen, um neun Uhr musste jeder auf der Station sein, um zehn Uhr hieß es Licht aus und Nachtruhe. Die großen Schlafsäle, in denen es immer lustig und feuchtfröhlich zugegangen war, wurden durch Zwei- und Dreibettzimmer ersetzt. Vorbei die Zeiten, in denen jeder eine Kiste Bier unter seinem Bett verstaut hatte. Tobelbad wurde ruhiger, seriöser und ein wenig alkoholfreier. Untertags gab es in der Kantine Alkoholverbot, erst ab sechzehn Uhr wurde Bier ausgeschenkt. Ein Angebot, das viele nutzten, war es doch eine Möglichkeit, sich den Frust von der Seele zu spülen. Einfach ist das Leben sicherlich nicht, wenn man plötzlich von heute auf morgen gelähmte Beine hat und sich tief unten, nahe dem Boden, auf Rädern fortbewegt.

»Dein vorheriges Leben vergisst du am besten gleich einmal«, sagte mir einmal Michael in der Kantine in mein mitgebrachtes Mikrophon. Es war Ende der Achtzigerjahre, ich war wieder einmal stationär aufgenommen worden, hatte aber ein Aufnahmegerät dabei, weil ich in meiner Doppelfunktion als Patient und Journalist das Leben der Bewohner in Tobelbad aufzeichnen wollte. So saß ich frühmorgens am Bett eines Patienten, der mühsam versuchte, sich alleine die Unterhose anzuziehen. Ohne funktionierende Finger ein schwieriges Unterfangen. Nach zwanzig Minuten lag die Hose endlich in der richtigen Position, damit er mit dem rechten Fuß hineinschlüpfen konnte. Doch da kam ein Krampf und alles ging wieder von vorne los. Frauen und Männer im Rollstuhl erzählten mir von zerbrochenen Beziehungen und Freundschaften, von Arbeitskollegen, die kurz nach dem Unfall auf Besuch kamen und dann, war ihre Neugierde gestillt, nie wieder.

Wichtig für alle Patienten war und ist es, die Selbständigkeit wiederzuerlangen. Mühsame Übungen sind notwendig, um allein vom Rollstuhl auf die Toilette zu kommen oder um sich vom Boden in den Rollstuhl zu hieven. In täglichem Training lernt man, mit dem Rollstuhl auf zwei Rädern über eine Gehsteigkante hinunter zu rollen oder selbständig eine Rolltreppe hinauf- oder hinunterzufahren. Sportliche Typen, sogenannte alte Hasen, können mit ihrem Gefährt sogar eine Treppe bewältigen, indem sie sich am Handlauf von Stufe zu Stufe ziehen. Es gibt in Tobelbad Therapeuten, die den ganzen Tag flott mit dem Rollstuhl durch die Gegend sausen. Sieht man sie dann auf zwei Beinen langsam nach Hause gehen, fehlt ihnen sichtlich etwas, ohne den Rollstuhl wirken sie beinahe behindert.

Das Ziel aller ist es, wieder ins Leben zurückzufinden. Dazu muss oft die Wohnung adaptiert werden. Führerschein und Auto sind wichtige Schritte zur Selbstständigkeit – und dann bleiben noch die Wünsche nach einer Arbeitsstelle und einer Beziehung. Der Weg dorthin ist mühsam. »Gemma hackeln!« ist ein typischer Ausspruch im steirischen Tobelbad, wenn man in die Arbeitstherapie rollt, um dort zu lernen, wie man Holz oder Eisen bearbeitet. Ich rollte meist in die Beschäftigungstherapie, die in den Achtzigerjahren in »Ergotherapie« umbenannt wurde. Dort flocht ich über Jahre hinweg Papierkörbe, dann Lampenschirme und schließlich nähte ich aus Leder Brieftaschen zusammen und versuchte mich im Töpfern. Auf der elektrischen Töpferscheibe wollte ich Vasen herstellen, die jedoch immer in sich zusammenfielen; so brachte ich schließlich bloß eine Reihe von selbst getöpferten Aschenbechern nach Hause in meine Nichtraucher-Familie.

Tobelbad ist wie alle österreichischen Rehabilitationszentren der Allgemeinen Unfallversicherungs-Anstalt eine hoch spezialisierte Einrichtung, in der behinderte Menschen wieder Selbstständigkeit erlangen. Als Kind war ich die große Ausnahme; auch heute noch bekommen behinderte Kinder kaum die Chance, eine umfassende Rehabilitation zu erhalten, wie sie diese Zentren anbieten.

Als sich jedoch im Laufe der Jahre meine Behinderung verschlimmerte, als ich meine Arme nicht mehr bewegen konnte und mein Behinderungsgrad dem eines Tetraplegikers entsprach (also von jemandem, der vom Hals abwärts gelähmt ist), lernte ich die Grenzen der österreichischen Rehabilitation kennen. Dort, wo selbstständiges Handeln nicht mehr möglich ist, wird in Tobelbad keine Alternative angeboten. Diese Alternative aber gibt es, und ich praktiziere sie selbst: Sie heißt selbstbestimmtes Leben mittels Persönlicher Assistenz. Nur so kann der oder die Betroffene selbst entscheiden, wann, wie und von wem er oder sie Hilfestellung erhalten möchte. Hier haben die Rehabilitationszentren gegenüber Amerika noch einen Nachholbedarf. Im Moment ist alles auf den durchtrainierten, sportlichen querschnittsgelähmten Patienten ausgerichtet. Für Kinder, Tetraplegiker oder beatmete Patienten fehlt in den Rehabilitationszentren ein für sie zurechtgeschneidertes Angebot. Beatmete Patienten werden mangels Ausbildung des Pflegepersonals üblicherweise gar nicht aufgenommen.

Ausgerechnet die Sporthauptschule?

Viele reagieren ungläubig, wenn sie erfahren, dass ich eine Hauptschule besucht habe. Hauptschulen gelten als »zweite Wahl«, sie haben keinen guten Ruf, auch wenn das ungerecht sein mag. Das gilt hauptsächlich für die Großstädte; Hauptschulen am Land hatten und haben auch heute noch oft das Niveau von Gymnasien.

In Spittal an der Drau gab es 1977 sowohl eine Hauptschule als auch ein Gymnasium. Die Wahl fiel schwer. Zwar hatte ich mit meinem Volksschulzeugnis – drei Zweier – durchaus die Möglichkeit, das Gymnasium zu besuchen; ausschlaggebend für die Wahl der Hauptschule waren jedoch meine langen Fehlzeiten wegen der Operation in Tobelbad. Außerdem war eine weitere Operation meiner Wirbelsäule geplant: Durch das Wachstum hatte sich mein Rücken zu verbiegen begonnen, ich bekam einen veritablen Buckel. Mit äußerster Besorgnis beobachteten meine Eltern diese Entwicklung. Es gab Fachmeinungen, denen zufolge man meinen Rücken operativ gerade stellen sollte. Ein sehr schwerer Eingriff, bei dem der gesamte Rücken geöffnet, die Wirbelsäule gedehnt und mit einer Eisenstange fixiert wird. Neben dem Operationsrisiko wäre ein vielwöchiger Krankenhausaufenthalt notwendig gewesen. Wenn man nicht operiere, sagte man uns, hieße es, schwere gesundheitliche Schäden in Kauf zu nehmen, die ab einem Alter von etwa dreißig Jahren wirksam werden würden: Einschränkung der Lungenkapazität, Herzinfarktrisiko durch die verstärkte Belastung und letztlich eine verkürzte Lebenserwartung. Eine schwere Entscheidung für meine Eltern! Was sollten sie tun? Der Oberarzt von Tobelbad hatte ihr Vertrauen und er riet, nicht zu operieren. Er halte nicht viel von einer Technik, bei der man die Patienten von oben bis unten in ein Korsett stecke und dann für geheilt erkläre. Meine Beine steckten bereits in Stützapparaten, auch meinen Oberkörper in ein Mieder zu zwängen hieße meine Bewegungsmöglichkeit völlig einzuschränken. Mit den Stützapparaten und Krücken hüpfte ich selbstständig und flott durch die Welt. Mit einem Mieder wäre dies nicht mehr möglich und meine Integration in der Schule stark gefährdet gewesen. Der lange Krankenhausaufenthalt hätte mich auch völlig aus meinem Leben herausgerissen, meine Bildung, meine Freundschaften und die Verbindung zu den KlassenkollegInnen wären gefährdet gewesen. Dazu kamen natürlich das Risiko der Operation und die Frage, ob sich mein Gesundheitszustand durch den Eisenstab im Rücken wirklich verbessert hätte. So entschieden sich meine Eltern letztendlich gegen eine Versteifung der Wirbelsäule. Zumindest zu diesem Zeitpunkt.

Die Hauptschule, die ich besuchte, war auf Sport spezialisiert – das mir, der ich Sport hasste! Der Grund war nicht, dass ich auf Beweglichkeit getrimmt werden sollte, sondern vielmehr ein ganz praktischer: Das Gebäude war ebenerdig. Die sechs Turnstunden pro Woche brauchte ich nicht zu besuchen. Aus heutiger Sicht wäre das nicht notwendig gewesen, hätten doch die Sportlehrer mit ein wenig Fantasie und Kreativität sicher Möglichkeiten für mich finden können. Natürlich konnte ich nicht Fußball oder Völkerball spielen, doch beim Schifahren etwa hätte man mich in einen Schibob für Querschnittsgelähmte setzen können. So aber hatte ich frei und ein Klassenkollege begleitete mich dreimal die Woche zum Möbelgeschäft meiner Eltern, wo ich die zwei Freistunden verbrachte, indem ich mit den Lehrlingen schäkerte, das Speckbrot meines Vaters verzehrte, im Büro meiner Oma saß und Briefe öffnete oder hin und wieder zum Friseur meines Opas um die Ecke spazierte, um von dort mit kurzen Haaren und von einer Taftwolke umduftet in die Schule zurückzukehren, was mir natürlich Spott und Hohn der Klasse eintrug. Doch das vermochte mich nicht abzuhalten, den Friseur demnächst wieder aufzusuchen.

In der Klassengemeinschaft war ich gut integriert. Morgens trugen mir die Schulkollegen die Schultasche in die Klasse, nach dem Unterricht stellten sie sie wieder vor die Eingangstüre. Hatte ich Hunger, lief mein Banknachbar für mich zum nahe gelegenen Lebensmittelgeschäft Tiedl. Für meine Wurstsemmel, ein Sackerl Eiszuckerl, Cola-Kauflaschen und die roten Kauschnüre mit Himbeergeschmack riskierte er Kopf und Kragen, war es doch strengstens verboten, während der Unterrichtszeit das Schulgebäude zu verlassen. In jeder Pause stand der Schulwart lauernd vor der Eingangstüre. Aber es gab immer wieder Tricks, ihn abzulenken, zum Beispiel, indem ich einen Sturz vortäuschte. Während der Schulwart herbeieilte und mich mitsamt meinen Krücken aufhob, war mein Klassenkollege schon durch die Türe nach draußen geschlüpft.

Meine Sonderstellung nützte ich auch sonst weidlich aus. Einerseits war ich ein Sensibelchen und weinte heftig, als ich meine ersten »Flecks« auf Schularbeiten kassierte – ein Umstand, an den man sich im Laufe der Schulzeit gewöhnt –, andererseits konnte ich auch austeilen: Ärgerte mich jemand, flog ihm schon einmal meine Krücke nach. Allerdings konnte ich mich dann mit der einen verbliebenen Krücke nicht mehr fortbewegen. Ich griff also an und rechnete gleichzeitig mit dem Mitgefühl des Opfers. Und so blöd es klingt: Sie brachten mir stets brav meine Krücke zurück. Diese Scheu im Umgang mit behinderten Menschen machte ich mir zunutze. Und wieder flog die Krücke ...

Zu Schulbeginn brachte ich meine Schulbücher in das Möbelgeschäft, wo die Lehrlinge sie sorgfältig mit Klarsichtfolie einbanden. Besondere Aufmerksamkeit schenkten sie dem Biologiebuch, nachdem ich ihnen kichernd die Seite 65 gezeigt hatte, eine Abbildung eines nackten Mannes und einer nackten Frau auf schwarzem Hintergrund. Natürlich hatte ich in diversen Illustrierten schon längst erotischere Abbildungen gesehen, noch dazu vierfarbig. Überdies waren mein Bruder und ich Stammleser der Jugendzeitschrift *Bravo*. Dr. Sommer und sein Team gaben wertvolle Tipps, die mir bereits in jungen Jahren ein hohes erotisches Fachwissen lieferten. Leider kam ich nie dazu, es auch in der Praxis anzuwenden.

Mit vierzehn Jahren beschloss ich, ein Tagebuch zu schreiben. In einem Kalender trug ich ein: »7 Uhr Aufstehen – 7.10 Uhr Frühstück – 7.30 Uhr Abfahrt in die Schule – 13.15 Uhr Schulende – 14 Uhr Mittagessen – 15 bis 16 Uhr Aufgabe machen – 17 Uhr Angelika besucht – 18 Uhr Abendessen – 20 Uhr Bett gehen.« Dass mir regelmäßig das Essen im Hals stecken blieb, schrieb ich nicht auf, das wusste ich ohnehin. Nachdem ich drei Wochen lang immer das Gleiche eingetragen hatte, merkte ich, dass mein Leben ziemlich langweilig verlief.

Abwechslung boten höchstens meine Spazierwege. Die kleine Runde führte an der Kapelle unter dem Autohaus vorbei, die große Runde an der Molkerei und am Gasthaus, wo ich mir zur Belohnung einen Eiskaffee genehmigte. Mit meinen Stützapparaten und Krücken konnte ich weite Strecken zurücklegen, etwa einen Kilometer. Dann allerdings fielen mir beinahe die Arme ab. Wenn ich unterwegs stürzte, konnte ich mich sogar selbst wieder aufrichten. Dazu knickte ich meine Stützapparate ab, richtete mich mit der Kraft meiner Arme in die Hockstellung auf, nahm meine Krücken in die Hand und begann auf und ab zu wippen. Durch die ruckartigen Bewegungen verkrampften sich meine Beine, so genannte Spasmen setzten ein und mein Oberkörper fuhr wie in einem Lift nach oben. Ich brauchte dann nur noch die Schiene einzurasten und weiter ging es Richtung Eiskaffee.

In meinem Tagebuch gab es nur zwei herausstechende Eintragungen. Die eine betraf die operative Entfernung eines Gerstenkorns, wozu ich stationär in einem Krankenhaus aufgenommen wurde. Nie werde ich die Nacht auf der Kinderstation vergessen, die schlaflos verlief, weil rund um mich brüllende Kinder lagen, die niemand beruhigte. In der zweiten Tagebuchnotiz ging es um meine damals dreijährige Schwester Claudia – sie war 1976 während eines meiner Tobelbad-Aufenthalte geboren worden –, mit der ich allein zuhause war. Sie war im ersten Stock, ich stand im Erdgeschoß neben der Stiege. Claudia steckte den Kopf durch das Geländer, lachte, als sie mich sah, fing aber dann jämmerlich zu schreien an, weil sie den Kopf zwischen den Sprossen nicht mehr zurückziehen konnte. Sie geriet in Panik, ich geriet in Panik. Ich konnte nicht einfach hinaufgehen und sie herausziehen. Angesichts meiner brüllenden Schwester mit ihrem hochroten Kopf hatte ich wirklich Angst um ihr Leben. Handys gab es noch nicht, meine Mutter war also nicht erreichbar. Ich hüpfte mit den Krücken zum Telefon. Wir hatten einen Viertelanschluss und oft war unser Telefon belegt, doch ich hatte Glück: Nachdem ich den Knopf gedrückt hatte, kam das Freizeichen. Unsere Nachbarin war Gott sei Dank daheim, eilte sofort herüber und hob meine kleine Schwester etwas nach oben, wo der Sprossenabstand größer war und sie den Kopf ohne Mühe herausziehen konnte.

Damals spürte ich zum ersten Mal die Ohnmacht, die meine Behinderung mit sich brachte. Allzu gern hätte ich Claudia geholfen, doch ich hätte sie niemals hochheben können. Mir wurde klar, dass ich meine körperlichen Defizite nur durch geistige Leistungen wettmachen konnte.

Buchhalter oder Schriftsteller?

Die Hauptschule ging zu Ende und es stellte sich die Frage, welche weitere Ausbildung ich absolvieren sollte. Buchhalter, das schien meinen Eltern ein geeigneter Beruf. Oma versprach, mich im Geschäft einzuschulen. Offensichtlich sah sie in mir schon einen Nachfolger im Büro. So trat ich bei der Aufnahmeprüfung für die Handelsschule an und siehe da, ich hatte genug Punkte, um sogar die Handelsakademie besuchen zu können. Damit allerdings begann ein schulischer Leidensweg.

Im Wirtschaftsaufschwung der Siebzigerjahre wurde in Spittal an der Drau eifrig gebaut. Mitten auf dem Hauptplatz errichtete eine Bank ein riesiges, klobiges Gebäude, das das schöne alte Rathaus verdeckte. Es sollte die Bürger erst später stören. Damals entstand auch ein Schulzentrum mit einem Gymnasium und daneben ein großes Schulgebäude, in dem die Handelsakademie, die Handelsschule und die Höhere Bundeslehranstalt für wirtschaftliche Frauenberufe – despektierlich »Kochlöffelakademie« genannt – untergebracht waren.

Ehrfurchtsvoll betrat ich das mächtige Betongebäude und war die ersten drei Wochen stolz darauf, hier zu sein. Bald jedoch litt ich sehr unter dem, was eine Handelsakademie eben ausmacht: Buchhaltung, Wirtschaftsrechnen, Betriebswirtschaftslehre … Meine Professoren legten meinen Eltern einen Schulwechsel nahe. Die beschlossen jedoch, für mich durchzuhalten, und ich begann ums schulische Überleben zu kämpfen.

Die Klassenkameraden waren kein Problem, mit denen verstand ich mich prächtig. Sie trugen jeden Tag meine Schultasche, die keine Schultasche mehr war, sondern handelsakademieadäquat eine alte Aktentasche meines Vaters. Ich erhielt einen Schlüssel für den Lehrerlift, den ich als Belohnung meinen Aktentaschenträgern lieh. Die Nachmittage verbrachte ich lernend in meinem Zimmer sitzend oder mittels Stehhilfe, wie sie Fabrikarbeiter benutzen, an meinem erhöhten Schreibtisch stehend.

Nach und nach arrangierte ich mich irgendwie mit der neuen

Schule. Die Wirtschaftsmaterie und auch das viele Lernen hatten mich, der ich ehedem brilliert hatte, zu einem mittelmäßigen Schüler gemacht. Schon in der zweiten Klasse aber entdeckte ich ein kreatives Betätigungsfeld: das Schreiben. Bei einem Redewettbewerb trat ich mit einer hochmoralischen Ansprache an, die mit folgendem Gedicht endete:

Man hastet durchs Leben,
suchend das Glück,
zu finden nur ein einzig Stück.
Eilenden Schrittes zieht vorbei die Zeit
der Stress ist Herr der Gegenwärtigkeit
Arbeit, so heißt das täglich Brot
Doch das bringt einem erst recht die Not.
So hastete ich durch das Leben,
suchend das Glück,
zu finden nur ein einzig Stück.

Prompt gewann ich. Bis zur fünften Klasse hatten sich alle Schüler, die mich jährlich zu schlagen versuchten, damit abgefunden, dass der auf Krücken herumhüpfende Franzi einfach der beste Schulredner war.

Bei der Erstellung meiner Redentexte und eingebauten Gags zog ich meinen Deutschlehrer zu Rate, einen kleinen Mann, der aufgrund seiner schweren Aktentasche oder durch die Last des Schulbetriebs stets gekrümmt durch die Schule schlurfte und von den Schülern nicht ernst genommen wurde. Er fühlte sich als verkannter Kinderbuchautor und war dadurch für meine ersten literarischen Versuche (abenteuerliche Geschichten und blutrünstige Gedichte) der ideale Ansprechpartner. Ich begann Gedichte an Verlage und Zeitungen zu schicken. Und so lasen meine Eltern bald mit einer Mischung aus Verunsicherung, Stolz und Ärger in der *Kärntner Tageszeitung* mein erstes veröffentlichtes Gedicht – gegen übermäßigen Fleischkonsum. Mein Vater meinte, ein solch offener Angriff auf Fleischer werde diese unschuldigen Menschen wohl aus unserem Möbelhaus vertreiben. Mein zunehmender Briefwechsel wurde meinen Eltern derart suspekt, dass sie begannen, die an mich gerichteten Briefe zu öffnen und zu lesen, bevor ich sie bekam.

Ein Brief von einem Verlag erhielt die erstaunliche Mitteilung, dass er meine Gedichte als Buch herausgeben wolle – falls ich genug Vorbestellungen sichere. In den Wochen danach ging ich bei Nachbarn, Verwandten und Professoren mit einer Subskriptionsliste hausieren. Alle bestellten und so erschien mein erstes Gedichtbändchen, »Maskerade dieser Welt«. Eine Lehrerin erzählte mir Jahre später: »Als ich diese grausamen, blutdurchtränkten Gedichte las, dachte ich, um dich müssen wir uns Sorgen machen.« Doch das war ein Irrtum. Möglicherweise hatten die Gedichte einen therapeutischen Nebeneffekt: Die literarischen Ergüsse machten meiner Kotzerei ein Ende. Ab der zweiten Klasse Handelsakademie war ich in der Lage, ruhig und störungsfrei ein Mittagessen einzunehmen.

Einer meiner Texte hatte Gefallen vor den Augen einer unabhängigen Jury gefunden. Und so wurde ich vom Bundesministerium für Unterricht zu einem Workshop für angehende Kinderbuchautoren in Salzburg eingeladen, das der Autor und Übersetzer Wolf Harranth leiten sollte. Ich wedelte mit dem Einladungsschreiben vor den Augen meiner Eltern herum – sie sollten nur wissen, welch begnadeten Sohn sie hatten!

Zum Seminar reiste ich mit dem Zug an, alleine, das erste Mal. Am Bahnhof holte mich Wolf Harranth persönlich ab. Mein Zimmer teilte ich mit einem jungen Autor, Heinz Janisch, der bereits ein Buch publiziert hatte. Ich war voller Bewunderung für Heinz, der nicht nur tolle Texte schrieb, sondern auch Publizistik studierte und Radiosendungen gestaltete. Genau das wollte ich auch einmal machen! Morgens half er mir beim Anlegen der Stützapparate und beim Zubinden der Schuhe. Dabei und in der Nacht, bevor wir das Licht auslöschten, führten wir lange Gespräche über das Schreiben, die Tätigkeit im ORF, die Liebe und das Leben an und für sich. Zwischen dem sechzehnjährigen Franzi aus Kärnten und dem Autor Heinz aus Wien entwickelte sich eine tiefe Freundschaft. Wir schrieben uns keine Briefe, wir telefonierten nicht miteinander, und doch trafen wir uns immer wieder. Und auch wenn Jahre dazwischen verstrichen waren, war jede Neubegegnung, als hätten wir uns gerade erst voneinander verabschiedet.

Beim Kinderbuch-Workshop nahm mein Leben eine wichtige Wendung. Vorbei war die Vorstellung, jemals Buchhalter im Geschäft meiner Eltern zu werden. Ich wusste nun, was ich wollte: studieren, journalistisch arbeiten und Kinderbücher schreiben. Das waren meine neuen Ziele und sie halfen mir, die Zeit in der Handelsakademie durchzukämpfen und die Matura zu machen.

Was mir zum Dasein eines Schriftstellers allerdings noch fehlte, waren Erfahrungen. Mein Leben verlief doch recht eintönig. Vor allem Erfahrungen in Sachen Liebe waren spärlich. Mein Bruder, obwohl ein Jahr jünger, war mir in dieser Hinsicht weit voraus. Ständig war er weg, nachmittags und später auch abends, traf Mädchen, war einmal mit der, dann mit einer anderen zusammen und hatte über seinem Bett eine Collage mit Fotos von Freundinnen und Exfreundinnen hängen, während bei mir bloß ein Pferdeposter hing. Ich saß zuhause, traf selten Freunde und ging nie abends weg. Zwar boten mir meine Eltern an, mich mit dem Auto irgendwo hinzubringen und später wieder abzuholen, aber das wollte ich nicht. Wahrscheinlich hätte ich auch gar nicht gewusst, wen ich hätte treffen sollen. In der Schule war ich zwar gut integriert, unter den KlassenkameradInnen fühlte ich mich wohl, doch die Kontakte blieben auf das Klassenzimmer beschränkt. Ich hatte das Gefühl, den anderen zur Last zu fallen. Auch meinem Bruder, den ich ja hätte fragen können, ob er mich einmal mitnehmen würde. Aber das tat ich nicht, auch aus Angst vor Ablehnung. So hatte ich natürlich keine Freundin.

Verliebt aber war ich. Sandra hieß die Herzdame. Sie saß in der Klasse hinter mir, hätte aber keine Notiz von mir genommen, hätte ich ihr nicht ab und zu den Radiergummi geklaut, den sie sich kratzend und beißend zurückeroberte. Eines Tages fasste ich Mut und änderte meine Taktik. Bei einem Radiogewinnspiel hatte ich zwei Konzertkarten ergattert und so lud ich sie ein, mich zu begleiten. Sie sagte tatsächlich zu! Mein Herz jubelte. Meine Eltern brachten uns mit dem Auto nach Villach. Sandra hatte sich hübsch gemacht und mit Schminke zwei große Pubertätspickel abgedeckt. Ich war bei diesem ersten Rendezvous sehr aufgeregt und konnte es kaum erwarten, dass meine Eltern uns alleine ließen. Doch sie waren bis Konzertbeginn bei uns und gleich nachher schon wieder da. Und während des Konzerts war Sandra durch die Musik von mir abgelenkt. Meine einzige Hoffnung lag darin, dass sie vielleicht durch meine Einladung gemerkt hatte, wie sehr ich sie mochte. Doch als sie mich einen Tag später in der Schule fragte, warum ich sie eigentlich zum Konzert eingeladen hatte, war ich am Boden zerstört.

Am Abend saß ich wieder trübsinnig und allein im Zimmer an meinem Schreibtisch und dachte darüber nach, welchen Sinn das alles überhaupt hatte. Ich wusste keine schlüssige Antwort. Sollte ich vielleicht doch meinem Leben ein Ende setzen? Viele Jugendliche taten das, und die waren nicht einmal behindert. Wenn diese am Leben scheiterten, warum nicht ich, der es doch weitaus schwerer hatte? Ich spielte in Gedanken Selbstmordszenarien durch: mich aufhängen, wie sollte das gehen? Noch dazu hatte ich keinen Strick. Mich vor den Zug werfen? Der Zug, dachte ich, würde durch meine Stützapparate sicherlich entgleisen. Da musste ich lachen und der Gedanke an Selbstmord schien plötzlich absurd. Nein, ich würde ein berühmter Schriftsteller werden, von allen bewundert. Vielleicht auch von einer Frau, die mich trotz meiner Behinderung lieben würde.

Bin ich denn behindert?

Ich war nun sechzehn Jahre alt und hatte bislang keine behinderten Menschen kennengelernt. In der Volksschule, der Hauptschule und in der Handelsakademie war immer ich der einzige gewesen. Aber hätte mich jemand gefragt oder, schlimmer noch, festgestellt, ich sei behindert, ich hätte das vehement bestritten. Ich war vielleicht ein wenig anders als meine Schulkollegen, aber wenn man die Menschheit in zwei Gruppen eingeteilt hätte, in die Behinderten und die Nichtbehinderten, ich hätte keinen Moment gezögert, mich zur zweiten zu zählen.

Dieses Weltbild bekam einen ersten Kratzer, als ich von meiner Englisch-Professorin ein Informationsblatt über einen England-Aufenthalt für behinderte und nicht behinderte Schüler in die Hand gedrückt bekam. Einmal nach England reisen! Ich war Feuer und Flamme. Meine Eltern hatten nichts dagegen und so setzte ich mich an die Schreibmaschine und tippte ein Bewerbungsschreiben. Irgendwann begann ich zu stocken. Ich sollte meine Lebenssituation beschreiben. Sollte ich schreiben, dass ich behindert sei? Das stimmte doch einfach nicht! Andererseits fiel mir auch nicht ein, wie ich mich sonst hätte definieren sollen. Einen Nachmittag lang überlegte ich hin und her, dann setzte ich mich wieder an die Schreibmaschine und tippte: »Ich bin behindert.« Es war wie ein Bekenntnis, schriftlich festgehalten, schwarz auf weiß geschrieben, von mir selbst. Ab nun gehörte ich der Gruppe behinderter Menschen an.

Und diese Gruppe lernte ich in England gleich hautnah kennen: Da war Maggie, eine große, beleibte Frau, die mir den ganzen Tag nachstapfte und »I love you« sagte; George, der in einem panzerähnlichen Elektrorollstuhl saß und nicht reden konnte; Susanna, die schief im Rollstuhl hing und lächelte, während ihr der Speichel aus den Mundwinkeln tropfte ... Ich war geschockt! Doch das Erstaunlichste war, dass ich nach zwei Tagen diese Behinderungen nicht mehr wahrnahm. Alles schien mir selbstverständlich und ich lernte mit ein paar Schmähs, Maggie auf andere Gedanken zu bringen, merkte, dass man mit George sehr wohl reden konnte, da er mithilfe eines Kopfstabes

Einmal nach England reisen!

Buchstaben auf einer Tastatur tippen konnte, die dann als Worte auf einem Display erschienen; und Susanna fütterte ich mittags beim Essen. Nach diesen zwei Wochen hatte ich eine ganze Liste von neuen Freunden und das Wort »Behinderung« hatte für mich viel von seinem Schrecken verloren.

England war für mich auch in einer zweiten Hinsicht spannend: Ich sammelte erste Erfahrungen in Sachen Liebe. Zunächst sozusagen aus zweiter Hand: Bei mir im Zimmer schlief ein junger Betreuer, der – wie mir aufgefallen war – mit der hübschen Betreuerin Jane flirtete. Ich fand sie ebenfalls sehr attraktiv und schickte ihr versuchsweise ein paar kesse Blicke, deren Empfang sie mit einem gewinnenden Lächeln quittierte. Aber das Rennen machte natürlich Phil, der Nichtbehinderte. Eines Morgens erwachte ich von Schmatzgeräuschen, die ich vorerst nicht zuzuordnen vermochte, bis ich merkte, dass Phil und Jane sich inniglich küssten. Diese Niederlage in Sachen Liebeswerben versuchte ich in einen Sieg umzuwandeln, indem ich mich selber auf die Suche machte. Prompt verliebte ich mich in die kleine Köchin – ihr Name ist mir leider entfallen. Tagelang warb ich um ihre Gunst, kaufte ihr sogar einen Ring, den ich ihr schenken wollte, um ihr Herz für mich zu öffnen. Doch sie ignorierte mein Werben, bekam es letztlich vielleicht gar nicht mit. Mich verließ der Mut und so flog ich, den Ring in der Tasche, zurück nach Österreich.

Neue Freiheit durch ein kleines Auto

Meine Schulerfolge ließen nach wie vor etwas zu wünschen übrig, aber meine Eltern hatten ein Wundermittel gefunden, um mich zu motivieren: Sollte ich die vierte Klasse positiv abschließen, würden sie mich den Führerschein machen lassen, und auch ein eigenes Auto sollte ich bekommen. Das war natürlich ein gewaltiger Ansporn! Ich lernte, was das Zeug hielt und das Wunder geschah.

Als Belohnung musste ich nun nicht mehr wie in den Sommern zuvor tagelang gelangweilt und genervt im heimatlichen Garten am Swimmingpool liegen. Seit Jahren hatten mich meine Eltern an jedem warmen Tag unerbittlich zum Schwimmen angehalten, indem sie mir die Stützapparate wegnahmen. So konnte ich nicht Reißaus nehmen und musste ohne Gnade meine zehn Runden schwimmen. Nun aber durfte ich mich in der Fahrschule mit Kreuzungs-Rätseln beschäftigen, was mir sehr spannend erschien. Wenig einleuchtend fand ich jedoch zumeist die Lösungen: So mussten etwa bei einer Kreuzung drei schnelle Flitzer darauf warten, bis ein Traktor einfuhr und die Kreuzung erst recht verstopfte. Aber ich lernte die Verkehrsregeln sehr gerne, sogar mit einer gewissen Leidenschaft, denn ich war sicher, dass mir das Auto neue Lebensperspektiven eröffnen würde.

Die theoretische Prüfung schaffte ich natürlich auf Anhieb. Doch Führerschein gab es einstweilen keinen, denn ich war noch keine einzige Stunde als Fahrer in einem Auto gesessen. Dies erwies sich insofern als großes Problem, als es in Spittal und Umgebung kein auf Handbetrieb adaptiertes Fahrschulauto gab. So entschlossen sich meine Eltern, mir ein Auto zu kaufen und es umbauen zu lassen. Man ließ sich beraten und schließlich stand ein gebrauchter Fiat mit Gasring, Handbremse und Kupplungsautomatik vor der Türe. Doch fahren durfte ich noch nicht, da die Fahrschule das Fahrzeug erst bei der Gemeinde anmelden musste, was weitere Wochen dauerte. Als im Herbst die Schule begann, unternahm ich schließlich die ersten Ausfahrten, an meiner Seite einen nervösen Fahrschullehrer, der nicht die Möglichkeit besaß, mit einer zweiten Bremse meine Fahrweise zu korrigieren, und deshalb bei jeder Gelegenheit rief: »Defensiv, defensiv!« Ich wollte aber nicht langsam durch die Gegend schleichen und unnötige Staus verursachen, sondern eher zeigen, dass in der Praxis der Fiatfahrer so schnell die Kreuzung überquert hat, dass der Traktorfahrer nicht einmal realisieren kann, dass eigentlich er Vorfahrt gehabt hätte!

Nach den Ausfahrten übte ich stundenlang in der Garage, alleine aus- und einzusteigen. Ich probierte Verschiedenstes und entwickelte schließlich die Technik, beim Einsteigen zuerst meinen Oberkörper auf den Beifahrersitz zu ziehen, die Beine ins Auto zu wuchten, und dann meinen Oberkörper zu drehen, um ihn auf den Fahrersitz zu bugsieren.

Schließlich kam der Tag der praktischen Fahrprüfung. Mit dem Prüfer auf der Rückbank fuhr ich schnittig eine kleine Runde und wähnte den Führerschein schon in meinem Besitz, da geschah das Unerwartete: Nicht ich, sondern mein Auto rasselte durch die Prüfung! Der Fahrprüfer hatte nämlich auch das Fahrzeug und dessen Umbau technisch zu begutachten und ihm missfiel die Umbauvariante mit der automatischen Kupplung. Er hielt eine normale Automatik, bei der man auch nicht schalten muss, für sinnvoller. Ich war wütend und frustriert und beschloss, mit allen Mitteln gegen diese Entscheidung zu kämpfen. So schrieb ich Briefe an den Vorgesetzten des Prüfers, telefonierte mit Behindertenorganisationen und Autowerkstätten, die behindertengerechte Adaptierungen durchführten, wandte mich schließlich sogar an die »Help«-Redaktion des ORF. Doch der Entscheid des technischen Prüfers schien unumstößlich, und das, obwohl in anderen Bundesländern diese Art der Auto-Adaptierung sehr wohl genehmigt worden war. Angesichts der hoffnungslosen Situation und des Autos, das in der Garage stand, aber von mir nicht gefahren werden durfte, wurde ich immer verbitterter. Meine Eltern litten mit und setzten dem Treiben schließlich ein jähes Ende: Sie kauften ein neues Auto, einen Renault R4 mit Automatik. Der technische Prüfer akzeptierte es und ich bekam den lang ersehnten Führerschein.

Meine Freude war beinahe grenzenlos. Ich fuhr und lernte und fuhr, um dem Lernen zu entgehen. Mein Auto ermöglichte mir den Weg in die Freiheit. Und in der Schule verschaffte es mir Prestige, wenn ich stolz direkt gegenüber dem Haupteingang parkte. Der Neid der anderen Schüler war mir gewiss. Der Renault R4 war zwar grau, doch er brachte Farbe in mein Leben. Ich kaufte große schwarze Buchstaben und klebte vorne auf die Motorhaube die Aufschrift »Francesco«. Jeden Samstag fuhr ich in die Waschstraße. Meine ganzen Ersparnisse investierte ich in einen Heckspoiler, einen Unterbodenverbau mit Nebelscheinwerfern und in weiße Sitzbezüge. So war mein Auto wirklich cool.

Jeden Nachmittag erkundete ich nun motorisiert die Gegend. Ich war nie zu Fuß unterwegs gewesen, natürlich auch nicht mit dem Fahrrad, kannte daher kaum die Stadt mit ihren Straßen und Gässchen. Ich fuhr durch Dörfer, Wälder und über rumpelige Schotterstraßen die Drau entlang. Auf jeden Berg kurvte ich hinauf und hupte brav bei den engen Kehren, damit mich entgegenkommende Autos rechtzeitig wahrnahmen. Ich düste über die Autobahn von Spittal nach Paternion, es geht dort leicht bergab, und so konnte ich schon 1985 das testen, was Verkehrsminister Gorbach erst 2005 umsetzen sollte: 160 gehen sich auf dieser Strecke selbst mit einem R4 locker aus!

Durch das Auto ergaben sich auch neue Freundschaften, was mich einerseits freute, andererseits aber auch verunsicherte: Galt das plötzliche Interesse nun mir oder meinem fahrbaren Untersatz? Jedenfalls genoss ich es, Samstag abends mit Kolleginnen aus meiner Klasse unterwegs zu sein, zum Beispiel in die »Bussibar« in Feistritz. Ich war erst einmal in einer Disco gewesen und wusste bald, dass ich nichts versäumt hatte. Die laute Musik verhinderte jegliches Gespräch, die Getränke waren sauteuer und ich hatte keine Lust zu tanzen. So war ich froh, wenn wir wieder im Auto saßen und heimfuhren. Natürlich lieferte ich jede Begleiterin direkt vor ihrer Haustüre ab.

Leider gab es auch immer wieder Unfälle. Da waren die kleinen Vorkommnisse, wie eine kaputte Lampe beim Ausparken, eine Kurve, die ich unterschätzt hatte – ich kam ins Schleudern und landete im Straßengraben –, ein abgebrochener Seitenspiegel, mit dem ich beim Überholen eines Fahrzeugs beim anderen Auto angestreift war. Einen gewaltigen Schrecken erlitt ich, als ich einmal versuchte, auf einer Schneefahrbahn mittels der Handbremse anzuhalten. Das Auto drehte sich augenblicklich um die eigene Achse und bohrte sich in einen großen Schneehaufen. In den folgenden Jahren sollte ich noch etliche mehr oder minder gefährliche Situationen im Auto erleben, die Marke Renault erwies sich jedoch bei allen Crashtests als gutes Produkt. Und meine Mitgliedschaft beim Pannendienst zahlte sich jedenfalls aus.

Studentenleben mit kleinen Hindernissen

Vorbei der Traum meiner Oma vom ruhigen Buchhalterjob und friedlichen Büroalltag für ihren Enkel. Meine schriftstellerisch-journalistischen Versuche in der Schule hatten schon gezeigt, wohin die Reise ging, und in der Familie hatte keiner mehr etwas dagegen, dass ich die Universität besuchte. Ich wollte Germanistik studieren, da ich mir dadurch positive Auswirkungen auf mein eigenes Schreiben versprach. Als Zweitfach hatte ich Philosophie vorgesehen, doch bei der Beratung durch einen Studienrichtungsvertreter hörte ich zufällig mit, wie sich zwei Studenten über das Fach Medienkommunikation informieren ließen. Vielleicht war das Schicksal? Jedenfalls bekam ich Lust darauf, selbst diese Fachrichtung zu inskribieren.

Die Universität für Bildungswissenschaften in Klagenfurt, wie sie damals noch hieß, war die jüngste Uni Österreichs. Für mich ein Glücksfall: Da das Gebäude neu errichtet worden war, befanden sich alle Hörsäle auf einem Campus. Studieren in Wien wäre weitaus schwieriger gewesen, da die Institute über die ganze Stadt verteilt sind und sich teilweise in alten, nicht barrierefreien Gebäuden befinden. Allerdings gab es auch an der jungen Klagenfurter Uni Hürden, die jedoch für mich überwindbar waren. So fanden ab und zu Vorlesungen im sogenannten Mensagebäude statt. Der Weg in die Hörsäle führte über Treppen in den ersten Stock. Einen Handlauf gab es, von zu Hause war ich Treppensteigen gewöhnt und so zog ich mich Stufe um Stufe Richtung Hörsaal. Dabei musste ich immer genügend Zeit einplanen, was ich im Laufe meines Studiums aber immer seltener tat. So kam ich eben zu spät. Na und? Zur akademischen Viertelstunde fügte ich eben noch mein Viertelstündchen dazu.

Beim Eingang zum Vorstufengebäude, in dem sich das Institut für Medienkommunikation befand, gab es ebenfalls Stufen, allerdings keinen Handlauf. Ein Problem? Lange stand ich rätselnd vor den Stufen und dachte nach. Dann stellte ich mich verkehrt hin, schleuderte Fuß um Fuß auf die Stufen und stemmte mich vornüber gelehnt mit den Krücken ab. Die Stufen waren breit genug und nicht

55

allzu hoch, und so erklomm ich rückwärts den »Berg der Wissenschaft«.

Es gab auch andere Schwierigkeiten, die oft ganz unerwartet auftauchten. Etwa in Gestalt von gewöhnlichen Plastiksesseln. Ich probierte es auf alle nur erdenklichen Arten aus, mich darauf zu setzen – unmöglich. Ich glitt dahin, klammerte mich mit den Händen an den Sesselrändern fest, doch mein Hintern rutschte, wenn auch langsam, so doch unaufhaltsam über den Sesselrand. Doch von einem Sessel wollte ich mich nicht unterkriegen lassen! Kurz entschlossen hüpfte ich auf meinen Krücken in das Institutssekretariat der Studienrichtung Germanistik, schilderte mein Sesselleid und fand nicht nur Gehör, sondern auch eine Lösung. Ich deponierte im Sekretariat meinen Stundenplan und von nun an brachte mir zu Vorlesungsbeginn ein Hausarbeiter einen gepolsterten Drehsessel. Das System funktionierte an und für sich gut, der Hausarbeiter war immer pünktlich zur Stelle und auch nach der Vorlesung brachte er den Stuhl wieder vor den anderen Studenten in einem Kämmerchen in Sicherheit. Das Problem lag bei mir: Obwohl ich mich um Pünktlichkeit bemühte, kam ich doch hin und wieder um mein gewisses Viertelstündchen zu spät. Der Hausarbeiter wartete stets brav, fand kein Wort der Kritik, öffnete die Tür, ich klapperte mit meinen Krücken auf den Platz, hinter mir rollte der Hausarbeiter laut den Bürosessel nach und richtete alles so, wie ich es benötigte, was natürlich seine Zeit brauchte. Inzwischen redete er, meist ein wenig angetrunken, laut mit mir, als sei niemand im Hörsaal, fragte mich, ob es so passe, ob er den Stuhl noch etwas näher schieben solle, ob ich noch etwas zum Schreiben brauche, er habe da noch einen Kugelschreiber ... Die Professoren waren irritiert, die anderen Studenten amüsiert, ich hingegen wurde rot.

Einmal sprach mich ein Professor darauf an, warum ich zu seiner Vorlesung, die jeden Dienstag um acht Uhr früh – also für mich kurz nach Mitternacht – begann, immer zu spät käme. Er erwartete wohl eine Entschuldigung wegen meiner Behinderung ... wie schwer und mühsam ... Ich jedoch antwortete ehrlich und offen: »Montag nachts sehe ich immer meine Lieblingssendung *Columbo*.« Überrascht stammelte er, dass er diese Sendung auch gerne ansehe. Aber das nahm ich ihm nicht ganz ab.

Bei einer anderen Gelegenheit, es war Winter und der Boden in der Universität teilweise nass und für die Krücken gefährlich glatt, kam ich wieder zu spät in eine Vorlesung, öffnete mühsam die gefederte Türe zum Vorlesungssaal, hüpfte, endlich drinnen, drei Schritte, da rutschte eine Krücke weg und ich fiel mit lautem Krach auf den Boden. Der Professor unterbrach seinen Vortrag und starrte mich geschockt an. Die Studenten hielten den Atem an. Ich sah sie an und meinte nur: »Weitermachen!« Ein Lacherfolg war mir sicher.

Noch wohnte ich bei meinen Eltern, und so pendelte ich anfangs mit meinem PKW täglich außer am Wochenende zwischen Spittal und Klagenfurt, immerhin insgesamt hundertfünfzig Kilometer pro Tag. Jede Kurve und jede Überholmöglichkeit kannte ich bald auswendig. Ab und zu kam ich auf der Autobahn in brenzlige Situationen, aber es passierte nichts und woran man nicht stirbt, das macht einen nur härter.

Um die Zeit in Klagenfurt sinnvoll zu nutzen, legte ich mir einen dichten Stundenplan zurecht und eilte von Vorlesung zu Vorlesung. Da ich der Meinung war, man müsse – wie in der Schule – alle belegten Stunden auch mit einer Prüfung oder einer Arbeit abschließen, lernte und lernte ich und absolvierte eine Prüfung nach der anderen. So hatte ich gleich am Ende des ersten Semesters eine ansehnliche Ansammlung von Scheinen; unter anderem hatte ich alle Studieneingangsprüfungen geschafft. Ein Umstand, von dem ich noch Jahre zehrte, in denen ich das Studium lockerer nahm und daneben noch ausreichend Zeit für die Umsetzung meiner Ideen und Projekte fand.

Aber nun musste ich meine Eltern davon überzeugen, dass ich fortan in Klagenfurt leben wollte. Der Loslösungsprozess ist generell ein schwieriges Unterfangen; bei behinderten Kindern ist dieser wichtige Schritt für beide Seiten noch schwerer. Ich war wohlbehütet und beschützt aufgewachsen, wofür ich meinen Eltern sehr dankbar war. Doch nun musste ich beginnen, meinen eigenen Weg zu gehen. Klagenfurt schien mir gerade richtig, hatte ich doch die Möglichkeit, mich im Notfall jederzeit ins Auto zu setzen und die siebzig Kilometer nach Hause zu fahren.

Eines Abends brachte ich das Gespräch auf meine Umzugspläne. Wo ich denn wohnen wolle, fragten mich meine Eltern. Darauf hatte ich schon eine Antwort parat: Ich hatte im zweihundert Meter neben der Universität gelegenen Studentendorf um eine Wohnung angefragt und eine Garconniere in Aussicht gestellt bekommen. Ich hatte erwartet, dass meine Mutter darauf eher negativ und mein Vater eher positiv reagieren würden. Aber es war genau umgekehrt: Meine Mutter, die sich beinahe rund um die Uhr um mich gekümmert hatte, die mich morgens angezogen, am Abend ausgezogen, mich gewaschen, gepflegt und mindestens einmal die Woche gebadet hatte, mich im Auto herumkutschiert, mir das Essen bereitet und die Wäsche gewaschen hatte, sie war plötzlich dafür, dass ich in Klagenfurt eine eigene Wohnung bezog. Mein Vater hingegen meinte, dass es für mich wohl besser sei, weiterhin zu Hause zu wohnen. Ihm fiel mein erster Schritt zum Abschied und zur Selbstständigkeit offenbar besonders schwer. Und so versuchte er mich mittels verschiedener Argumente zum Verbleib in der geschützten Familienidylle zu überreden: Zuhause gehe es mir doch gut, alleine zu leben sei schwierig, besonders für mich, ich müsse mich allein an- und ausziehen und kochen, wie wolle ich das denn schaffen? Ich wusste es selbst nicht, aber in mir war der Ehrgeiz entbrannt, es einmal zu versuchen. Und so überspielte ich meine eigene Unsicherheit und tat so, als hätte ich alles locker im Griff.

Meine Garconniere war sehr klein, nur über Stufen erreichbar und besaß bloß eine Dusche, die ich nicht verwenden konnte. Ich war aber so überglücklich über meine eigenen vier Wände, dass ich alles positiv sah: Stufen dienten dem körperlichen Training, die Enge des Zimmers hatte den Vorteil, dass ich nicht umfallen konnte, und duschen musste ich ohnehin nicht, da ich am Wochenende immer nach Hause fahren wollte. Am Freitagabend packte ich meine Schmutzwäsche zusammen und stopfte sie in einen Plastiksack, damit ich sie Samstag in der Früh gleich griffbereit hatte. Am nächsten Tag stand ich gegen zehn Uhr auf, zog mich bis elf Uhr an, machte mir mit der Maschine einen Filterkaffee, schnappte den Plastiksack mit der Schmutzwäsche und fuhr Richtung Heimat. Ich lebte gern in Klagenfurt und genoss die neue Freiheit, die mir das Studentenleben bot, aber als Rückzugsmöglichkeit war mir das Elternhaus sehr wichtig. So blieb die Trennung von zu Hause zwar nur halbherzig, aber ich hatte ohnehin damit zu kämpfen, meine gewonnene Freiheit organisatorisch in den Griff zu bekommen.

Seltene Gäste sind willkommene Gäste. Meine Mutter begrüßte mich meist mit Karottensuppe oder Kärntner Nudeln, die ich besonders gerne mochte. Sonntags gab es ein Steak mit Petersilkartoffeln oder ein Schnitzel. Ich aß mit Heißhunger und sammelte Energie für die nächste Fastenwoche im Studentendorf. Zum Abschied gab es einen Kuss und ein bis zwei vollgestopfte Säcke mit Essen, entweder schon vorgekocht zum Aufwärmen oder etwas Schnelles, Sättigendes wie Speckjause mit Käse und Brot. Ganz unten im Sack fanden sich auch süßsaure Essiggurken. Meine Mutter hatte immer an alles gedacht. Am Rücksitz lag der Sack mit meiner Wäsche: frisch gewaschen, getrocknet und gebügelt. Ähnlich wie die Wäsche duftete auch ich nach Frische und Sauberkeit. Jedes Wochenende badete mich meine Mutter und ließ mich nur sauber geschrubbt mit frisch gewaschenen Haaren zurück in mein Studentenleben. So gestärkt, gesäubert und mit Essen ausgerüstet fuhr ich am Sonntagabend nach Klagenfurt. Dieses Wechselspiel zwischen Elternhaus und Studentenwohnung funktionierte perfekt.

Kam ich abends vollbeladen in Klagenfurt an, parkte ich mein Auto direkt vor meiner Wohnung und musste dann die Säcke alleine in meine vier Wände schleppen. Besonders schwierig und zeitaufwändig war es, auf Krücken die Säcke über die Stufen zu schleifen. Nach einigen Versuchen hatte ich aber einen Trick gefunden: Ich stellte mich mit dem Rücken zu den Stufen, klemmte meine linke Krücke und einen Sack in die rechte Hand und zog mich, die linke Hand am Geländer und die rechte Hand auf der Krücke, Stufe für Stufe nach oben. Die Anstrengung lohnte sich allemal, war ich doch stolz darauf, auch solche Schwierigkeiten alleine und autonom zu bewältigen. Als offener und freundlicher Mensch hatte ich aber auch bald Kontakt zu anderen Studenten und neue Freunde gewonnen, die mir beim sonntäglichen Säckeschleppen und bei anderen Gelegenheiten halfen.

Meinen Tagesablauf konnte ich jetzt frei von jeglichen familiären Zwängen selbst organisieren. Eine heimtückische Freiheit, wie sich bald herausstellte, denn ich trank den ganzen Tag Kaffee, aß nichts und stopfte mir abends mit Fastfood oder dem vorgekochten Essen meiner Mutter den Bauch voll. Nicht dass ich dadurch dick wurde, aber ich bekam Magenkoliken, musste mich zuhause mit Fieber ins Bett legen und meine Gastritis durch die liebevolle Pflege meiner Mutter auskurieren lassen.

Auch wenn meine Klagenfurter Wohnung noch so klein war, musste der Haushalt organisiert werden: Auf Staubsaugen und Fensterputzen konnte ich ja zur Not noch verzichten, nicht aber aufs Geschirrabwaschen. Als Pragmatiker dachte ich mir: Nach einem Essen das Geschirr abwaschen zahlt sich ja nicht aus; besser ist zweimal essen und einmal abwaschen, oder noch besser dreimal essen und einmal abwaschen … Schließlich wusch ich stets erst ab, wenn kein sauberes Geschirr mehr vorhanden war. Das Abwaschen des schimmeligen und mit angetrockneten Speiseresten verklebten Geschirrs erwies sich aber als besonders schwierig und eklig. Lehrjahre sind eben keine Herrenjahre.

Das Prinzip Liebes-Hoffnung

Abends war ich der einsamste Mensch der Welt. Zumindest fühlte ich mich so. Würde mich je jemand lieben? Und liebte ich mich denn überhaupt selbst? Ich hatte große Probleme, mich so zu akzeptieren, wie ich war. Kleingewachsen. Buckel. Gelähmte dünne Beine. Wäre ich eine Frau gewesen, in einen solchen Mann hätte ich mich nicht verliebt. Diese Erkenntnis tat weh. Noch dazu begannen mir bereits die Haare auszugehen. Das war ein weiterer Schock. Mittels Haarwuchsmitteln, die ich mir in die Kopfhaut massierte, versuchte ich zu retten, was zu retten war. Ich kaufte alles, was erhältlich war, und probierte es aus. Allein es half nichts, am Kopfkissen, im Waschbecken und am Schreibtisch, wo ich über mein Leben nachdachte, fanden sich Haare.

Trotzdem, ich musste die Initiative ergreifen und jetzt als Student die Pubertätszeit nachholen, war ich doch damals, als die anderen ihre ersten Erfahrungen in Sachen Liebe gesammelt hatten, immer zuhause gesessen. Zaghafte Annäherungen an Mädchen verliefen naturgemäß enttäuschend. Mit einundzwanzig nimmt man Ablehnungen und Liebesfrust bedeutend schwerer als mit fünfzehn. Doch ich war mit einer heiteren Natur ausgestattet und lebte vom Prinzip Hoffnung.

Meine erste angebetete Mitstudentin weiß wahrscheinlich heute noch nicht, dass ich sie damals sehr verehrte. Gleich zu Studienbeginn hatte ich mich in einer Vorlesung im Fach Medienkommunikation in sie verliebt. Liebe auf den ersten Blick. Bei den Blicken blieb es allerdings und sie waren wohl auch sehr einseitig. Jedenfalls sprach ich sie zwar an und wir führten nette Plaudereien. Dass ich in sie verliebt war, gestand ich ihr aber nicht. Dafür hatte ich von einer Mitstudentin ihre Adresse herausbekommen, und so fuhr ich allabendlich nach Ferlach, wo sie bei ihren Eltern wohnte, saß vor dem Haus im Auto und träumte von einer gemeinsamen Zukunft.

Meine Angebetete kam aus einem zweisprachigen Ort. Ich hatte mir zuvor noch keine Meinung über zweisprachige Ortstafeln oder zweisprachige Schulausbildung gemacht. In der Schule hatten wir den 10. Oktober immer groß gefeiert, man huldigte dem Kärntner Abwehrkampf und pries die Einheit Kärntens. Schlagartig wurde mir nun klar, dass ich keinen politischen Standpunkt hatte. Wenn diese erste Annäherung an Liebe und Beziehung schon aussichtslos war, so konnte ich doch wenigstens beginnen, mir eigene Ansichten zu bilden. Und ich erkannte, dass es mich nicht weiter gestört hätte, wenn an der Ortseinfahrt »Klagenfurt – Celovec« gestanden wäre.

Es dauerte nicht lange, da war die slowenische Studentin out und eine neue Dame aktuell, diesmal eine Germanistikstudentin aus St. Veit an der Glan. Wir freundeten uns an und sie besuchte mich sogar in meiner Studentenwohnung. Ich kochte Kaffee und servierte Mamas Kuchen aus dem Proviantpaket. Mein Herz klopfte mir bis zum Hals, ich war nervös und redete herum, ohne wirklich etwas zu sagen. Sie war nett und wusch nach dem Kaffeetrinken nicht nur unsere zwei Tassen, sondern auch das ganze angetrocknete Geschirr ab, mit dem das Abwaschbecken angeräumt war und das bereits zum Himmel stank. Das war offenbar die Frau fürs Leben! Doch noch schien sie gar nicht mitbekommen zu haben – oder war es ihr nicht anzumerken? –, dass ich mich in sie verliebt hatte. So setzte ich mich am Abend an meinen Schreibtisch und schrieb mit viel Herzblut und Schmalz ein Liebesgedicht. Auch einen Liebesbrief wollte ich verfassen, aber er wollte nicht so recht gelingen. Nach mehreren gescheiterten Versuchen und einem Haufen zerknüllter Zettel auf meiner Bettdecke hatte ich eine glorreiche Idee: Ich besprach eine Audiokassette mit einem einstündigen Liebesgeständnis. Kassette und Gedicht steckte ich in ein Kuvert, dann setzte ich mich ins Auto und fuhr nachts nach St. Veit. Dort warf ich das Kuvert in den Briefkasten, fuhr nach Hause und harrte der Dinge, die da kommen sollten.

Die glorreiche Idee erwies sich als Megaflop. Tags darauf besuchte sie mich und fragte mich, wie ich nur auf die Idee gekommen sei, eine Kassette zu besprechen. Vielleicht wäre ein Brief besser gewesen? Vermutlich hätten aber auch geschriebene Zeilen nichts bewirkt, dachte ich. Einen wie mich konnte man nicht lieben.

Das hinderte mich aber nicht daran, gleich wieder mein Herz an ein Mädchen zu verlieren. Wir fuhren in meinem Auto durch die Gegend, tranken gemeinsam Kaffee, tauschten Gedanken aus und lachten viel. Als wir eines Nachmittags wieder plaudernd in meiner Wohnung saßen, klopfte mein Nachbar an die Türe. Ob ich Besuch hätte, fragte er grinsend. Natürlich wusste er es, hatte er uns doch von seinem Fenster im ersten Stock aus nach Hause kommen sehen. Er war groß, sportlich und bei Frauen sehr beliebt. Überhaupt war sein Studium der Geographie mehr ein Nebenjob; hauptamtlich widmete er sich der Erforschung des weiblichen Geschlechts. Ich konnte ihn nicht ausstehen und verstand auch nicht, was die Frauen an ihm fanden. Er war frech, so frech, dass er sich an diesem Nachmittag glatt an den Tisch in meinem Zimmer setzte. Er musste gespürt haben, dass er mich gerade bei einem Annäherungsversuch störte, aber das war ihm wohl egal. Meiner Angebeteten war es nicht nur ebenfalls egal, ihre ganze Aufmerksamkeit war sofort auf ihn gerichtet. Als ich am Abend wieder einsam und alleine in meiner Wohnung saß, hörte ich durch mein geöffnetes Fenster, wie er sich mit meiner Freundin amüsierte und ihr, wie schon vielen Frauen zuvor, auf seine Art im Bett die Welt erklärte. Sie genoss es hörbar. Ich hingegen zerfloss in Liebeskummer und brachte meinen Schmerz in Form von Gedichten zu Papier.

Was blieb mir, als mich mit einer weiteren Liebe zu trösten. Um wichtige Erfahrungen reicher, schrieb ich diesmal ganz klassische Liebesbriefe, die ich noch in derselben Nacht in den Briefkasten warf. Dann hieß es warten. Wie schnell wurde in Österreich ein Brief zugestellt? Wie lange würde die Reaktion dauern? Würde sie mich überhaupt anrufen? Oder sollte ich anrufen? Die Zeit des Wartens war zermürbend. Schließlich begegnete ich der Angebeteten bei einem Seminar über Medienpsychologie. Ich war verlegen, aber sie lächelte freundlich zurück. Nach der Vorlesung kam sie auf mich zu. Ich wurde rot, dachte an meine Worte und bereute schon, das alles geschrieben zu haben. Sie hingegen wirkte selbstbewusst und über den Dingen stehend. Ich fragte sie, ob ich sie mit dem Auto nach Hause bringen dürfe, was sie erfreut, wie mir schien, bejahte. Da es keine Parklücke gab, stellte ich den Wagen in zweiter Spur ab und schaltete den Warnblinker ein.

Im Auto herrschte Stille, nur das regelmäßige Klicken des Blinkers war zu hören. »Wir sind da«, sagte ich schließlich. Sie nickte, blieb aber sitzen. Dann bedankte sie sich zögernd für meinen Brief, für meine Worte, die sie sehr berührt hätten. Ich schwieg. Sie sagte, dass sie mich schätze, gerne mit mir zusammen sei, und überhaupt sei ich ein toller Mensch ... Resümee der langen Rede: Muss es denn Liebe sein, können wir es nicht bei Freundschaft belassen? Worte, die mich trafen, die ich nicht akzeptieren wollte. Aber was blieb mir übrig?

Journalistische Anfänge

Bereits als Schüler in der Handelsakademie hatte ich Bewerbungsbriefe an die Lokalredaktion der *Kleinen Zeitung* in Spittal an der Drau geschickt. Ein Ferienjob dort wäre mein großer Traum gewesen. Eine Antwort auf meine Bewerbungsgesuche bekam ich leider nie. Nun aber lebte ich in Klagenfurt, und so nutzte ich die Chance, fuhr zur Redaktion der *Kleinen Zeitung* und stellte mich persönlich vor. Es waren wohl mein Mut und mein Selbstbewusstsein, die den Kulturchef überzeugten. Jedenfalls hatte ich gleich einen Job: Ich sollte im Raum Oberkärnten Kulturkritiken schreiben. Ich war voller Begeisterung bei der Sache, fuhr regelmäßig nach Spittal und besuchte dort Kleinkunstauftritte, Laientheater oder Musikaufführungen. Über Theaterstücke zu schreiben fiel mir nicht schwer, mit Musik konnte ich weniger anfangen.

Meine große Stunde als Kulturkritiker schlug mit dem Auftritt des Clowns Mimo, der in den historischen Räumlichkeiten des Schlosses Porcia in einem ziemlich ordinären Stück zu sehen war – so ordinär, dass entsetzte Eltern mit ihren Kindern den Veranstaltungsraum verließen und der Veranstalter die Vorstellung abbrach. Ich war live dabei und am nächsten Tag titelte die *Kleine Zeitung*: »Skandal um Clown Mimo!« Meine Worte. Dann kam der Sommer und die Millstätter Orgelwochen standen auf dem Programm. Ein Orgelkonzert hatte ich schon besucht und nachher nicht gewusst, was ich schreiben sollte. Wochen voller Orgelkonzerte – ein Horror. Also kündigte ich bei der *Kleinen Zeitung*, hatte ich doch inzwischen schon meine ersten Erfahrungen im ORF-Landesstudio Kärnten gesammelt. Aber auch das Schreiben wollte ich nicht aufgeben, und so stellte ich mich keck bei der Zeitschrift *profil* vor. Tatsächlich bekam ich dort die Chance, einen längeren Essay zu schreiben. Anlass war ein Sexseminar für behinderte Menschen in London, an dem ich teilnahm. Mein Bericht erschien im *profil* unter dem Titel »Buckel sind out«:

»Tell us about your experience in loving«, fordert die holländische Rollstuhlfahrerin Lydia Zydell auf. Inneres Unbehagen. Gedanken an Widerstand und Revolution. »Warum sollte ich hier – vor einer Gruppe von Behinderten – mein Sexualleben ausbreiten?«, denke ich. Doch ehe ich mir die passenden englischen Worte zurechtgelegt habe, bilde ich mit George und Bill schon eine Kleingruppe.

Bill ist blind. George und ich, beide im Rollstuhl, entscheiden, dass er als eine Minderheit in der Gruppe beginnen darf. Bill erzählt von seiner ersten Freundin Annette. Hübsch sei sie gewesen und very good in bed. George wird unruhig, rutscht im Rollstuhl hin und her. Bill kann es nicht sehen. Dann folgt die Geschichte von einer gewissen Ann. Auch mit ihr war es funny und her sex was very good.

»Aber«, werfe ich endlich ein. Bill ist plötzlich still. George sieht mich an. Bill neigt sich nach vorne, um besser hören zu können.

»Warum machen wir uns selbst immer etwas vor?«, frage ich. »Auf der einen Seite verurteilen wir dieses Leistungsdenken der Gesellschaft. Auf der anderen Seite machen wir fleißig mit. Wir sagen: Alles was zählt ist der Orgasmus. Und im nächsten Augenblick hetzen wir schon von einem Orgasmus zum anderen. Zumindest in unserer Fantasie. Denn die Wirklichkeit sieht, wenn wir zu uns ehrlich sind, anders aus.«

Ich werde aufgefordert, ehrlich zu sein. »Das hast du nun davon«, denke ich verärgert.

Ehrlichkeit fällt schwer. Schwerer als gedacht. Zaghaft beginne ich, Bilder aus der Vergangenheit hervorzukramen. Einsamkeit taucht auf; Anbahnungsversuche, die scheiterten und verletzten; Stunden, in denen man dasitzt und sich fragt: Warum liebt mich keiner, bin ich nicht liebenswert? Neue Anbahnungsversuche, neue Verletzungen … Bill und George nicken. Beide haben Ähnliches erlebt. Es entsteht eine erste Diskussion über Freundschaften. Nicht gewöhnliche Freundschaften sind es, die man sich von uns Behinderten erwartet, sondern wahre Freundschaften. Darunter stellen sich die Nichtbehinderten eine Beziehung vor, die über allen anderen Beziehungen steht: Man ist füreinander immer da, spricht über alles, unternimmt gemeinsam etwas und hilft sich gegenseitig. Wahre Freundschaften werden nicht durch sexuelle Kontakte getrübt. Die sind gar nicht nötig, stören nur.

Lydia hat sich ein neues Spiel ausgedacht: Der Zufall entscheidet den Gesprächspartner oder die Gesprächspartnerin, eine gezogene Karte das Thema. In der ersten Runde treffe ich auf die Engländerin Jane. Lange blonde Haare, braune Augen, hübsch, stelle ich fest und freue mich darauf, mit ihr zu reden. Ich ziehe eine Karte und lese laut: »Sexueller Missbrauch.« Stirnrunzeln. Gedankenpause.

Jane bricht das Schweigen: »Ich bin sexuell missbraucht worden.« Neuerliche Pause.

»Wie war das?«, frage ich schließlich leise.

»Er hat mich und meinen Körper nur benutzt«, beginnt sie zu erzählen, »da war keine Liebe. Immer wenn er wollte, musste es einen sexuellen Kontakt geben. Auch wenn ich nicht wollte. Wehren konnte ich mich nicht. Aus Scham schwieg ich. Eines Tages ließ er mich stehen. Verschwand einfach. Das war keine Liebe. Er hat mich sexuell missbraucht.«

Ich nicke in ihren Pausen, bin betroffen. Dann überlege ich, ob mir sexuelle Gewalt angetan worden ist. So offensichtlich wie bei Jane war sie nicht gewesen. Aber auch ich fühle mich oft unästhetisch, nicht vollwertig. Warum? Weil ich es tatsächlich bin oder weil ich schon immer auf meine Mängel reduziert worden bin? Immer wieder lag ich nackt auf einem Untersuchungstisch und war nichts weiter als ein defekter Körper, der von Fachleuten abgegriffen wurde.

Jane nickt. »Ja, das ist sexuelle Gewalt.«

Das Spiel hat eine zweite Runde. Diesmal komme ich wieder mit George zusammen. Er zieht eine Karte, liest und lacht: Selbstbefriedigung ist unser Thema. Ich lache auch, verlegen.

»Tja«, meint er, »jeder macht es und keiner spricht darüber.«

»Haben wir ein Recht darauf?«, frage ich.

»Natürlich«, meint George, »jeder Mensch hat ein Recht auf Sexualität. Das ist ja auch die Sauerei, die in Heimen passiert. Dort gibt es oft gar keine privaten Räume, alles ist öffentlich, es ist kein Platz für ein Intimleben. Eigentlich eine Menschenrechtsverletzung.«

Überhaupt ist Sexualität in Heimen ein Tabuthema, sind wir uns einig. Die Betreuer sind damit heillos überfordert, und so wird unterdrückt und verboten, Männchen und Weibchen werden nicht nur toiletten-, son-

67

dern auch stationsmäßig voneinander getrennt. Und damit ja nichts passiert, wird gleich – sozusagen präventiv – sterilisiert.

»Dabei ist medizinisch schon längst widerlegt, dass die Kinder von Behinderten auch behindert sein müssen«, wende ich ein.

»Die Leute haben Angst vor behinderten Kindern«, seufzt George. »Lediglich Hilfsorganisationen sind für ihre Existenz sehr dankbar. Ohne Mitleid erregende behinderte Kinder wäre es zu Weihnachten wohl ungleich schwerer, Spendengelder hereinzubringen.«

Am Nachmittag des zweiten Tages erwartet die Gruppe eine Überraschung: Der Raum ist verdunkelt und nur von schummrigem Licht erhellt, meditative Musik lässt das Wirklichkeitsgefühl kippen. »Umarmt euch«, fordert Lydia Zydel auf, »fühlt einander und nehmt euch wahr, so wie ihr seid.«

Ich stehe mit meinem Rollstuhl neben John. John ist Spastiker. Verkrampft und steif wie ein Brett hängt er in seinem Rollstuhl, aus seinem Mund rinnt Speichel. Ich nähere mich ihm. Berühre mit meinen Händen zuerst seinen linken Arm, dann beuge ich mich zu ihm und umarme ihn. Es ist ein seltsames Gefühl, John zu umarmen. Ich merke, wie sehr er Zärtlichkeit braucht.

Dann folgt eine Partnermassage. Ich lehne mich weit aus dem Rollstuhl und lasse mich auf die Matte fallen. Andrea, meine auserwählte Massagepartnerin, wird auf die Matte gehoben. In ihrem weißen Elektrorollstuhl mit dem dicken Sitzkissen wirkt sie sehr majestätisch. Nun sitzt sie mir im Schneidersitz gegenüber. Obwohl sie sehr klein ist, verliert sie so ohne Rollstuhlthron nichts an Ausstrahlung. Als ich ihren Rücken vor mir habe, merke ich, dass sich etwas in mir verkrampft. Ich erkenne meinen Buckel wieder und es kostet ein wenig Überwindung, den ihren zu berühren. Vorsichtig betaste ich ihre Wirbelsäule, erforsche ihren Rücken, Zentimeter um Zentimeter. Ihre Haut ist angenehm weich und zart. Ich beginne über ihren Rücken zu streichen und massiere sie. Innerlich verschwinden die vorgefassten Schönheitsideale. »Andrea ist schön«, denke ich, »so wie sie ist.«

Die Massage klingt in einem gemeinsamen Bad im Swimmingpool aus. Das Wasser ist auf 35 Grad aufgeheizt. Ich lege mich auf den Rücken flach ins Wasser. Eine junge Betreuerin zieht mich durch das Becken. Das

Wasser streicht angenehm meinen Körper entlang. Lange hat es gedauert, denke ich zurück, dass ich meinen Körper akzeptiert habe. Ich hatte immer ein abweichendes Bild von mir. Bin das ich, dachte ich, wenn ich in den Spiegel sah. Meine dünnen Beine, die verkrümmte Wirbelsäule, das alles ist okay, finde ich heute. Mein Körper ist keinesfalls durchschnittlich, sondern sehr individuell.

Obwohl ich jetzt meinen Körper so annehme, wie er ist, kostet es doch immer wieder Überwindung, ihn vor anderen bewusst herzuzeigen. Im Sommer das T-Shirt auszuziehen kostet Kraft. Es sind die Blicke der Leute, mit denen man fertig werden muss. Die Gesellschaft hat einen eigenen Schönheitsbegriff, der sich ständig wandelt. Buckel sind derzeit out. Vielleicht bin ich zu früh geboren. (…)

Ein erfolgreiches Projekt und eine seltsame Begegnung

Hin und wieder, wenn es in meiner Studentenwohnung schon süßlich zu riechen begann, krempelte ich die Pulloverärmel auf und begann das Geschirr abzuwaschen. Dazu entfernte ich zuerst das geruchshemmende Geschirrtuch, das über den Geschirrberg gebreitet war, worauf mich eine eigentümliche Duftwolke fast umwarf. Ich räumte das Geschirr aus dem Abwaschbecken, ließ heißes Wasser ein, gab einen Spritzer Spülmittel dazu und los ging die Schrubberei.

Mit der Zeit kam ich darauf, dass das Abwaschen etwas für sich hatte. Ich konnte dabei gut nachdenken und das wiederum brachte mich stets auf neue Ideen. So ließ ich eines Tages eine Reise nach Siena Revue passieren. Es war gar nicht einfach gewesen, sich in der fremden Stadt zurechtzufinden. Dazu kam für mich noch das Problem, eine geeignete Unterkunft ohne allzu viele Barrieren zu finden. Kärnten, so dachte ich weiter, ist doch auch ein Urlaubsland. Was gibt es hierzulande für behinderte Menschen? Ich wusste es nicht, doch gleich am nächsten Tag rief ich beim Fremdenverkehrsamt der Kärntner Landesregierung an, wo man mir versicherte, dass es natürlich Unterkunftsmöglichkeiten für behinderte Menschen gebe. Irgendwo habe man da eine Liste.

»Die hätte ich gern«, sagte ich.

Die darauf folgende Suche dauerte. Aber kein Problem, ich hatte Geduld und rief jeden Tag um zehn Uhr – also gleich nach dem Aufstehen – an. Fünf Wochen später konnte man mir tatsächlich eine Liste mit Betrieben überreichen, die bereit waren, behinderte Menschen überhaupt aufzunehmen. Von Zugänglichkeit und Barrierefreiheit war gar nicht zu reden. Und auch diese Betriebe konnte man an einer Hand abzählen, ihre Namen hatten auf einer A4-Seite Platz.

Das konnte es nicht sein. So beschloss ich kurzerhand, einen Kärnten-Führer für behinderte und ältere Menschen zu schreiben. Eine gute Idee, meinte man im Fremdenverkehrsamt und wünschte mir viel Glück dazu. Ich kontaktierte Behindertenorganisationen, fuhr sogar nach Wien zum Dachverband der Behindertenverbände. »Gute Idee!«, meinten alle und das Glück, das mir gewünscht wurde, häufte sich in meiner Tasche. Geld hatte niemand für mein Projekt.

Wie sollte es weitergehen? Sollte ich die Idee einfach verwerfen? Meine Eltern rieten mir davon ab, mich an solche gemeinnützigen Projekte zu verschwenden. »Du erntest nur Undank«, meinte mein Vater und riet mir, mich mit nützlicheren Dingen zu beschäftigen, »beispielsweise als Sportreporter.« Doch Sport interessierte mich absolut nicht. Was ich mir in den Kopf gesetzt hatte, musste auch umgesetzt werden! Aber wer konnte mir helfen? Am besten fing ich ganz oben an. Gleich am nächsten Tag rief ich im Büro des Landeshauptmanns an und ließ mir einen Termin geben.

Drei Monate später parkte ich mein Auto auf dem Gehsteig vor der Kärntner Landesregierung; Behindertenparkplatz gab es keinen. Am Weg in das Amt der Kärntner Landesregierung gab es gleich zweimal drei Stufen und kein Geländer, von einer Rampe gar nicht zu reden. »Viele behinderte Menschen dürften noch nicht hier gewesen sein«, dachte ich und fragte den Portier nach dem Büro des Landeshauptmanns. Zum Glück gab es einen Lift. Immerhin. Ich hüpfte mit meinen Krücken in das Vorzimmer, die Sekretärin verschwand hinter einer großen Türe. Bald darauf kam sie wieder heraus, öffnete beide Türflügel und bat mich, weiterzugehen. »Der Herr Landeshauptmann erwartet Sie.« Nervös, wie ich war, wäre ich auf dem glatten Parkettboden beinahe ausgerutscht, konnte aber im letzten Augenblick noch einen Sturz vermeiden. Ein großer Mann mit Glatze forderte mich auf, im Stuhl gegenüber seinem Schreibtisch Platz zu nehmen. Umständlich stellte ich mich mit dem Rücken zum Sessel, ergriff mit beiden Händen die Armlehnen und drückte mich auf die Sitzfläche. Die Stützapparate knackten hörbar beim Abbiegen, was Landeshauptmann Wagner etwas zu irritieren schien. Er war freundlich, von meinem Projekt sichtlich begeistert, aber Geld hatte er keines. Dafür sei der Sozialreferent zuständig, an den er mich verwies. Zum Abschied wünschte er mir viel Glück und klopfte mir beim Hinausgehen so herzhaft auf die Schulter, dass ich noch einmal beinahe ausgerutscht wäre.

Weitere drei Monate vergingen. Dann bekam ich einen Termin

beim Sozialreferenten, der mich an den Fremdenverkehrsreferenten verwies. Neuerliche drei Monate später. Alle waren von meiner Idee begeistert und wünschten mir gutes Gelingen.

Wieder einmal wusch ich Geschirr ab und grübelte, schon leicht deprimiert, wie es weitergehen sollte. Im Hintergrund lief der Fernseher. Es war von einer Arbeitsmarktoffensive der Bundesregierung die Rede, der sogenannten »Aktion 8000«, mit der achttausend Langzeit-Arbeitslose im Sozialbereich beschäftigt werden sollten. Da hatte ich wieder einen Geistesblitz: Mein Kärnten-Führer für Behinderte war doch das Sozialprojekt schlechthin! Bereits am nächsten Tag saß ich beim Arbeitsmarktservice und siehe da – plötzlich war ich Arbeitgeber und bekam zwei Mitarbeiter: Dorli für ein Jahr und Manfred für drei Monate. Dorli hatte selbst eine Behinderung, sie hatte einen Unterschenkel amputiert. Eine Behinderung, die man ihr kaum ansah, denn die Beinprothese war so gut, dass man auch beim Gehen keine Auffälligkeit merkte. Wir verstanden uns sehr gut; als selbst Betroffene war sie von der Projektidee überzeugt und voll bei der Sache. Manfred hatte eben sein Studium beendet und war frisch gebackener Magister. Im Rahmen eines »Arbeitstrainings« sollte er für drei Monate bei der Erhebung der Beherbergungsbetriebe mithelfen. Ich war der Chef in der Runde. Meine Mitarbeiter wiesen mich in aller Freundschaft auch auf die Verantwortung dieser Rolle hin: »Wenn es am Montag noch kein Geld für das Benzin und die Diäten gibt, fahre ich mit meinem Auto nicht mehr herum«, meinte Dorli. »Mit Dorli fahre ich nicht mehr in einem Auto«, kündigte wiederum Manfred an, der sich bei der ersten gemeinsamen Erhebungsfahrt heillos mit ihr zerstritten hatte. Ich hatte also zwei Mitarbeiter, die nicht miteinander konnten und Geld verlangten, das ich als Student nicht hatte. So blieb mir nichts anderes übrig, als am Wochenende meine Oma anzupumpen. Ich weiß nicht, ob sie von meinem Projekt überzeugt war oder ob meine treuherzigen Augen ausschlaggebend für die erste Projektförderin waren: Jedenfalls überwies sie mir einen Geldbetrag, mit dem ich mein Vorhaben starten konnte. Manfred, so entschied ich, sollte mit dem Bus herumfahren und Hotels ausmessen. Ich selber fuhr mit Dorli kreuz und quer durch Kärnten, bergauf, bergab, durch Felder und die Seeufer entlang. Kärnten war tatsächlich ein schönes Urlaubsland, stellten wir fest; bei der Barrierefreiheit der Hotels und Pensionen sah es allerdings ein wenig trist aus. »Aber wer suchet, der findet«, dachte ich und wir gaben nicht auf, bevor wir einige wirklich rollstuhlgerechte Hotels fanden. Zumeist waren dies teure Vier- oder Fünf-Stern-Hotels, aber auch die eine oder andere billige Privatpension entsprach unseren Anforderungen. Wir vermaßen die Breite der Badezimmertüren, den Platz vor dem Bett oder auch den Weg zum Frühstücksraum. Die Unternehmer waren unserem Projekt durchaus gut gesonnen, in dem Buch inserieren wollte allerdings niemand. Zu groß war die Angst, als »Behindertenhotel« abgestempelt zu werden. Aber einzelne behinderte Gäste seien willkommen.

Blieb noch die finanzielle Frage. Ich fuhr von Fremdenverkehrsregion zu Fremdenverkehrsregion und erzählte den Fremdenverkehrsdirektoren von meinem Projekt. Alle anderen Regionen würden mitmachen, lockte ich, und so erfüllte sich auch diese Prophezeiung: Alle beteiligten sich an der Mitfinanzierung. Und plötzlich gab es auch eine Förderung vom Sozial- und vom Fremdenverkehrsreferat der Landesregierung. Dem Erscheinen des Buches stand nichts mehr im Wege.

Die Buchpräsentation fand im Hörsaal 1 der Universität Klagenfurt statt: Ein großer Moment in meinem Leben! An meiner Seite saß der Direktor der Raiffeisen Landesbank Kärnten, der stolz das von ihm geförderte Projekt vorstellte. Ich berichtete von den Mühen der Projektwerdung; angespannt und stolz hörten meine Eltern in der ersten Reihe zu. Stargast war der Psychiater Erwin Ringel, selbst wegen einer fortschreitenden Krankheit im Rollstuhl sitzend und Autor des Buches »Die Kärntner Seele«, in dem er die Kärntner als die Sizilianer Österreichs beschrieben hatte. »Hätte ich von dem Kärnten-Führer früher erfahren«, sagte Ringel bei der Buchpräsentation, »meine Bilanz wäre positiver ausgefallen.«

Am nächsten Tag berichteten die lokalen Zeitungen über das Buch und über mich als Autor. Am Abend läutete in meiner Studentenwohnung das Telefon. Am Apparat war eine ältere Frau, die in der Zeitung von mir gelesen und die Telefonnummer von der Redaktion bekommen hatte. »Bitte helfen Sie mir! Ich bin auch behindert!«, klagte sie.

»Bitte helfen Sie mir, sonst bring ich mich um!« Was sollte ich tun? Ich konnte diesen Hilferuf nicht ignorieren. Und so setzte ich mich ins Auto und fuhr nach Villach zur Anruferin.

Sie wohnte in einem Wohnblock, ich fand die Wohnungstüre, läutete an. Keine Reaktion. Kam ich zu spät? Hatte sie sich schon das Leben genommen? Wieder läutete ich und diesmal hörte ich eine leise Stimme: »Kommen Sie rein, ist eh offen!« Tatsächlich war die Wohnungstüre unversperrt. Der Gang war finster, nur am Ende drang durch eine offene Türe ein Lichtschein. Fernsehgeräusche waren zu hören. Ich ging den Gang entlang in das erleuchtete Zimmer. Dort saß eine Frau mittleren Alters in einem breiten Fernsehsessel. Neben ihr auf dem Tisch stand ein Wasserkrug, in dem in einer braunen Flüssigkeit unzählige Zigarettenstummel schwammen. Bei diesem Anblick wurde es mir beinahe übel. Die Frau wunderte sich nicht über mein Kommen, es schien ihr nahezu selbstverständlich. Jetzt konnte ich sie näher betrachten: Ihr Gesicht war vom Alkohol aufgedunsen, sie war dick und wirkte unbeweglich. Die Wohnung hingegen schien sauber und aufgeräumt, passte nur schwer zu der verkommen scheinenden Bewohnerin.

Sie rauchte eine Zigarette nach der anderen und schwieg. Mir war mulmig zumute. Niemand wusste, dass ich hier war. Die rauchende Frau, der laufende Fernseher, die erdrückende Einsamkeit schienen unwirklich. Was, wenn die Frau doch nicht so behindert war, wie sie am Telefon gesagt hatte? Was, wenn sie einfach die Türe zusperrte? Ich hätte mich nur schwer wehren können, war ihr ausgeliefert.

Plötzlich begann sie zu sprechen: »Schön, dass Sie gekommen sind. Seit ich nach einem Treppensturz gehbehindert bin, lässt mich mein Mann alleine. Immer ist er unterwegs …« Ich versuchte ein Gespräch zu beginnen, gab Tipps, wie sie mit ihrem Mann reden sollte. Aber sie hörte nicht zu, hatte sie doch endlich jemanden gefunden, dem sie ihr ganzes Leid klagen konnte. Eine Stunde später versuchte ich zaghaft mein Gehen anzukündigen. »Nein, bleiben Sie! Sie dürfen nicht gehen!« Ich blieb. Eine weitere Stunde später sagte ich ein wenig deutlicher, dass es jetzt für mich Zeit sei.

»Wenn Sie jetzt gehen, bringe ich mich um!«

74

Was sollte ich tun? Also blieb ich noch eine Stunde. Die ganze Szene erschien mir wie ein schlechter Traum. Dann änderte ich meine Strategie, sagte nichts und stand einfach auf.

»Sie wollen doch nicht etwa schon gehen?«, klagte die Frau. »Heute kommt mein Mann nicht mehr nachhause. Wenn Sie gehen, bin ich hier ganz alleine.«

Ich versprach, mich wieder zu melden, aber ich müsse jetzt wirklich nachhause gehen, dort würde ich schon längst erwartet. Was natürlich eine Lüge war, denn auch mich erwartete zuhause nur der Fernseher. Die Ängste und Sorgen der Frau konnte ich ja aus eigener Erfahrung gut nachvollziehen, doch ich konnte ihr nicht helfen.

Ich ging auf die Türe zu. Würde sie aufstehen und mich zurückhalten? Das Herz klopfte mir bis zum Hals. Ich hatte Angst. Als ich mich umdrehte, um mich noch einmal zu verabschieden, saß sie noch immer rauchend in ihrem Sessel. Ich hüpfte den finsteren Gang entlang zur Wohnungstüre, horchte. Hinter mir waren keine Schritte zu hören, nur der Fernseher.

Als ich wieder in meinem Auto saß und losfuhr, atmete ich auf. Wie hatte ich mich nur auf diese Begegnung einlassen können? Würde sich die Frau das Leben nehmen? Hatte ich durch mein Weggehen vielleicht Schuld auf mich geladen? Hätte ich gar nicht kommen sollen? Wenn ich den Hilferuf ignoriert hätte, wäre mein schlechtes Gewissen wohl noch größer gewesen.

In dieser Nacht schlief ich sehr schlecht. Die Frau ging mir nicht aus dem Kopf. Erstmals war ich in ein Leben eingedrungen, das ganz von Hoffnungslosigkeit und Einsamkeit geprägt war. Am nächsten Tag rief ich bei ihr an. Es läutete und läutete, niemand hob ab. Einige Zeit später probierte ich es wieder. Diesmal hörte ich ihre Stimme. Ich atmete auf. Sie war noch am Leben.

Der Kärnten-Führer »Lebe mich!« war eine Erfolgsgeschichte, die ich zwei Jahre später mit einer Neuauflage fortsetzen wollte. Diesmal brauchte ich nur die Fremdenverkehrsreferenten anzuschreiben und nachzutelefonieren; sie waren sofort für das neue Projekt zu gewinnen. Dann ging es wieder zum Landeshauptmann, der nicht mehr Wagner, sondern Haider hieß. Einen Termin hatte ich sofort bekommen und so parkte ich mit meinem Auto wieder auf dem Gehsteig vor der Kärntner Landesregierung. Behindertenparkplatz gab es immer noch keinen, dafür hatte man am Rand der Stufen zum Amtshaus jeweils eine Rampe installiert.

Dann saß ich dem Landeshauptmann gegenüber. Er war gut informiert, kannte mein Projekt und sagte mir sofort eine Förderung samt Summe zu. Als ich wenige Wochen später wieder im Amtshaus der Kärntner Landesregierung zu tun hatte – diesmal war es ein Termin beim Fremdenverkehrsreferenten Harald Scheucher, den ich um ein Vorwort bitten wollte –, rutschte ich mit meinen Krücken am Gang aus und knallte auf den Boden. Da hörte ich Schritte, die sich näherten, Hände packten mich unter die Achseln und hoben mich hoch. Erst dann sah ich meinen Helfer: Es war Jörg Haider. »Ziemlich rutschiger Boden in der Kärntner Landesregierung«, sagte ich. Er lächelte und meinte: »Nicht nur für Sie!« Tage zuvor hatte er nach seiner Äußerung über die »ordentliche Beschäftigungspolitik« im »Dritten Reich« zurücktreten müssen. Der neue Landeshauptmann hieß Peter Ambrozy, und auch er förderte mein Projekt in der von seinem Vorgänger zugesagten Höhe.

Eine gute Beziehung verband mich mit dem Klagenfurter Bürgermeister Leopold Guggenberger, der bei jeder Begegnung laut ausrief: »Mein Freund!«. Er konnte auch anpacken, beispielsweise bei einer Vernissage, die im ersten Stock des Künstlerhauses stattfand. Natürlich gab es dort keinen Lift. »Kein Problem!«, meinte Guggenberger und packte mich kurzerhand unter einem Arm. Den anderen Arm nahm auf sein Geheiß sein Chauffeur und schon zogen sie mich die Stiegen hinunter, während meine Füße nachschleiften und von Stufe zu Stufe abwärts polterten.

Wenige Jahre später hatte sich das Politkarussell wieder gedreht: Harald Scheucher hatte Guggenberger als Bürgermeister von Klagenfurt abgelöst, Jörg Haider war wieder Landeshauptmann und Peter Ambrozy Kulturreferent. Auch er hatte mich nicht vergessen und da sein Parteifreund Rudolf Streicher als Präsidentschaftskandidat nach Kärnten kommen sollte und er dabei war, ein nettes Rahmenprogramm für die Parteiveranstaltung zu finden, erinnerte er sich an den engagierten behinderten jungen Mann und rief kurzerhand an. Ich sollte bei der Veranstaltung ein eigenes Gedicht vortragen.

Ich war in der Zwickmühle. Absagen konnte ich schlecht, zumal Ambrozy einst als Landeshauptmann mein Projekt gefördert hatte. Aber die Vorstellung, dass ich à la »Licht ins Dunkel« nett lächelnd ein Gedichtlein vortragen sollte, ärgerte mich. Diese Rolle wollte ich nicht mehr spielen. Was sollte ich tun? Ich fand einen Ausweg. Ich wollte bei der Veranstaltung einen eigenen Text lesen, aber ein Gedicht sollte es nicht werden, sondern ich würde für den Präsidentschaftskandidaten eigens eine Geschichte schreiben. Ambrozy fühlte sich geehrt. So setzte ich mich an den Computer und tippte eine hübsche fiktive Geschichte, die in der Zukunft spielte:

Streicher ist Bundespräsident. Als eine seiner ersten Taten darf er ein neu errichtetes Behindertenheim einweihen. Er landet mit Hubschrauber vor dem Heim und steigt die Stufen zum Eingang hinauf. Das Haus ist sichtlich nicht rollstuhlgerecht erbaut worden und keiner der Bewohner kann es ohne Hilfe verlassen. Im Heim wird er freundlich von allen begrüßt. Händeschütteln. Strahlende Gesichter. Ein behinderter junger Mann trägt ein selbst geschriebenes Gedicht vor: »Er hot zwa Fiaß, er hot zwa Händ, er is mein Bundespräsident.« Der Bundespräsident wird zum Rednerpult geleitet und darf das schöne, aber keineswegs barrierefreie neue Behindertenheim einweihen. Tut er es?

Hier endete meine Geschichte. Die Frage stellte ich später dem Präsidentschaftskandidaten Streicher. Er zögerte nicht und sagte einfach: »Ja!« Ich war mir nicht sicher, ob der müde Kandidat nach einem anstrengenden Wahlkampftag überhaupt richtig zugehört hatte. Jedenfalls war ich angesichts dieser kühlen und knappen Antwort enttäuscht. Hätte er nicht als moralische Instanz anders entscheiden sollen? Jedenfalls hätte ich von einem Bundespräsidenten anderes erwartet. Als Streicher die Wahl verlor, war ich wieder mit mir im Reinen. Leider hatte ich keine Gelegenheit, den siegreichen Kandidaten Klestil zu testen. Ob meine Geschichte in seinem Sinne anders geendet hätte?

Sonnenkur fürs Ich

Mit der Liebe ist es so eine Sache. Mal liebt man jemanden, investiert viel Herzblut, Schmerz, Gefühle und kreisende Gedanken. Doch die Angebetete beachtet einen nicht. Alles umsonst, eine krasse Fehlinvestition. Ein anderes Mal wird man geliebt, bemerkt es aber nicht. Und wenn man es bemerkt, dann will man nichts von dieser Liebe wissen. Eines schien mir bald klar: Ich war nicht liebenswert. Wie konnte man auch jemanden mit Buckel, dünnen Beinen und Sommersprossen lieben? Ich fragte mich auch, ob ich mich selbst liebte. Die Antwort war einfach und frustrierend: natürlich nicht. Ich hasste mich für mein Aussehen. Wenn ich in den Spiegel sah, war ich entsetzt, dass ich das war.

Mir wurde klar, dass ich mich zuerst selbst akzeptieren musste, wollte ich von jemand anderem geliebt werden. Eine selbst auferlegte Therapie sollte mir helfen. Dort, wo mich keiner kannte, wollte ich mich ihr stellen: in Gran Canaria.

Also hüpfte ich mit meinen Krücken in ein Klagenfurter Reisebüro, fragte nach einem »behindertengerechten« Hotel mit Swimmingpool und buchte gleich an Ort und Stelle. Eine Woche später saß ich im Flieger Richtung Süden. Im Gepäck hatte ich neben T-Shirts und Badehose auch meinen Rollstuhl. Er war mein erster und ich benutzte ihn nur hin und wieder, zum Beispiel wenn ich auf Reisen ging. Ich flog nicht alleine, mit an Bord waren zahlreiche sonnenhungrige Kärntner, die schon im Februar den Sommer genießen wollten. Vom Flughafen zum Hotel gab es in Gran Canaria einen Bustransfer. Ich bat Mitreisende um Hilfe beim Einsteigen. Kein Problem, zwei Männer packten mich und schleppten mich in den Bus.

Das Hotel war so, wie es der Prospekt versprochen hatte: ein riesengroßer Komplex mit Aufzügen, Buffet und Swimmingpool. Es gab keine Stufen, ich konnte in meinem Rollstuhl überall hinrollen.

Am ersten Tag, gleich nach dem Frühstück, zog ich mich im Zimmer um. Die Jeans wurden durch eine Badehose ersetzt, der Pullover durch ein kurzärmeliges T-Shirt. Das Umziehen war mühsam und dauerte eine Stunde und das Herz klopfte mir vor Aufregung angesichts der bevorstehenden Selbstprüfung bis zum Hals. Und schon war ich im Rollstuhl mit einem Badehandtuch auf dem Schoß Richtung Pool unterwegs. Als ich das schützende Gebäude verließ, blendete mich die Sonne. Ich blieb kurz nach dem Ausgang zur Terrasse stehen. Nach einer Weile sah ich vor mir den großen Swimmingpool, in dem sich unzählige Badegäste vergnügten, und rundherum belegte Liegen. Auf diesen Liegen sonnten sich weiße, rote und braune Körper. Mit Sonnenöl eingecremt, brutzelten sie knackiger Bräune entgegen – mein Gott, wie ich das alles hasste! Noch dazu rutschte mir in diesem Augenblick das Handtuch vom Schoß und gab meine dünnen weißen Beine frei. Schon wollte ich aufgeben und wieder in mein Zimmer zurückrollen. Da war es zu spät: Eine nette Ölsardine hob das Handtuch auf und zeigte mir eine freie Liege in der ersten Reihe am Pool. Die Dame war so freundlich, dass ich nicht Nein sagen konnte. Ich rollte auf die Liege zu, die Dame breitete das Handtuch aus und fragte, ob es so recht sei. Ich nickte stumm. Dann zog ich mir umständlich das verschwitzte T-Shirt aus und hantelte mich vom Rollstuhl auf die Liege. Die Frau sah mir zu. Sie fragte mich, ob sie mich eincremen sollte. Ich zögerte. Aber angesichts der prallen Sonne würgte ich die ersten Worte heraus: »Ja. Bitte.«

Die Tube quietschte, kühle Creme wurde auf meine Beine und auf meinen Rücken gespritzt. Hände berührten mich dort, wo es mir am unangenehmsten war. Mir war es peinlich, über den krummen Rücken und die vernarbten Beine gestrichen zu werden. Fast weh taten die Berührungen. Jetzt erst sah ich mir die Frau näher an. Sie war Mitte vierzig und jenseits jeglicher Absicht. Ihr lag nur daran, mir zu helfen. Ich bedankte mich freundlich und sie ging zu ihrer Liege zurück. Da lag ich nun, mit meinem durch das Öl glänzenden Körper, mitten unter den anderen. Niemand schien mich zu beobachten, wenngleich ich mir sicher war, dass ich heimlichen Blicken ausgesetzt war. Ich war einer von ihnen geworden, eine Ölsardine. Dieser Gedanke ließ mich lächeln und erfüllte mich auch ein wenig mit Stolz, dass ich diese Hürde geschafft hatte.

Ein halbes Jahr später ging ich wieder auf Reisen, diesmal nach

England, wo ich an einem Sommertreffen von behinderten und nicht behinderten Menschen teilnahm. Am dritten Tag war ein Tanzabend angesagt. Eine bunte Mischung an drehender Andersartigkeit und Normalität. Offenbar war es egal, ob jemand im Rollstuhl saß, sich mit Krücken fortbewegte oder mit einem Rollator. Die rhythmische Musik, die die Luft erfüllte, fuhr allen in die Glieder, brachte Beine und Räder zum Drehen. Ich saß in meinem Rollstuhl am Rande des bunten Treibens und sah den Tänzerinnen zu, amüsiert darüber, wie Rollstuhlfahrer von ihren nicht behinderten Tanzpartnerinnen um die eigene Achse gedreht wurden und sich, nach einem Stoß durch den Saal wieder aufgefangen, langsam hin und her bewegten. Doch ich war auch traurig, wollte nicht mitmachen, da ich ohnehin wusste, dass niemand mit mir tanzen würde. Die Suche nach Liebe hatte mich von Spanien hierher nach Borwick Hall in England geführt. Einige Jahre zuvor war ich schon einmal hier gewesen. Warum ich wieder gekommen war, konnte ich nicht sagen. War es das unbewusste Gefühl, dass ich von zuhause weg musste, um neue Erfahrungen zu machen?

Ich schreckte aus meinen Gedanken auf. Ann, eine englische Betreuerin, tippte mich an und fragte mich, warum ich mich nicht amüsiere. »Oder bist du etwa verliebt?« Ich lächelte. Natürlich nicht. Oder doch? Sie blieb hartnäckig: »Wenn du dich verlieben würdest, wer wäre das am ehesten?« Ann hatte recht: Wie sollte ich mich verlieben, wenn ich nicht einmal wusste, in wen? Ich ging alle Frauen der Reisegruppe durch und blieb bei Alice hängen. »In sie könnte ich mich durchaus verlieben«, dachte ich und im nächsten Augenblick war es schon geschehen.

Am nächsten Tag besichtigte die ganze Reisegruppe die Bezirkshauptstadt Lancaster. Zu meiner Freude war ich in einer Gruppe mit Alice und ihrer Freundin Joanna unterwegs, die abwechselnd meinen Rollstuhl schoben. Wir amüsierten uns prächtig. Bei einem Süßigkeitengeschäft kaufte Joanna sich Schokolade-Drops und erfand ein zuckersüßes Spiel: Ich brauchte nur »Sweets« zu sagen und schon bekam ich von ihr einen Schokolade-Drop gereicht. Er steckte zwischen ihren Zähnen und ich musste ihn mit meinen Zähnen direkt übernehmen. Das war »very funny« und brachte uns zum Kichern. Da noch Zeit bis zum Treffen mit der Gruppe war, tranken wir in einem Pub Cola und bauten unser Spielchen weiter aus. Wir spielten, dass ich in Joanna verliebt sei, und ich hielt unter dem Tisch ihre Hand. Dabei beobachtete ich Alice genau, ob sie das nicht störte. Eigentlich hätte ich lieber ihre Hand gehalten und von ihr Sweets bekommen. Aber es war ja nur ein Spiel, und als wir wieder auf die Gruppe stießen, war es vorbei. Während der Heimfahrt im Bus lächelte ich Alice verstohlen zu. Sie lächelte zurück. Also hatte ich doch noch Chancen.

Nach dem gemeinsamen Abendessen hauchte mir Joanna das Wort »Sweets« ins Ohr und ich folgte ihr und der süßen Verlockung in mein Schlafzimmer, das ich mit drei weiteren Burschen teilte. Wir hatten Glück, der Raum war leer. Joanna setzte sich mir gegenüber und reichte mir ein Schokolade-Drop, den ich freudig entgegennahm. Jetzt hätte ich ihr eigentlich gestehen sollen, dass ich in ihre Freundin Alice verliebt sei. Doch ehe ich mit meinem schlechten Englisch herumstotternd zur Sache kommen konnte, sagte Joanna: »I love you.« Wie das? Ich war völlig verwirrt. Wie konnte sie mich lieben? Jemanden, der nicht liebenswert war? Und überhaupt: Ich war ja in Alice verliebt. Aber in Notsituationen habe ich mich immer schon flexibel gezeigt, und so vergaß ich kurzerhand Alice und küsste Joanna. Der erste Kuss! Ich konnte es gar nicht fassen.

Nachts träumte ich in meinem Stockbett von meiner neuen Liebe. Und plötzlich war sie leibhaftig da und kroch unter meine Bettdecke. Während wir uns sachte küssten, fiel vom Stockbett nebenan plötzlich ein Bursche herunter und knallte auf den Boden. Wir erschraken fürchterlich. Würden wir jetzt entdeckt werden? Aber der offenbar sturzbetrunkene junge Mann tastete sich im Halbdunkeln wieder auf sein Bett hinauf und schlief schnarchend ein.

Gegenüber der Gruppe taten Joanna und ich, als sei nichts geschehen. Wann immer es ging und sich eine Gelegenheit bot, setzten wir uns ab und auch nachts besuchte sie mich regelmäßig. Als es dann ans Abschiednehmen ging, standen uns Tränen in den Augen und nun hatten wohl alle mitbekommen, dass wir uns verliebt hatten. Alles erschien mir wie ein schöner Traum, ein Traum, aus dem ich nicht erwachen wollte. Es musste mir gelingen, die Liebe in mein Leben zu

Hause hinüberzuretten. Ich schrieb Joanna romantische Briefe, verpackte meinen Herz-Schmerz in lyrische Verse:

Wünschte ich
Und hätte ich drei Wünsche frei
Ich wünschte bei dir zu sein
Und verzichtete auf die beiden anderen

Über ein Blumengeschäft ließ ich ihr einen riesengroßen Blumenstrauß ins Haus liefern, mit der Einladung doch nach Österreich zu kommen. Und Joanna kam!

Ich holte sie mit meinem kleinen Renault 4 vom Flughafen Klagenfurt ab. Um den Anschluss an unsere Begegnung in England zu finden, war ich in den Tagen zuvor auf der Suche nach Schoko-Drops gewesen, hatte jedoch nichts Passendes gefunden. »Mannerschnitten tun es auch«, dachte ich und verführte Joanna nach der Begrüßung mit der typisch österreichischen Köstlichkeit. Wir fuhren in mein Domizil, das Joanna etwas überraschte: Kein eigenes Gästezimmer, kein eigenes Bett? Mehr als meine kleine Bude hatte ich nicht zu bieten. Aber wir machten es uns dort sehr gemütlich und genossen unser Zusammensein.

Es war eine schöne, aber auch sehr anstrengende Zeit. Offenbar wirkte ich bald so erschöpft, dass mir mein Freund Sigi, immer in der Not zur Stelle, eine Dose mit Energiepulver schenkte. Anstrengend war auch das Übersetzen, denn Joanna konnte kein Wort Deutsch. Es war das erste Mal, dass ich eine Beziehung lebte, und das ständige Zusammensein belastete mich schon nach wenigen Tagen. Als wir uns nach zwei Wochen am Flughafen verabschiedeten, tat mir einerseits das Herz weh, andererseits verspürte ich auch Erleichterung, wieder alleine zu sein. »You are so different«, lauteten die letzten Worte Joannas, an die ich mich noch erinnere. Damit hatte sie wirklich recht: Wenn ich etwas war, dann »different«.

Ich sah sie nie mehr wieder. Zwar bekam ich Briefe von ihr und sie wollte mich auch wieder treffen, aber ich war für eine Beziehung noch nicht reif. Doch diese Begegnung, so kurz sie auch war, hat mein weiteres Leben wesentlich geprägt. Die Liebe Joannas zeigte mir, dass auch ich liebenswert war – trotz meiner Behinderung. Sie hatte mir sehr viel geschenkt, vor allem Selbstvertrauen und Hoffnung.

Der Wunderheiler

Die Nachricht vom Wunderdoktor in Tirol erreichte mich zu einer Zeit, in der ich sehr mit meiner Behinderung kämpfte. Ich empfand sie als große Belastung und unüberwindbare Hürde zu Liebe und Geborgenheit. Ich hatte gerade mein Studium an der Universität Klagenfurt begonnen und saß am Tisch meiner Wohnung, als das Telefon läutete. Meine Mutter war am Apparat und berichtete mir, dass eine Frau angerufen und ihr von einem Arzt in Hall in Tirol erzählt habe. Bei schier hoffnungslosen und unheilbar kranken Menschen sollte er wahre Wunder bewirkt haben. Meine erste Reaktion war ablehnend: »Ich brauche keine Heilung! Wie kommt die Frau überhaupt auf mich?« Offenbar hatte sie über mich in der Zeitung gelesen. Sie hatte selbst positive Erfahrungen mit dem Arzt gemacht, Erfahrungen, die sie mir weitergeben wollte.

Doch mit dem Telefonat war eine Art Keimling in meinen Kopf gesetzt. In den Tagen und Wochen darauf ging dieser Keimling immer mehr auf, und meine Gedanken kreisten beinahe ständig um den Wunderdoktor. Durfte man an Wunder glauben? Sollte man es? Gab es überhaupt die Wunder, von denen man in der Zeitung las, auch im eigenen Leben? Hoffnung war mir wichtig und ich klammerte mich an sie. Andererseits aber war mir bewusst, dass mich der Glaube und die Erwartung an eine Veränderung davon abhielten, die Gegenwart zu akzeptieren.

Um den Wunderdoktor endgültig aus meinen Gedanken zu vertreiben, entschloss ich mich kurzerhand, ihn zu besuchen. Die Vorzeichen für die Fahrt nach Tirol standen allerdings nicht günstig. Am Tag vor der Abreise sagte meine Freundin Isabella ab, die mich begleiten hatte wollen. Das tat mir sehr leid, da ich in langen Gesprächen alle Für und Wider des Arztbesuches mit ihr diskutiert hatte. Die Fahrt um einen Tag oder mehrere zu verschieben kam aber für mich nicht in Frage. Man kann es Sturheit oder Eigensinn nennen, aber mir war klar, dass ich niemals fahren würde, wenn nicht an diesem Tag. Außer Isabella wusste niemand von der Reise, auch meine Eltern nicht.

Am nächsten Tag wachte ich um elf Uhr auf. Ich hatte total verschlafen! Bis ich mich angezogen hatte, war es schon Mittag. Sollte ich die Reise nicht doch verschieben? Ich hatte ja keinen Termin bei dem Arzt. Doch das kam nicht in Frage. So trank ich nur hastig eine Tasse Kaffee und fuhr ohne Frühstück und Reiseproviant los. Müde und bereits mächtig hungrig langte ich nach langer, anstrengender Fahrt in Hall in Tirol an. Beim Aussteigen bemerkte ich die aufleuchtende Tankanzeige, die mir signalisierte, dass ich schon auf Reserve fuhr und nicht mehr allzu viel Benzin im Tank hatte. Das würde bei der Rückfahrt erledigt werden müssen. Auf meinen Krücken hüpfte ich zur Arztpraxis. Zu meinem Entsetzen ein neues Hindernis: Unzählige Stufen! Doch wer so weit gereist war, konnte so knapp vor dem Ziel nicht erschüttert werden. Ich stellte mich vor die Eingangstüre und wartete geduldig, bis jemand in die Praxis ging oder die Stufen herunterkam. Eine halbe Stunde verging, dann hatte ich Glück: Eine Frau ging zurück in die Praxis und holte Hilfe. Zwei Männer packten mich nach meinen Anweisungen unter den Achseln und trugen mich in den Warteraum, wo ich in einen großen Sessel mit hoher Lehne gesetzt wurde. Abgekämpft saß ich da wie eine tote Fliege und dürfte bei den Patienten und beim Personal entsprechendes Mitleid ausgelöst haben: Jedenfalls wurde ich den Wartenden vorgezogen und niemand beschwerte sich.

Wie sieht ein Wunderarzt aus? Vielleicht hatte meine Fantasie die Erwartungen zu hoch geschraubt. Jedenfalls wirkte der Mann zwar schweigsam, aber sonst sehr unauffällig, um nicht zu sagen gewöhnlich. Er hörte sich geduldig meine Geschichte an und meinte dann: »Ich kann Ihnen helfen.« Diese Aussage führte er allerdings nicht weiter aus. Und ich hatte nicht den Mut, nachzufragen, sondern entschloss mich, wie angeraten, für einen einwöchigen Kuraufenthalt wiederzukommen.

Nach einer längeren Fahrt quer durch die schöne Winterlandschaft erreichte ich schließlich die Tauernautobahn und jetzt konnte es wieder schneller Richtung Klagenfurt gehen. In Gedanken schon in meiner Studentenwohnung bei einer ordentlichen Speckjause, überholte ich knapp vor Spittal einen langen Laster mit feuergefährlicher Ladung, der auf der dünn beschneiten Straße langsam dahinfuhr. An der Einfahrt zum Wolfsbergtunnel gab es eine Beschränkung auf hundert Stundenkilometer. Ich bremste ein wenig – aber doch ein wenig zu viel: Auf der schneeglatten Fahrbahn begann mein Auto zu rutschen, stellte sich quer und schlitterte links die Böschung entlang. Alles ging rasend schnell. Mit noch immer hoher Geschwindigkeit knallte ich in einen Felsen. Durch den Aufprall flog mein Renault 5 wieder zurück auf die Autobahn. Stille. Ich hatte überlebt. Plötzlich wieder ein lauter Knall und ein heftiger Ruck. Ich wurde mit meinem Auto in den Tunnel geschleudert. Zuerst wusste ich nicht, was passiert war, dann sah ich den Schwertransporter mit eingeschaltetem Warnblinker neben mir stehen. Dem riesengroßen Fahrzeug hatte der Aufprall an meinem kleinen Auto nicht geschadet. Ich versuchte ebenfalls meine Warnblinker einzuschalten, damit andere Fahrzeuge rechtzeitig gewarnt würden, doch nichts funktionierte mehr. Aus meinem zusammengequetschten Motor rauchte es heraus. Alle Scheiben im Auto waren zerbrochen, mein Fahrersitz war durch den Aufprall ganz nach hinten gerutscht. Mir schien außer einer kleinen Schürfwunde auf der linken Wange nichts passiert zu sein.

Der LKW-Fahrer verständigte die Rettung und dann hieß es warten. Die Zeit schien stillzustehen. Im Auto wurde es immer kälter. Angeblich kam die Rettung schon nach fünfzehn Minuten; mir schienen Stunden vergangen zu sein, als man mich endlich in den Rettungswagen trug. Ein Sanitäter sagte zum anderen: »Hast du das Auto gesehen! Ein Wahnsinn, dass der noch lebt!«

Im Krankenhaus untersuchte mich ein Arzt und stotterte verlegen: »Ich glaube, Sie werden nicht mehr gehen können. Querschnittlähmung!« Ich sagte: »Nicht schon wieder!« Man wollte mich zur Beobachtung behalten, doch ich weigerte mich strikt und unterschrieb einen Revers, um gehen zu können. Die Rettung brachte mich nach Hause. Um zwei Uhr nachts läutete ich bei meinen Eltern an der Haustür. Geschockt mussten sie zusehen, wie mich die Sanitäter ins Haus trugen. Eigentlich hatte ich ja auf Krücken ins Haus gehen wollen, doch nun machte sich offenbar die Nachwirkung des Unfalls bemerkbar: Ich zitterte am ganzen Leib und konnte keinen Schritt mehr tun. Nach und nach erfuhren meine Eltern die ganze Geschichte – sie hatten ja nicht einmal gewusst, dass ich nach Tirol gefahren war – und waren glücklich, dass alles glimpflich ausgegangen war. Am nächsten Tag besichtigte ich mein Auto oder besser gesagt, was davon übrig geblieben war: ein unreparierbares Wrack, für das ich vom Autohändler immerhin noch den Schrottwert bezahlt bekam.

Meinen Eltern hatte ich es zu verdanken, dass ich bald wieder in einem neuen Auto saß. Sofort nach meinem Unfall hatten sie ein neues bestellt, diesmal einen Renault Clio, ein bisschen größer und dementsprechend sicherer, mit größerer Knautschzone. Anfangs fuhr ich extrem langsam, sah die Straße voller Gefahren. Was, wenn die Frau plötzlich vom Gehsteig heruntersteigt? Was, wenn ein Auto im Gegenverkehr plötzlich überholt? Bin ich zu schnell in der Kurve? In Gedanken sah ich mich oft die Herrschaft über mein Fahrzeug verlieren, schlitterte über den Fahrbahnrand hinaus auf die Wiese oder in den nächsten Baum. Zum Glück nur die Fantasie eines geläuterten Autofahrers.

Ein halbes Jahr später fuhr ich bereits wieder längere Strecken und entschloss mich zu einem »Kuraufenthalt« beim Wunderdoktor in Tirol. Ich wohnte in einer abgeschiedenen Pension, die der Arzt für seine Patienten angekauft hatte. Dort traf ich auf Leute aus der ganzen Welt, die eines verband: Hoffnung auf Heilung. Eine junge Frau erzählte mir von ihrem Krebs; ihr ganzer Körper sei durchzogen von Metastasen. Eine andere Frau hatte es auf mich abgesehen. Sie war groß und dick, nahm immer neben mir Platz und rückte ständig näher, während ich wegzurutschen versuchte. Sie kam aus Deutschland und sah in mir die große Liebe. Nebenbei erzählte sie mir von ihrem Leiden: Sie habe bei der Post gearbeitet und Briefe aus fremden Ländern sortiert. Dabei sei sie mit fremdartigen Wurmeiern in Kontakt gekommen, die sich unter ihrer Haut eingenistet hätten. In ihr würden zahlreiche Würmer leben. »Ab und zu bricht die Haut auf und ein Wurm kriecht heraus«, berichtete sie. Ich war schockiert, sperrte nachts meine Zimmertüre zu und reagierte auch nicht auf ihr Klopfen. Der Wunderarzt, dem ich von der Frau erzählte, meinte nur knapp, dass sie keine Würmer, sondern psychische Probleme habe.

Die Arztpraxis bestand aus mehreren großen Wartesälen, die ständig voller Leute waren. Ab und zu öffnete sich die Türe und alle Wartenden strömten einen Raum weiter zur Behandlung. Dort hieß es wieder lange warten, bis endlich der Arzt kam. Trotz der vielen Patienten herrschte dann völlige Stille. Der Arzt ging von Patient zu Patient und legte ihm die Hand auf. Als er mir die Hand auf die Stirn legte, spürte ich nichts. Dann strich er mir mit einem Finger über die Nackenwirbel und plötzlich spürte ich so etwas wie einen leichten Stromschlag. Auch ein Knistern war hörbar. Gab es doch diese Wunder, über die Patienten berichteten? Besaß der Arzt wundersame Fähigkeiten?

Doch nein, viel war davon nicht zu merken. Gesundheitlich ging es mir in der nächsten Zeit mal besser, mal wieder schlechter. Hin und wieder fuhr ich nach Hall auf eine Therapiewoche, aber es war schwer abzuschätzen, wie es mir gegangen wäre, hätte ich die Therapie nicht gemacht. Sicherheitshalber schwor ich weiterhin auf die Behandlung. Natürlich hatte ich den Arzt auch gefragt, welche Heilungschancen er bei mir sah. »Recht gute«, meinte er knapp. Mein fragender Blick animierte ihn zu detaillierteren Ausführungen: »Du wirst deine Füße wieder bewegen können.«

Einige Zeit danach machte mich der Wunderheiler mit einem Medium bekannt. Zusammen mit einem Schamanen würden die drei mich heilen, hieß es. Die Heilung sollte in einem Behandlungsraum in der Tiroler Arztpraxis stattfinden. Der Schamane, nennen wir ihn Wolfgang, war äußerst freundlich und sympathisch. Das Ganze sollte so vor sich gehen: Das Medium würde sich in Trance versetzen und ein verstorbener Mediziner würde durch ihn Anweisungen geben, die Wolfgang dann an mir ausführte. So geschah es dann auch. Wolfgang strich mir langsam über die Beine und den Rücken. Dabei sollte mich wundersame Energie durchströmen und die blockierten Nervenbahnen freilegen. Die Prozedur dauerte fünf Stunden. Danach waren wir alle müde und ausgelaugt. Und ich konnte, so sehr ich es mir auch wünschte, keine Verbesserung spüren. »Die wird erst kommen«, beruhigte mich Wolfgang. »Du bist jetzt geheilt, nur dein Geist muss das erst verstehen lernen.«

Einen Tag später fuhr ich wieder nach Hause. Ich wartete und lauschte auf meinen Körper, in der sehnsüchtigen Hoffnung auf Veränderungen. Ich wollte wieder gehen können und der Schamane hatte mir die Vision eröffnet, nicht ganz, aber immerhin fast geheilt zu werden.

Der Hund, die Katze und die Wespen

Gesundheitlich ging es mir in der Zeit danach nicht schlecht, aber durch die hochgeschraubten Erwartungen an ein Wunder war ich doch enttäuscht darüber, dass sich nichts veränderte. »Es liegt an dir«: Die Worte des Schamanen lagen mir im Ohr. In der Zwischenzeit hatte ich auch einiges über Selbstheilung gelesen. Der menschliche Geist scheint ja, zumindest den Büchern nach, ein schier unerschöpfliches Reservoir an Energie zu besitzen. Im Schlaf reich werden, im Schlaf ein glücklicher Mensch werden, im Schlaf sich selbst heilen … Nun gut, ich kam wenig zum Schlafen. Vielleicht lag es daran. Einem Buch entnahm ich einen Spruch, den ich für mich ein wenig adaptierte und mir nun regelmäßig vor dem Einschlafen vorsagte: »Die Vollkommenheit Gottes findet Ausdruck durch meinen Körper. Gott schuf mich nach einem vollkommenen Bild. Und ich schaffe mich nun neu, nach der Vollkommenheit Gottes.«

Der Schamane hatte gesagt, dass mein Körper geheilt sei und normal funktioniere. »Es liegt also an mir«, dachte ich immer wieder und machte mir Selbstvorwürfe. »Vielleicht sollte ich meinen Spruch öfter sagen, vielleicht bin ich aber auch für Heilungswunder nicht geschaffen? Wunder passieren offenbar nur jenen Menschen, die kompromisslos an etwas glauben können.« Ich konnte mich auch nicht den ganzen Tag mit meiner Gesundheit beschäftigen. Der Studien-Alltag, meine vielen Projekte und die Freunde nahmen mich zu sehr in Anspruch. So entschloss ich mich, alles auf eine Karte zu setzen, ging in Klagenfurts größtes Reisebüro und erkundigte mich nach einem kleinen Häuschen in Italien. Dorthin wollte ich mich für einen Monat zurückziehen, all meine Gedanken und Energie auf meinen Körper und dessen Heilung richten und mich schreibend mit meiner Behinderung auseinandersetzen. Ich wollte meine Reise dokumentieren und gleichzeitig sollte mir das Schreiben die notwendige Reflexion über mein Leben bringen. Vielleicht würde daraus sogar eine Geschichte entstehen. Der Held sollte Jakob heißen.

Im Reisebüro wurden mir zwei kleine Häuschen angeboten: eines in der Toskana, neben Ferienbungalows, Kinderspielplatz und Streichelzoo, das andere entlegen, am Rande einer ruhigen Ferienanlage. Das zweite Angebot schien für mein Vorhaben zweifellos geeigneter. Einziger Wermutstropfen: Es lag tausend Kilometer von Klagenfurt entfernt an der Südspitze Italiens, in Kalabrien. Nur kurz zögerte ich, dann buchte ich. Tausend Kilometer? Mit meinem Renault Clio kein Problem!

Als ich in Kalabrien meine Geschichte »Jakob« zu schreiben begann, beschrieb ich damit gleichzeitig meine Abreise. Ich zeichnete nach, wie Jakob mit Stützapparaten und zwei Krücken durch seine Klagenfurter Wohnung hüpft und aus dem Kasten Kleidungsstücke zieht, die er zwischen Daumen und Zeigefinger geklemmt zum Koffer trägt. Mit den anderen Fingern hält er seine Krücke. So kann er auch Papier oder andere leichte Sachen transportieren. Als der Koffer gepackt ist, ist dieser viel zu schwer, um ihn mit dieser Technik zu transportieren. Jakob öffnet die Wohnungstüre und stößt den Koffer mit seiner rechten Krücke Stück für Stück weiter, dann hüpft er nach.

Draußen am Gang hallt das Kratzen des Koffers, den Jakob über den Fliesenboden schleift. Es ist noch sehr früh am Morgen, weit und breit ist niemand zu sehen. Der Lift kommt, der Koffer wird hineingeschubst. Dabei bleibt er im Türspalt hängen. Jakob beugt sich zum Koffer hinunter und hebt ihn mit zwei Fingern an, bis er ihn weiterziehen kann. Das Unterfangen ist sehr anstrengend, Schweißperlen bilden sich auf Jakobs Stirn. Im Erdgeschoß bleibt der Koffer wieder im Türspalt hängen. Wieder die gleiche Befreiungsaktion. Dann wird der Koffer den Gang entlang Richtung Ausgangstüre gestoßen. Dort befindet sich die nächste große Hürde: Die Tür ist gefedert und es ist schon ohne Koffer mühsam genug, hinauszukommen, mit dem Koffer aber eine wahre Herausforderung. Jakob nimmt seine rechte Krücke in die linke Hand und zieht mit der frei gewordenen Hand die Türe einen Spalt auf, indem er sein ganzes Gewicht nach hinten lehnt. Dann muss er schnell handeln und mit der linken Krücke die Türe aufhalten, bevor sie wieder ins Schloss fällt. Er lehnt sich mit der linken Schulter gegen die Türe und stößt sie ganz auf. Dieser Erfolg wird mit der Krücke fixiert. Danach nimmt er wieder beide Krücken in die Hand und stößt den Koffer ins Freie.

Der Weg bis zu seinem Auto ist nicht weit. Allerdings ist der Koffer auf dem Asphalt weitaus mühsamer zu bewegen als auf den glatten Fliesen im Haus. Jakob sperrt die Autotür auf der Fahrerseite auf und hält sich am Türrahmen fest. Er zieht an einem Hebel und die hintere Türe öffnet sich ebenfalls; es ist eine Schiebetüre, die elektrisch nach hinten geschoben wird. Die Krücken landen polternd auf dem Boden vor den Rücksitzen, der Koffer wird mit gewaltiger Anstrengung auf den Rücksitz befördert. Jakob schließt die Schiebetüre und zieht sich seitlich auf den Fahrersitz. Mit den Händen hält er sich am Beifahrersitz fest, bis er fast völlig im Auto ist. Dann richtet er sich auf und schiebt mit der linken Hand seine Beine ins Wageninnere. Die Türe knallt zu, der Zündschlüssel dreht sich, der Motor springt an. Jakob lächelt, während er den Gang des Automatikgetriebes in die »Fahrstellung« schiebt und mit dem Gasring am Lenkrad sein Fahrzeug beschleunigt. Es kann losgehen. Auf nach Kalabrien.

Die Fahrt auf der Autobahn verlief ohne Zwischenfälle; lästig war nur, dass man regelmäßig Autobahntickets lösen musste. Die Gegend wurde immer karger, das Grün immer spärlicher. In Kalabrien war es auch im September noch furchtbar heiß, die Böden waren ausgetrocknet, alles schien von der Sonne verbrannt. »Eine Super-Urlaubsgegend«, dachte ich. Aber ich war ja nicht zum Urlaubmachen gekommen, sondern zum Schreiben.

Auf der Suche nach meinem Häuschen fuhr ich eine schmale Straße auf einen Berg hinauf. Weit und breit nichts. Ein Schafhirte erklärte mir, dass ich hier völlig falsch sei. Also fuhr ich den steilen Weg wieder hinunter und den nächsten Hügel hinauf. Diesmal hatte ich Glück und fand die Ferienanlage. Mein Häuschen war das letzte, ganz oben neben dem Hühnerstall. Der Inhaber sprach ein gutes Deutsch, da er viele Jahre lang in Österreich gearbeitet hatte. Er half mir, mein Auto auszupacken, und brachte alles in den Bungalow. Dann war ich alleine. Die Einrichtung war sehr schlicht: Wohnzimmer, Küche, ein Bad mit Toilette. Mehr brauchte ich auch nicht. Die Fenster waren offen und mit Fliegengittern ausgestattet. Über die Wand huschte etwas. Eine Maus? Nein, es waren Geckos, meine neuen Haustierchen. Ich schubste einen Tisch und einen Sessel vor das Häuschen, packte meine kleine Reiseschreibmaschine aus, spannte ein Blatt Papier ein und begann meine Jakob-Geschichte zu schreiben. Stoff für den Anfang hatte ich ja durch meine Reise genug.

Bald hatte ich mich in meinem Einsiedlerdasein eingelebt und mir einen Tagesablauf zurechtgelegt. Gegen neun Uhr stand ich auf und frühstückte; dann setzte ich mich ins Auto und unternahm bis dreizehn Uhr kleine Ausflüge. Dabei fuhr ich jeden Tag an einer toten Katze vorbei, die auf der Straße lag. Niemand räumte sie weg und so konnte ich täglich den natürlichen Verfallsprozess mitverfolgen. Der Katzenkörper wurde in der Sonne immer größer und dicker, dann fiel er von einem Tag auf den nächsten in sich zusammen.

Ich entdeckte eine Straße, die direkt zum Meer führte. Der Sandstrand war mit entsorgten Waschmaschinen und sonstigem Abfall zu einem Müllabladeplatz verkommen. Stundenlang saß ich in meinem Auto am Ufer, hörte dem gleichmäßigen Rauschen der Wellen zu und dachte über mein Leben nach. Am Nachmittag versuchte ich dann, vor meinem Häuschen sitzend, diese Gedanken zu Papier zu bringen. Jeden Tag gegen fünfzehn Uhr kam der Besitzer und holte sich aus dem Gehege ein Huhn. An den Hühnern konnte ich abzählen, wie viele Tage ich schon in Kalabrien war.

Eines Tages war ich beim Schreiben nicht mehr alleine. Eine streunende Hündin, eine weiße Spitz-Mischung, hatte sich winselnd zu mir gesellt. Ich gab ihr zu essen und Streicheleinheiten, die sie zu genießen schien. Dafür nahm sie unter dem Tisch zu meinen Füßen Platz und leistete mir Gesellschaft. Leider war sie läufig, und so kam der Haushund, ein Riesentier mit langem Fell, regelmäßig auf Besuch und vergewaltigte die laut winselnde zarte Hündin.

In der Wand vor meinem Haus hatten sich in den Steinen Wespen eingenistet. Mit ihnen hatte ich kein Problem, außer dass sie mich vom Schreiben ablenkten. Sie flogen summend über meinen Kopf hinweg und bauten eifrig ihr Nest aus. Abends saß ich im Wohnzimmer am Tisch und ärgerte mich, dass wieder ein Tag vergangen und ich beim Schreiben nicht viel weitergekommen war. Über die Fliegengitter sausten die Geckos blitzschnell hin und her und fraßen die Nachtfalter, die durch das Licht im Raum angelockt wurden.

Es war heiß und ich schlief nur mit einem Bettlaken zugedeckt. Eines Nachts schreckte ich auf. Irgendetwas hatte mich geweckt. Ich lauschte. Ein eigenartiges Summen war zu hören. Ich schaltete mein Nachttischlämpchen ein – ein schwerer Fehler, wie sich zeigte. Was war passiert? Ich hatte vergessen, das Licht vor der Haustüre auszuschalten. Die dadurch aufgeweckten Wespen flogen wild gegen die Glühbirne, am Boden summten zornig halbtote Wespen. Durch den breiten Türspalt kamen sie nun in die Wohnung, mein Nachttischlämpchen zeigte ihnen den Weg zu mir. Als ich die Gefahr erkannte, war es fast zu spät. Eine aggressive Wespe flog auf mein Bettlaken und stach zu. Zwei weitere am Boden heransummende erschlug ich mit einem Buch. Was sollte ich tun? Ich war alleine. Kein Telefon, keine Chance, Hilfe herbeizuholen. Ich konnte auch nicht aufstehen und mich entsprechend wehren. Durch meine Behinderung war ich den kleinen Tierchen und ihren Stacheln völlig ausgesetzt. Mir fiel nur eines ein – Nachttischlämpchen ausschalten! Dadurch würden die Wespen nicht mehr wissen, wo ich war. Der Raum war erfüllt vom Summen der Insekten, mir kam vor, dass sie sogar im Finstern durch den Raum flogen. An Schlafen war nicht zu denken. Irgendwann dürfte ich aber doch eingenickt sein, denn als ich am Morgen erwachte und nach den Wespen Ausschau hielt, sah ich sie überall im Raum herumliegen. Ameisen waren bereits damit beschäftigt, die toten Quälgeister wegzuschaffen.

Durch dieses Ereignis war mir wieder klar geworden, wie hilflos ich durch meine Behinderung war. Der Schamane hatte gesagt, dass es nur mein Kopf sei, der noch nicht realisiert habe, dass alles wieder richtig funktioniere. Es musste mir doch gelingen, den entsprechenden Schalter in meinem Gehirn umzulegen! Es ärgerte mich maßlos, dass ich mich in dieser Sache im Kreis zu drehen schien und nicht weiterkam.

Ein Monat in Kalabrien war rasch vergangen und wieder saß ich in meinem Auto und fuhr Richtung Österreich. Für einen Zwischenstopp reichte das Geld nicht mehr; also fuhr ich auf die Autobahn auf und löste ein Ticket, das ich – ein wenig stolz – erst in Venedig zur Ab-

Dichterexistenz mit Hund

rechnung einem Mann an der »Alt-Stazione« überreichte. Man konnte also auch als behinderter Mensch am Steuer tausend Kilometer ohne Unterbrechung zurücklegen.

In der Tasche hatte ich mein Manuskript »Jakob«. Es war nicht so dick wie beabsichtigt und über die Reflexion meiner Kindheit war ich schriftlich nicht hinausgekommen. Ich hatte versagt! Mein Glaube an Wunder und mein Traum von einem Leben ohne Behinderung waren zerstört. Verzweiflung machte sich in mir breit. Aber war ein Leben mit Behinderung wirklich so unvorstellbar? Ich hatte es schon bisher gemeistert und war gut damit zurechtgekommen. Ich musste nun die Behinderung als einen Teil von mir akzeptieren. Ein Leben mit Krücken oder im Rollstuhl – warum nicht. Mit den Träumereien von Heilung und Vollkommenheit wollte ich aufhören. Die Behandlung durch den Schamanen und den Tiroler Wunderarzt hatte letztendlich nicht viel gebracht und ich entschloss mich, sie zu beenden.

Ein Jahr später war ich wieder im Rehabilitationszentrum Tobelbad. Wie immer bei der Aufnahme wurde mein Rücken geröntgt. Der Arzt zeigte mir stirnrunzelnd das Bild von der Kyphos-Skoliose. Ich betrachtete die doppelt verdrehte Wirbelsäule und plötzlich fielen mir die Worte von der »Vollkommenheit Gottes« ein. Ich musste lachen. So sehr hatte ich mich danach gesehnt. Aber war »Normalität« wirklich die Vollkommenheit? Beim Betrachten des Röntgenbildes erschien mir meine Wirbelsäule als Kunstwerk. Hätte man nicht gewusst, wie eine durchschnittliche Wirbelsäule aussieht, hätte man diese Form nicht nur als normal, sondern sogar als vollkommen bezeichnen können. Sie war perfekt und passte zu mir.

Der Arzt meinte: »Ein ziemlich schiefes Gestell.«

»Ja«, sagte ich. »Aber ein schön schiefes.«

Der rasende Rollstuhl-Reporter und ein unmoralisches Angebot

Während meines Studiums der Medienkommunikation hatte ich erste journalistische Beiträge über Theateraufführungen, Konzerte oder Lesungen für die *Kleine Zeitung* verfasst. Bald darauf ergab sich eine weitere Gelegenheit: Fred Dickermann, der damalige Leiter der Kulturabteilung im ORF-Landesstudio Kärnten, machte über mich jungen Autor einen Radiobeitrag. Sollte ich ihn fragen, ob es eine Möglichkeit gab, in seiner Abteilung als Journalist zu arbeiten? Dickermann verhielt sich keineswegs von vornherein ablehnend. Da ich noch kein Thema anzubieten hatte, drückte er mir ein Buch über einen Kärntner Arbeiterdichter in die Hand, das ich rezensieren sollte. Das wollte allerdings nicht so recht gelingen. Die Gedichte gefielen mir nicht sonderlich, wenngleich ich den Dichter selbst bewunderte. Als ich Dickermann eine Woche später ein mühsam verfasstes Papier vorlegte, kritisierte er vorsichtig dies und das. Zweimal schrieb ich die Rezension um, dann schien sie in Ordnung. Gefallen dürfte sie Fred Dickermann aber nicht haben, denn der Beitrag wurde nie gesendet.

Trotzdem bekam ich eine neue Chance. Diesmal hatte ich selbst eine Idee für einen Radiobeitrag. »Die Heimlichdichter«, sollte der Titel lauten. Ich wollte Dichter interviewen, die nur für sich schrieben, wollte unentdeckte Schubladen-Schätze bergen und ans Licht der Öffentlichkeit bringen. »Eine gute Idee«, attestierte Dickermann. »Doch wie kommt man an diese Leute ran?« Darauf wusste ich leider keine Antwort. Doch dann erfuhr ich durch Zufall, dass mein früherer Lateinlehrer heimlich Gedichte schrieb. Für mich eine Sensations-Story! Der ORF-Kulturchef gab mir ein großes UHER-Gerät für die Tonaufnahme. Der riesengroße Kasten mit zwei Spulen, in denen man ein Tonband einspannte, war beinahe schwerer als ich selbst. Wie sollte ich ihn transportieren? Ich erklärte Dickermann das Problem und er trug mir kurzerhand das Gerät hinunter in mein Auto. Diese Hilfeleistung machte mich verlegen, aber nun konnte es losgehen.

Mein »Heimlichdichter« wohnte leider im zweiten Stock. Zum

Glück war er ein kräftiger Mann, der zuerst das Aufnahmegerät hinauftrug und dann mich, den Starreporter. Bei dieser Unterstützung benötigte ich eine große Portion Selbstvertrauen. Der Peinlichkeiten nicht genug, war ich dann auch nicht imstande, das Aufnahmegerät in Betrieb zu setzen. Mein Interviewpartner erwies sich aber auch als technisch begabt und legte fachmännisch das Band ein. Die Fragen, immerhin, stellte ich selbst.

Mit dieser fetten Beute fuhr ich in meine Studentenwohnung. Als ich das Band abhören wollte, ging es nicht: Die Batterien waren leer. Ich kaufte neue und setzte mich wieder erwartungsvoll zum Gerät. Zu meinem Entsetzen bestand das Interview nur aus hohen Micky-Maus-Stimmen. Die Lösung war einfach: Durch die zu schwachen Batterien hatte sich das Band beim Interview zu langsam gedreht. Also musste ich wieder zu meinem Heimlichdichter. Er nahm es gelassen und trug mich mitsamt Aufnahmegerät ein zweites Mal in seine Wohnung. Diesmal funktionierte die Aufnahme – zumindest rein technisch. Denn als ich das Band abhörte, bemerkte ich, dass ich nur Frage um Frage von meinem Zettel abgelesen hatte, aber überhaupt nicht auf seine Antworten eingegangen war! Um Worte ringend rief ich den Heimlichdichter ein weiteres Mal an und bat ihn um einen dritten Versuch. Nachdem er mich und das Gerät neuerlich die Stufen hinaufgetragen hatte, bot er mir das Du-Wort an. Diesmal klappte alles mit der Aufnahme, ich schrieb Zwischentexte und bekam einen Studiotermin zur Fertigstellung der Radiosendung. Fred Dickermann las meine geschriebenen Worte, dazwischen wurden die Interviewteile eingespielt.

Der Radiobeitrag »Die Heimlichdichter« ging tatsächlich in Radio Kärnten auf Sendung. Ich hatte Freunde und Eltern verständigt, dass sie unbedingt zwischen ein und fünf Uhr nachmittags das Radio aufdrehen sollten. Als ich sie dann abends um ihre Meinung fragte, hatte niemand den Beitrag gehört. Große Enttäuschung. Und ich wusste nun, was Uni-Professoren damit meinten, wenn sie das Radio als »flüchtiges Medium« bezeichneten.

Trotz dieser Anfangsschwierigkeiten hatte ich meine Liebe für den

Rundfunk entdeckt. Ich hörte viel Radio, vor allem Österreich 1, und schlug alle zwei Wochen ein neues Thema vor. Als geeignetes Aufnahmestudio diente mir nun mein Auto, war es doch viel praktischer, wenn die Leute dort neben mir Platz nahmen und mich nicht irgendwo hinauftragen mussten. Mit dem Text kämpfte ich stundenlang, aber mit der Zeit ging auch dies immer schneller. Da ich die Moderationen selbst sprechen wollte, nahm ich bei einer Schauspielerin Sprechunterricht. So entstanden Anfang der 1990er-Jahre zahlreiche Radiobeiträge für die Kultursendung auf Radio Kärnten, manche sogar von mir selbst gesprochen.

Nach zwei Jahren Radioerfahrung hatte ich mich gut in der Kulturredaktion integriert. Radiobeiträge zu gestalten machte mir Spaß und ich verstand mich auch sehr gut mit den anderen Mitarbeitern der Redaktion. Konnte das nicht ein Brotjob werden? Ich besprach diese Idee mit Dickermann. Er meinte, dass er von meiner Arbeit durchaus angetan sei, für eine fixe Anstellung müsse ich mich allerdings an den Intendanten des Landesstudios wenden. Er würde mein Anliegen unterstützen. Also ließ ich mir einen Termin beim obersten Chef geben und saß ihm schließlich herzklopfend gegenüber. Er hatte bereits von Dickermann erfahren, dass dieser mich gerne als festen Mitarbeiter in seiner Redaktion gehabt hätte. »Allerdings sehe ich keine Möglichkeit dazu«, meinte er, um mir nachher doch ein unmoralisches Angebot zu machen: Ich könne ihm jede Woche einen Beitrag liefern, der würde auch bezahlt werden, aber senden könne man ihn nicht. Mir blieb die Luft weg. Was sollte das heißen? Er meinte nur, dass es keine freien Planstellen gebe. Ich war nicht nur enttäuscht, sondern auch verletzt. Die einzig plausible Erklärung dürfte wohl meine Behinderung gewesen sein. Das Angebot war eine Mischung aus Mitleid, Almosen, schlechtem Gewissen und dem Grundsatz, dass man behinderte Menschen mit irgendeiner Arbeit versorgen sollte, auch wenn sie dann nichts wert war. Journalisten auf Krücken oder im Rollstuhl traute der Intendant offenbar keine sendbaren Radiobeiträge zu. Natürlich lehnte ich das Angebot ab. Die Verletzung verwandelte sich in Wut und danach in den Eifer, es allen – vor allem dem Intendanten – zu zeigen.

Der Leiter der Kulturabteilung setzte weiter auf mich. Ich nahm an einem internen ORF-Fortbildungskurs teil und lernte die hohe Kunst des Radios kennen. Der Leiter der Feature-Abteilung zeigte vor, wie man aus Geräuschen, Interviews, Atmosphäre und Musik »Kino zum Hören« produzieren konnte. Bald hatte ich meine erste Idee für ein Feature: Ich nahm das Aufnahmegerät mit in das Rehabilitationszentrum Tobelbad und hielt alles auf Band fest, was ich bei dem stationären Aufenthalt zu hören bekam: Menschen, die nach einem Verkehrsunfall ein neues Leben im Rollstuhl beginnen mussten, ihre Verzweiflung, aber auch ihren Eifer, sich in der neuen Situation zurechtzufinden. Dickermann stellte mir für eine Woche ein Studio samt Techniker für die Produktion des Beitrags »Spazierenrollen. Ein Feature aus dem Rollstuhl« zur Verfügung. Aus heutiger Sicht wohl ein finanzieller Aufwand, der für eine Sendung schwer zu rechtfertigen ist, aber ich war für diese Chance sehr dankbar und nutzte sie auch, bewies sie doch, dass Fred Dickermann an mich glaubte und in meiner Behinderung kein Problem sah.

Für mein Radio-Feature begleitete ich auch eine Gruppe RollstuhlfahrerInnen in die Stadt. Es war ein sogenannter Therapieausflug, für viele der TeilnehmerInnen die erste Möglichkeit, sich in der »wirklichen Welt« fortzubewegen. Dort gibt es selten selbst öffnende Türen und große Rollstuhltoiletten. Man kämpft um die Überwindung von Gehsteigkanten, zu engen Türen, Treppen und nicht zuletzt mit den Blicken der Menschen. Für Menschen, die eben erst einen schweren Unfall überstanden haben, ist es ein schwacher Trost, dass einem später die Blicke der anderen kaum noch auffallen.

Das fertige Tonband wurde nach Wien geschickt und ich wartete gespannt auf die Rückmeldung des Radio-Großmeisters. Tatsächlich rief mich eine Woche später der Leiter der Feature-Abteilung an: »Diese Sendung war das Beste, was ich in diesem Monat gehört habe. Eine Überraschung!« Mit geschwellter Brust hüpfte ich trotz Krücken vor Freude fast bis zur Decke.

Nach der Ausstrahlung überlegte ich weitere Themen. Dabei fiel mir der »Verein zur Verzögerung der Zeit« ein. Ein wenig skurril, außergewöhnlich, also eine Geschichte wert. Das Thema »Zeit« war mir auch persönlich sehr nahe, da ich mit der Pünktlichkeit so meine Probleme hatte. Ständig kam ich zu spät, ständig hatte ich es eilig. Meine Behinderung bremste mein Lebenstempo, gleichzeitig versetzte sie mich in den Stress, die scheinbar verlorene Zeit durch Geschwindigkeit wettzumachen.

Genug Stoff also, um mit dem Philosophieprofessor Peter Heintel, dem Obmann des Vereins, zu diskutieren. Es war ein spannendes Gespräch und ein guter Start für die neue Radiosendung. Danach fuhr ich nach Oberösterreich zu einem Vereinsmitglied, das in der Gebirgskette rund um den Almsee Zeitwanderungen durchführte. Er wollte um neun Uhr am Neuner-Kogel sein, um zehn Uhr am Zehner-Kogel und um ein Uhr am Einer-Kogel. Zwischen zehn und dreizehn Uhr kam er bei der Bewältigung der Distanz in ziemlichen Zeitstress. Eine interessante Selbsterfahrung. Leider hatte ich das Interview beim Start verpasst – ich war wieder einmal zu spät. Danach porträtierte ich andere kuriose Vereinsmitglieder, wie einen jungen Mann, der einen Zweiunddreißig-Stunden-Tag lebte. In seiner Wiener Wohnung begleitete ich ihn bei einem seiner langen Tage. Zwanzig Stunden versuchte er sich mühsam mit schwarzem Tee und viel Kaffee munter zu halten. Als Belohnung schlief er danach zwölf Stunden, was gar nicht so leicht war, musste er sich doch vor dem Schlafengehen ordentlich voll essen, da er sonst nach spätestens acht Stunden durch seinen knurrenden Magen aufgeweckt worden wäre. Durch seinen unregelmäßigen Tagesablauf hatte er all seine Freunde verloren. Niemand wusste mehr, wann er überhaupt munter war oder schlief. Nach diesem Zweiunddreißig-Stunden Tag war ich fix und fertig. Kein Modell für mich, entschied ich.

Die Sendung »Die Zeitverzögerer« wurde auf Ö 1 ausgestrahlt und der Verein hatte ein neues Mitglied: Ich war der ideale Zeitverzögerer!

Die neue Wohnung und seltsame Nachbarn

In meiner kleinen Studentenbude fielen mir bald nicht nur die Decke, sondern auch im wahrsten Sinne des Wortes die Bücher auf den Kopf. Über meinem Bett war das einzige Bücherregal des Zimmers montiert, doppelt und dreifach gefüllt mit den vielen Büchern, die ein Germanistikstudium erfordert. Es hing bedrohlich durch. »Ein schöner Tod für einen Germanistikstudenten, nachts von seinen Büchern erschlagen zu werden«, dachte ich. Noch schöner wäre allerdings eine größere Wohnung gewesen. Doch wie sollte ich zu einer solchen kommen?

So meldete ich mich, inzwischen fünfundzwanzig und seit fünf Jahren in Klagenfurt, beim Magistrat für eine Gemeindewohnung an. Ich musste mich auf eine lange Wartezeit einstellen, da viele eine Wohnung benötigten und den Beamten mein lebensbedrohliches Bücherregal wenig beeindruckte. Dazu kam noch das Problem einer behindertengerechten Wohnung; solche waren ohnehin selten. Nachdem auch ein Termin beim zuständigen Wohnbaureferenten nur mit vertröstenden Worten geendet hatte, entschloss ich mich für eine Taktik der freundlichen Hartnäckigkeit: Jeden Montag um Punkt zehn Uhr rief ich beim Wohnbau-Stadtrat an und fragte höflich nach, ob es denn schon eine freie Wohnung für mich gebe. Der Nervenkrieg dauerte vier Monate, dann verkündete mir der Stadtrat montags um zehn Uhr: »Ich habe schon auf Ihren Anruf gewartet. Es gibt eine mögliche Wohnung für Sie, in der Fischel-Siedlung.«

Überglücklich fuhr ich nach Fischel am Stadtrand. Vom Behindertenparkplatz zur Wohnungstüre waren es nur zehn Meter. Auf der Rampe zum Haus rumpelte mir ein fremder Mann im Rollstuhl entgegen und grüßte freundlich: »Servas! Bist jetzt aa bei uns?« Ich war entsetzt. Wo war ich hier gelandet? In einem Behindertenheim? Das vertrauliche »Du« und das »Wir-Behinderten-Gefühl« waren mir zutiefst zuwider. Tatsächlich zeigte sich, dass in dem elfstöckigen Hochhaus sehr viele Behinderte und ältere Menschen wohnten. Die Stadt Klagenfurt hatte in den Siebzigerjahren aus der Not eine Tugend gemacht und am Stadtrand einige Hochhäuser mit behindertengerechten Wohnungen gebaut. Zum Glück gelang es nicht, alle Wohnungen mit behinderten Menschen zu füllen, da sonst das Ghetto perfekt gewesen wäre. Allerdings fühlte sich die Stadtregierung die nächsten dreißig Jahre nicht mehr verpflichtet, behindertengerechte Wohnungen zu bauen, da es sie in Fischel ohnehin im Überfluss gab. Einen Behinderten-Fahrtendienst, wie es ihn in Wien beispielsweise schon damals gab, findet man in Klagenfurt bis heute nicht. Es gab und gibt lediglich einen Bus des Österreichischen Zivilinvalidenverbandes, der auf Anfrage angemietet werden kann. Es ist kärntenweit der einzige Bus mit einem Hebelift für Rollstühle. Eine Nutzung für den Alltag ist also ausgeschlossen. Wer in Fischel kein eigenes Fahrzeug besitzt, hat keine Chance, in die Stadt zu kommen.

Die freie Wohnung im zweiten Stock schien jedoch für mich ideal. Ein kleiner Küchenbereich im Wohnzimmer, ein Schlafzimmer, ein großes Bad mit Schiebetüre, ein WC in Spielplatzgröße und ein großer Balkon: Hier konnte ich mich wohlfühlen. Der für mich wichtige Schreibtisch sollte beim Wohnzimmerfenster postiert werden. Meine eigenen vier Wände! Die Umgebung nahm ich in Kauf. Da ich ein Auto hatte, war es auch kein Problem, täglich auf die Uni zu fahren oder in der Stadt Einkäufe zu erledigen.

Bald war die Wohnung frisch ausgemalt und eingerichtet. Am Gang machte ich mit einer freundlichen Nachbarin Bekanntschaft, die mich im Gespräch fragte, ob ich auch Kakerlaken hätte. Ich verneinte kopfschüttelnd: »Natürlich nicht. Die Wohnung ist geputzt, ausgemalt und mit neuen Möbeln eingerichtet.« Das Kind auf ihrem Arm lächelte und sagte: »Lakerlak.« Die Frau strich ihm über die Stirn und meinte: »Lakerlak ist ihr erstes Wort.«

Als ich abends in der Küche stand und mir ein Putenschnitzel mit Käse überbacken briet, huschte etwas über den Boden. Ich war schneller und erschlug das Tier mit meiner Krücke. Ein Kakerlak? Vielleicht nur einer, der sich aus der Nachbarwohnung hierher verirrt hatte. Am darauffolgenden Abend saß ich am Schreibtisch und erschrak fürchterlich, als über die Wand wieder ein fetter Käfer kroch. Diesmal war ich zu langsam, er verschwand hinter dem Kasten. In der Nacht träumte ich von Kakerlaken, die über meine Bettdecke krabbelten. Tags darauf rief ich die Kammerjäger an. Sie kamen, als Putzfirma getarnt, um eine Panik unter den Nachbarn zu vermeiden. Diese Befürchtung hatte ich nicht. Der Kammerjäger versprühte ein Kontaktgift in der Küche und unter dem Schreibtisch. »Wenn die Tierchen darüber krabbeln, sterben sie bald danach«, meinte er beruhigend. Allerdings müsse auch die gesamte Wohnung »ausgegast« werden. Er stellte mitten im Wohnzimmer eine Gasdose auf, aus der zischend eine Giftgaswolke kam, und verließ dann fluchtartig mit mir die Wohnung. Als ich die Türe abschloss, wusste ich: Hier kann nur einer überleben – sie oder ich.

Mit der Zeit lernte ich viel über Kakerlaken. Beispielsweise, dass sie kurz vor dem Tod Eier legen und dadurch die nächste Generation sichern. Daher musste meine Wohnung drei Wochen später noch einmal ausgegast werden, um diese nächste, noch unfruchtbare Generation auszulöschen. Aber die lieben Haustierchen bewegen sich mühelos von Wohnung zu Wohnung, durch Abflussrohre, Steckdosen oder Türschlitze. Systematisch machte ich aus meiner Wohnung ein Fort Knox gegen Kakerlaken: Den Spalt in der Wohnungstür dichtete ich mit Gummistreifen ab, für die Badewanne und das Küchenabwaschbecken kaufte ich Stoppel und die Steckdosen wurden mit Kindersicherungen versehen. Da ich ein sozialer Mensch bin, schrieb ich auch einen Brief an den Magistrat. Eine Woche später wurden alle elf Stockwerke durch Kammerjäger gesäubert. Sie hatten viel zu tun und freuten sich sichtlich über diesen Großauftrag. Besonders in einer Erdgeschoßwohnung machte der spezielle Putztrupp einen Riesenfund: »Es hat nur so von Kakerlaken gewimmelt, als wir den Kasten aufmachten!«, erzählte mir ein Kammerjäger. Aus dieser Wohnung hörte man öfters Schreie und Wutausbrüche, nicht zuletzt durch Alkoholgenuss gefördert. Wenn man sich von außen der Haustüre näherte, konnte man in das Wohnzimmer und direkt auf den Fernseher sehen. Wann immer man nach Hause kam, er lief ständig. In dieser Wohnung lebte auch ein zehnjähriges Mädchen, das mich immer laufend überholte, um mir die Haustüre aufzumachen. Sie tat mir leid mit ihren alkoholkranken Eltern und dem dreizehnjährigen rauchenden Bruder. Aber was konnte ich tun? Ich versuchte mit den Eltern ins Gespräch zu kommen, aber sie blockten ab. So blieb nur die Hoffnung, dass sie sich anders entwickeln würde als ihre Familie.

Ich genoss mein Junggesellenleben, doch das einsame Dasein war manchmal auch etwas bedrückend. Ich kochte selbst, eine Woche Kartoffeln, eine Woche Reis, eine Woche Nudeln. Zwischendurch kaufte ich mir ein Grillhuhn, das ich bei einem kleinen Fleischhauer besorgte. Zweimal die Woche kam eine Haushaltshilfe, die meine Wäsche wusch und bügelte, den Boden aufwischte und die gesamte Wohnung blitzblank zurückließ. Nur einmal, bei einer Darmgrippe, beschloss ich, die schmutzige Wäsche aufgrund der Dringlichkeit selbst zu waschen. Meine Haushaltshelferin war erzürnt, da ich offenbar in ihr Revier eingedrungen war. Ich habe noch heute vor Augen, wie sie, mit meiner Unterhose fuchtelnd, durch die Wohnung lief und schnippisch rief: »Eines sage ich Ihnen gleich, die ist nicht sauber!«

Einmal in der Woche nahm ich ein Vollbad. Dazu ließ ich zuerst die Badewanne ein und warf Badesalz ins Wasser; dann hüpfte ich mit Krücken ins Schlafzimmer, wo ich mich auszog, und kroch dann auf dem Boden zurück ins Bad, richtete mich am Beckenrand auf, griff mit der rechten Hand über die Wanne und zog mich an einem dafür speziell montierten Griff über den Beckenrand. Eines Nachts rutschte ich dabei mit der Hand vom Griff ab. Mein Körper drehte sich auf den Rücken, der Kopf fiel plumpsend unter Wasser, während die Beine noch über den Beckenrand ragten. Der Schock fuhr mir in die Glieder. Sollte ich so sterben? Würde die Kärntner *Kronenzeitung* am nächsten Tag titeln: »Student einsam in Badewanne ertrunken«? Ich wusste, dass niemand mir helfen würde. Verzweifelt griffen meine Hände nach oben ins Leere. Da ertastete ich aber doch den Griff, umschloss ihn fest mit meiner linken Hand und zog mich nach oben. Wieder einmal hatte mir mein Schutzengel das Leben gerettet.

Dieser Vorfall brachte mich auf eine neue Idee für ein Radio-Feature: »Der Nachbar, das unbekannte Wesen«. Man lebte in Fischel eng neben- und übereinander und doch war die Vereinsamung hier jeden Tag spürbar. Es gab Nachbarn, die man gar nicht kannte, da sie ihre Wohnung nie verließen. Ich klopfte mit dem Aufnahmegerät an eine

Wohnungstür schräg gegenüber meiner Wohnung. Es öffnete eine ältere Frau, die sich über meinen Besuch sichtlich freute. Weggehen, ihre Wohnung verlassen, würde sie nie, sagte sie, alleine fühle sie sich jedoch nicht. Sie lebte in ihren vier Wänden mit einer Katze, die sie wie ein Kind umhätschelte. Dann versuchte ich herauszufinden, warum sich ein Jahr zuvor ein junger Mann aus seinem Fenster im elften Stockwerk gestürzt hatte. Einen Nachmittag lang fuhr ich im nach Urin stinkenden Lift auf und ab und nahm mit meinem Aufnahmegerät die Aufzugsgespräche auf. Einen Vormittag verbrachte ich bei den Briefkästen und den Leuten, die jede Viertelstunde kamen, um nachzusehen, ob für sie Post gekommen sei. Wenn dann endlich der Briefträger kam, gingen sie leer aus. Im Haus gab es auch Amateurfunker, die miteinander über Funk verkehrten, sich aber nie trafen – auch wenn der Funkkollege gleich nebenan wohnte. Und im Garten saßen die Bankerl-Tratscher und wussten über alles und jeden genau Bescheid.

Als das Feature ausgestrahlt wurde, entschied ich mich für ein offensives Vorgehen und hängte bei den Briefkästen, im Lift und an der Haustüre Zettel aus mit der Aufschrift: »Morgen neun Uhr im Radio: ›Wir über uns Nachbarn‹.« Nach der Ausstrahlung wartete ich in meiner Wohnung auf erzürnte Anrufe oder ein Läuten an der Wohnungstür. Aber nichts geschah. Ruhe vor dem Sturm? Niemand sprach mich auf die Radiosendung an. Aber die Blicke sprachen Bände: Ich war der Verräter.

Einen Monat später fand das erste Hausfest im Garten statt. Ich wurde ebenfalls eingeladen und ging natürlich hin. Ein Nachbar sagte stolz: »Na schauen Sie, wir sind ja eine tolle Hausgemeinschaft!« Hatte meine Radiosendung also doch etwas bewirkt?

Du hast eine Glatze und heißt Franz

Auf der Straße, im Restaurant, im Supermarkt. Die Orte sind beliebig austauschbar, die Handlung nicht:

Plötzlich taucht aus dem Nichts ein Kind auf, hebt seinen Finger und schreit: »Schau mal, Mama; der Mann da!« Die Mutter versucht zunächst das Gezeter zu ignorieren und beschäftigt sich noch intensiver mit den Käsesorten im Kühlregal.

Kurz darauf gellt es wieder durch die Einkaufshalle: »Mama, schau, was hat'n der da?« Die Mutter, die den herankommenden Behinderten aus den Augenwinkeln kurz fixiert hat, wird unruhig, zerrt ein wenig an der Hand des Kindes, macht es auf süße kleine Fruchtzwerge aufmerksam, die sonst als große Magneten wirken. Aber was ist in buntes Plastik verpackter süßer Quark gegen einen dahinhumpelnden Mann? Was ist eine grinsend hüpfende Himbeere auf der Verpackungsfolie gegen ein schweißgebadetes Gesicht? Kinder wissen steife Beine oder nicht vorhandene Arme als willkommene Abwechslung im langweiligen Alltag zu schätzen. Erwachsene weniger.

Das Kind ist nun endgültig aus dem Häuschen. »Warum geht der Mann so komisch?«, fragt es so laut, dass es selbst die Kassiererin am anderen Ende des Ladens noch gehört haben muss. Die Mutter sieht entschuldigend um sich. Ist ja nur ein Kind, sagen ihre Augen. Dann sagt sie mahnend: »Sei jetzt ruhig! Das ist nicht interessant.« Das findet das Kind aber nicht, und es schreit, sich von allen unverstanden fühlend: »Ich will wissen, was der Mann da hat!« Der Mutter wird die Situation zu viel. Sie packt die Hand ihres Kindes. Dann sieht man beide hinwegeilen. Dem Kind gelingt es beim Hinterherstolpern gerade noch, dreimal den Kopf umzudrehen. Und leise ist noch zu hören: »Du benimmst dich unmöglich! Ich erkläre dir zu Hause, was der Mann hat!«

Zurück bleiben kopfschüttelnde Leute. Eine ältere Frau meint: »Die Kinder heutzutage. Das ist doch keine Erziehung!«

»Doch«, sage ich, »Verdrängungspädagogik. Die Kinder sind schon okay.«

Die ältere Frau runzelt die Stirn, sieht mich an. Ob der vielleicht nicht auch geistig behindert ist?, scheint sie sich zu fragen.

Solche oder ähnliche Erlebnisse passierten regelmäßig. Überforderte Eltern. Neugierige Kinder. Und dazwischen ich, verunsichert, verärgert und manchmal sogar verletzt. Ich wusste lange nicht, wie ich am besten damit umgehen sollte. Vor allem wollte ich mit Kindern ins Gespräch kommen, mit ihnen diskutieren, ihre Erfahrungen und Meinungen kennenlernen. Wenn man als behinderter Mensch in Schulklassen kommt, wird man zum Anschauungsobjekt schlechthin. Das wollte ich nicht. Da kam mir die Idee, ein Kinderbuch zu schreiben, in dem ich meine Erfahrungen schildern wollte.

Gesagt, getan. Eine Woche lang tüftelte ich an einer Bilderbuchgeschichte. Dann war das Werk vollendet und ich schickte je ein Manuskript an mehrere österreichische Kinderbuchverlage. Nach und nach trudelten auch Antwortschreiben ein. Nervös öffnete ich die Briefumschläge. Die Vorfreude war jedoch vergebens: Alle sagten ab. Einhelliger Tenor: eine tolle und wichtige Geschichte, aber ein Problembuch. Und Problembücher will niemand kaufen – auch nicht »drucken«, dachte ich verärgert. Sollte ich aufgeben? Niemals! Ich besorgte mir Adressen von deutschen Kinderbuchverlagen und verschickte meine Geschichte neuerlich.

Drei Jahre später präsentierte ich auf einer Fachtagung für Kinderliteratur in Klagenfurt stolz mein Buch, das in der Zwischenzeit im deutschen Verlag Ellermann erschienen war. Ich erzählte mit Genugtuung von der Ablehnung der österreichischen Verlage und vom Mut des deutschen Herausgebers. Der Ellermann-Verlag war von meiner Geschichte gleich begeistert gewesen und hatte mir einen langen Brief zurückgeschrieben. Man war bereits eine Zeit lang auf der Suche nach einer Geschichte über Behinderung, alle Geschichten, die zum Thema kamen, seien jedoch voll Mitleid und Rührseligkeit gewesen. »Die Geschichte von Margit beschreibt realistische Lebenssituationen und hat doch Humor«, meinte die Verlagsleiterin, was mich sehr freute.

Unter das Lob bei der Kinderbuch-Tagung mischten sich aber auch kritische Stimmen. So meinte ein Kritiker aus Deutschland, der auch im Bereich der Sonderpädagogik tätig war, dass die Geschichte von Margit unrealistisch sei. Kein Kind im Rollstuhl würde allein einkaufen fahren. »Vielleicht sollte man behinderten Menschen mehr zutrauen«, konterte ich.

Am Rande der Veranstaltung lernte ich Karl und Peter kennen, zwei Beamte aus dem »Medienservice« des Unterrichtsministeriums in Wien. Wir verstanden uns gleich prächtig; vor allem schienen sie kein Problem mit meiner Behinderung zu haben und wir machten ironische Scherze.

Als frischgebackener Autor machte ich mich nun mit meinem Bilderbuch auf eine Lesetour quer durch Kärntens Schulen. Das Landesjugendreferat beim Amt der Kärntner Landesregierung hatte mein Angebot ausgeschrieben und das Interesse schien enorm. Ich bat Doris, eine Studienkollegin, mich zu begleiten. Wir fuhren die Schulen zumeist getrennt mit unseren Autos an, sie immer pünktlich, ich nie. Doris musste sich einiges von wütenden Pädagogen anhören. Wenn ich aber dann eine halbe Stunde später mit meinem Auto vor der Schule einparkte und die Lehrer mich sahen, änderte sich schlagartig ihre Stimmung und sie begrüßten mich mit zuckersüßen Worten. Natürlich entschuldigte ich mich für mein Zuspätkommen. Dann meinten sie nur: »Kein Problem. Hauptsache, dass Sie überhaupt hier sind!« Dahinter stand Doris und schüttelte verständnislos den Kopf. Ich lächelte ihr aufmunternd zu. Da man mir gegenüber immer so freundlich war, sah ich mich auch nicht veranlasst, mein Verhalten zu ändern, und Doris musste es wieder ausbaden.

Einmal standen an einem einzigen Vormittag fünf einstündige Lesungen in einer Villacher Schule auf dem Programm. »Morgen bin ich wirklich pünktlich«, versprach ich Doris hoch und heilig. Aber just am nächsten Morgen überhörte ich den Wecker und verschlief. Als ich aufwachte, war es bereits neun Uhr. Ich zog mich an, so schnell ich konnte – was immerhin auch eine Stunde dauerte –, setzte mich ohne Frühstück ins Auto und düste die vierzig Kilometer nach Villach. Dort stand Doris auch um elf Uhr noch geduldig vor der Schule. Sie hatte an mich geglaubt. Das vergesse ich ihr nie. Die erzürnte Direktorin wurde wie alle ihre Kolleginnen zuvor angesichts meiner Behinderung butterweich.

Blöd sei es schon, meinte sie nur, hatte aber gleich eine Lösung parat: Alle Schüler der Volksschule versammelten sich gemeinsam in der Aula. Als ich mit meiner leisen Stimme zu reden begann, legte sich schlagartig das Stimmengemurmel. Gespannt lauschten die Kinder der Geschichte von Margit. Dann folgte wie immer ein interessanter Dialog.

Ein Bub meinte: »Meine Oma hat gesagt, wenn jemand behindert ist, kann er keine Frau bekommen. Deshalb ist es wichtig, in der Jugend aufzupassen. Oma hat gesagt, dass ich aufpassen muss, nicht behindert zu werden, sonst bekomme ich nie eine Frau.«

Ein Mädchen in der ersten Reihe sagte: »Der ist ja wirklich behindert. Ich dachte, das ist nur Spaß!«

Einmal wurde ich von einer Lehrerin so vorgestellt: »Wir sind schon öfter hier im Turnsaal zusammengekommen. Immer zu lustigen Anlässen. Diesmal ist es ein trauriger und ernster Anlass.«

Beziehungen waren den Kindern immer sehr wichtig. Sie fragten, ob ich Freunde hätte, ob Doris meine Frau sei. Sie verneinte lachend und meinte: »Mit einem Mann, der immer zu spät kommt, hätte ich meine Probleme.«

Ich darauf: »Hallo, ich bin Franz. Ihr werdet schon öfter von mir gehört haben, ich bin nämlich der Ernst des Lebens.«

Manchmal provozierte ich auch ein wenig mit Fragen wie: »Glaubt ihr, ist es schlimm, behindert zu sein?« Darauf ein Kind: »Das ist nicht schlimm. Aber ich würde damit nicht fertig werden.« Ein anderes Kind meinte: »Dafür kannst du etwas anderes besser.« Ich: »Was kann ich besser als du?« Das Kind: »Na, hören!«

Ich musste lächeln. Das war mir völlig neu. Es folgte ein Frage-Antwort-Spiel.

Kind: »Wie kommst du über die Stiege herauf?«

Ich: »Mit dem Schullift, der heißt Herbert und wird von euch auch Schulwart genannt.«

Kind: »Wie schläfst du im Rollstuhl?«

Ich: »Das mach ich nur, wenn ich besoffen bin.«

Kind: »Betreibst du Sport?«

Ich: »Ja, ich stehe jeden Tag in der Früh auf und ziehe mich alleine an.«

Große Augen und neugierige Fragen

Kind: »Was isst du am liebsten?

Ich: »Spaghetti.«

Danach ging es um das schwierige Thema der »geistigen Behinderung«. Ein Mädchen meinte: »Ich habe eine Cousine, die ist geistig behindert, sie ist im Kopf ein bisschen durchgeschüttelt.«

Ein Bub in der letzten Sitzreihe meldete sich zu Wort: »Es gibt geistig Gestörte. Das ist aber kein schönes Wort. Da kann man besser sagen ›geistlich behindert‹.«

Mein Buckel animierte die Kinder zu passenden Vergleichen, mit dem Glöckner von Notre-Dame oder der Hexe aus Hänsel und Gretel. Bei diesen charmanten Aussagen musste sogar ich schlucken. Aber die Kinder meinten auch, dass ich ihnen ohnehin leid täte. Als ich fragte: »Warum?«, lautete die Antwort: »Du bist arm, du hast eine Glatze und heißt Franz.« Das traf einen wunden Punkt, litt ich doch schon mit Anfang zwanzig unter Haarausfall. Verzweifelt schluckte ich diverse Kapseln und rieb Haarwuchsmittel auf meine hohe Stirn. »Beim Opa hat es geholfen!«, sagte meine Oma, als sie mir das Mittel in die Hand drückte, »er hat auf der Glatze wieder einen feinen Flaum.« Diesen Flaum suchte ich täglich im Spiegel – aber vergebens!

Zur Verabschiedung kam ein Bub, schüttelte mir die Hand und meinte: »Und ich wünsche Ihnen eine gute Besserung!«

Noch Jahre später bekam ich Briefe und Postkarten von Kindern, denen unsere kurze Begegnung offenbar im Gedächtnis geblieben war. In einem Brief schrieb ein Mädchen: »Ich bin das Mädchen aus der fünften Reihe mit dem kurzen Leiberl. Die Lesung hat mir sehr gefallen. Möchtest du mein Freund werden. Kreuze an: Ja/Nein. Schreib bald zurück.«

Nach der erfolgreichen Lesetour in Kärnten besuchte ich Volksschulklassen in ganz Österreich. Das Interesse war enorm und ich hätte wohl mein Leben lang Lesungen in Schulen machen können, merkte aber auch, dass ich dabei meine Haut verkaufte. Täglich mit einer Behinderung hausieren zu gehen ist ermüdend. Wenn ich aber auch oft keine Lust mehr verspürte, in eine Klasse zu gehen, so begeisterten mich doch die Kinder mit ihren großen Augen und neugierigen

Fragen. Es machte mir Spaß, mit ihnen zu reden. Auch wenn ich sie manchmal gar nicht verstand, wie einen Buben in einer Vorarlberger Schule, der fragte: »Host a Eutile?« Diese Frage war mir neu. Meinte der Bub, ob ich eine Kuh mit Euter hätte? Nein, er meinte mein Auto.

In Vorarlberg hatte ich ein Erlebnis, das mich noch lange beschäftigte. Ich las in einer Integrationsklasse und wusste, dass es hier auch behinderte SchülerInnen gab. Aber niemand sagte ein Wort darüber. Sollte ich es ignorieren oder bewusst ansprechen? Ich entschied mich für das zweite und fragte vorsichtig: »Behinderte Kinder gehen in eigene Schulen oder in Schulen gemeinsam mit nicht Behinderten. Wie ist das bei euch?« Sofort schnellten mehrere Hände hoch und die Kinder riefen: »Wir haben auch Behinderte!« Sie zeigten auf ein Mädchen: »Die Anna ist behindert!« Anna begann zu weinen und stammelte: »Ich bin nicht behindert.« Darauf meldete sich ein Lehrer und versuchte die peinliche Situation zu retten: »Wissen Sie, bei uns ist niemand behindert. Wir sind alle gleich.« Über diese Aussage musste ich noch lange nachdenken. Hatte der Lehrer recht? Wahrscheinlich war es falsch, alle Kinder als gleich hinzustellen. Die Kinder selbst nahmen sehr wohl Unterschiede wahr. Aber warum weinte Anna? Was verband sie mit dem Begriff, behindert zu sein? Es musste für sie etwas ganz Schlimmes sein. Vermutlich hatte sie von den Eltern oder anderen Menschen darüber nur negative Bilder vermittelt bekommen. In meinen Lesungen und Diskussionen versuchte ich ein anderes Lebensbild zu vermitteln. Und mir wurde klar, dass es auch wichtig war, dass ich als behinderter Mensch das Thema bewusst ansprach. Besonders für behinderte Kinder hatte ich wohl auch Vorbildfunktion.

Neues Engagement und ominöse Anzeichen

In den Neunzigerjahren, in denen ich durch die Schulen tingelte, waren normaler und integrierter Unterricht strikt getrennt. Oft erlebte ich Schulen wie aus meiner Kindheit: vorne der Lehrer, in den Bänken ruhig sitzende Kinder in Dreierreihen, die aufzeigen mussten, wenn sie eine Frage stellen wollten. Ganz anders und für mich anfangs völlig ungewohnt war der Schulalltag in einer Integrationsklasse. Schon die Klassenräume sahen anders aus. Es gab keine Tischreihen, sondern Sitzecken, Spielecken und für die Gruppenarbeit zusammengeschobene Tische. Meistens waren die Klassen bunt und fröhlich gestaltet, mit Zeichnungen oder selbst gebastelten Materialien. Hier konnte man sich wohlfühlen. Konnte Schule auch Spaß machen? Ich hatte sie in meiner Schulzeit ganz anders erlebt und empfand nun sogar ein wenig Neid, wäre ich doch auch gerne in eine so lebendige Klasse mit engagierten Lehrern gegangen. Behinderte Kinder hatten das alte Schulsystem nicht nur hinterfragt, sondern auch eine neue Pädagogik gebracht, die allen Kindern zugutekam.

Schon damals wurde es mir klar, dass die in der Integration gemachten Erfahrungen für das gesamte Schulsystem nutzbar gemacht werden sollten. Offener Unterricht, Team-Teaching, individuelle Lehrpläne, neue Pädagogik und kleinere Klassen würden einerseits die Qualität der Schule verbessern und andererseits auch das Wohlbefinden der Lehrer steigern, die oft unter Verdruss und Frustration leiden. Dann könnte Integration, wie wir sie heute verstehen, überflüssig werden, da das gesamte Schulsystem jeden Schüler integriert und seine individuellen Fähigkeiten fördert. Die Integrationsbewegung nennt dieses Faktum »Inklusion«, ein Begriff, der mir vom Namen her nicht gefällt, aber in der Sache als der richtige Weg erscheint.

Vor meiner Lesetour, das muss ich gestehen, hatte auch ich Probleme mit der Forderung gehabt, dass sogenannte »geistig« behinderte Kinder in die normale Schule gehen sollten. Erst durch meine Besuche in den Integrationsklassen entdeckte ich die Chancen und Perspektiven für alle Kinder, ob behindert oder nicht. Es begann mich zunehmend zu ärgern, wenn ich die übliche Meinung der Lehrer hörte: »Integration ja, aber nur bei körperbehinderten Kindern.« Die Integration von lernbehinderten Kindern konnte man ja tagtäglich auch in unserem Schulsystem erleben. Diese Einstellung hörte ich oft von Lehrern, die ihr einst in der Pädagogischen Akademie erlerntes Wissen als ausreichend ansahen. Die Vorstellung, dass sich auch die Pädagogik weiterentwickelt und dass sie sich weiterbilden sollten, lag ihnen fern. Ich wünschte mir, dass alle Lehrer Integrationsklassen besucht hätten. Das hätte ihre Einstellung sicher grundlegend geändert und ihnen neue Perspektiven eröffnet.

Bei anstehenden Schulreformen sollte vor allem die Aus- und Weiterbildung der Lehrer ein zentraler Schwerpunkt sein. Die von Maria Montessori entwickelten Unterrichtsmethoden werden auch heute, hundert Jahre nach der Entwicklung, als »neue Pädagogik« bezeichnet! Außerdem erscheint es mir wichtig, dass nicht nur behinderte Kinder die Schule besuchen, sondern auch Lehrer mit Behinderungen den Beruf ausüben. Bis 2006 war im Lehrerdienstrecht die »körperliche Eignung« vorgeschrieben, was praktisch einen Ausschließungsgrund für behinderte Lehrer darstellte. Ebenso gab es bei der Aufnahme in die Pädagogischen Akademien (heute Pädagogische Hochschulen) das Kriterium der »körperlichen Eignung«. Ein Lehrer musste alle Gegenstände unterrichten können. Ein Rollstuhlfahrer beispielsweise konnte aber kein Turnlehrer sein, ein gehörloser Lehrer nicht Musik unterrichten. Hier gab es keine Ausnahmen und so blieben die Lehrkörper bis 2006 »behindertenfrei«. Eine krasse Diskriminierung, die mit dem Behindertengleichstellungsgesetz beseitigt worden ist. Behinderte Lehrer werden in Zukunft wohl auch das Schulsystem verändern.

Ende der Achtzigerjahre nahm ich erstmals an einem Treffen in Linz teil, veranstaltet vom Verein »Miteinander«, in dem es um die Integration behinderter Kinder im Regelschulwesen ging. Zehn Eltern berichteten von ihren Erfahrungen. Heinz Forcher, Vater eines behinderten Sohnes, erzählte von seiner Heimatgemeinde Reutte in Tirol, wo die Sonderschule in Auflösung begriffen sei. Deren Direktor habe es sich zum Ziel gesetzt, sie überflüssig zu machen. »Es gibt keine erste und zweite Klasse mehr an unserer Sonderschule«, berichtete Forcher stolz. Ich war von den Ideen und Vorstellungen der engagierten Eltern begeistert und entschloss mich, ihren politischen Weg zu unterstützen. Geplant wurde die Gründung des Vereins »Integration Österreich«, in dem ich später acht Jahre lang als Vorstandsmitglied tätig sein sollte. Auch eine Demonstration in Wien fassten wir bei unserem Treffen in Linz ins Auge, die drei Monate später wirklich stattfand. Mit Transparenten wie »Gesetz statt Gnade« kämpften wir dafür, dass Schulversuche zur Integration ins Regelschulwesen übergeleitet werden sollten. In meinem Rollstuhl stand ich mitten unter den demonstrierenden Eltern, denen ich mich aufgrund meiner eigenen Geschichte verbunden fühlte. In der Behindertenszene wurde ich für dieses Engagement heftig kritisiert. Ich solle mich doch von den Eltern und ihren Interessen emanzipieren, wurde gefordert – was ich absurd fand, da es doch um dieselben Anliegen ging. Trotz dieser Kritik blieb ich »Integration Österreich« ehrenamtlich über viele Jahre treu, arbeitete im Vorstand mit, führte Projekte durch und schrieb für die Vereinszeitung.

Nach dem Treffen der Elternbewegung in Linz fuhr ich ein wenig erschöpft über Salzburg nach Spittal an der Drau zu meinen Eltern, wo meine Mutter für ihren verlorenen Sohn schon eine stärkende Karottensuppe gekocht hatte. Sie schmeckte herrlich und gab mir neue Kraft. Nach dem Essen hüpfte ich mit meinen Krücken auf die Toilette, setzte mich auf die Klomuschel und verrichtete meine Geschäfte. Als ich danach wie üblich aufstehen wollte, indem ich mich auf der Sitzfläche umdrehte und mich mit den Armen in die Höhe stemmte, gelang es mir nicht. Mit einem Mal waren meine Arme zu schwach dafür. Ich hatte keine Chance, die Beine durchzustrecken, damit die Stützapparate einrasteten und meine Beine steif hielten. Stattdessen knickten sie ab und ich hockte vor dem WC. Ein Schreck fuhr mir durch die Glieder. Warum hatten meine Arme versagt? Wie konnte das passieren? Bisher hatten sie noch immer funktioniert. Mit ihnen führte ich jegliche Bewegung meines Körpers durch. Ohne sie war ich nicht in der Lage, mich fortzubewegen.

116

Ich begann hockend auf und ab zu wippen, damit sich meine spastischen Beine verkrampften und dadurch streckten, damit ich wieder aufrecht zu stehen kam. Aber es gelang nicht. Ich schwitzte. Nach einer Pause, in der ich mich innerlich zu beruhigen versuchte, startete ich einen neuerlichen Versuch. Diesmal verkrampften sich die Beine und streckten sich, sodass ich wieder aufrecht vor der Toilette stehen konnte. Es gelang mir auch, die Stützapparate einzurasten. Mit den Händen hielt ich mich an der Klobrille fest, weit nach vorne gebeugt. »Was ist mit meinen Armen los?«, dachte ich. Es gelang mir nur mit äußerster Mühe, mich hochzustemmen und mich allmählich am Klodeckel in eine aufrechtere Lage zu bringen. Als ich schließlich wackelig mit meinen Krücken die Toilette verließ, zitterte ich vor Erschöpfung am ganzen Körper. Ich wischte mir den Schweiß von der Stirn und hüpfte zurück in die Küche. Meinen Eltern sagte ich nichts. Es war nicht meine Art, Schwäche einzugestehen. Das war hoffentlich eine einmalige Episode gewesen. Vielleicht hatte ich mich körperlich überanstrengt.

Ein paar Tage später jedoch wiederholte sich das Ereignis. Ort des Geschehens war die Toilette im ORF-Landesstudio Kärnten. Wieder hockte ich vor der WC-Muschel und war nicht in der Lage, selbstständig aufzustehen. Eine ziemlich missliche Lage. Wer würde mich retten? Die Putzfrau? Mit heruntergezogener Hose? Äußerst peinlich! Handy gab es zu dieser Zeit noch keines und so war ich gezwungen, zu warten. Nach einer Weile hörte ich, wie sich die Gangtüre zum WC öffnete und jemand sich die Hände wusch. Ich nahm allen Mut zusammen und rief um Hilfe. Zum Glück erreichte ich von meiner Position aus die Türverriegelung und konnte die Türe aufsperren. Als sich eine mir vertraute Stimme meldete, atmete ich ein wenig auf. Es war ein befreundeter Kollege, der mir nach meinen Anweisungen unter die Arme griff und mich aufrichtete.

Ich war froh über diese Hilfe; andererseits waren mir die Situation und meine Hilflosigkeit auch äußerst peinlich. Ich musste in Zukunft aufpassen, wenn ich auf die Toilette ging, nahm ich mir vor. Auch die Toilettentüre abzusperren gewöhnte ich mir ab. Doch was war mit mir los? Warum waren meine Arme plötzlich nicht mehr so stark wie früher?

Diese neue Schwäche war kein vereinzeltes Ereignis mehr. Ich musste etwas dagegen unternehmen und beschloss, meinen Körper zu trainieren. So verschrieb ich mir ein tägliches Sportprogramm. Beispielsweise stand ich auf dem Balkon, hielt mich mit einer Hand am Geländer fest und stemmte mich mit der anderen Hand an der Krücke in die Höhe. Auch mied ich nicht immer, aber sehr oft den Lift und hüpfte mit meinen Krücken über die Stiegen. Abwärts kein Problem, aufwärts in den zweiten Stock eine sportliche Herausforderung. Ziemlich erschöpft kam ich immer in meiner Wohnung an. Doch ich war fest entschlossen, wieder kräftiger zu werden.

Abschied von Klagenfurt

Die Wellenlänge hatte sofort gestimmt bei Sigi und mir. Gleiche Herkunft (Spittal an der Drau), gleicher Studienerfolg (erstes Semester), gleicher Humor (schwarz). Wir mussten einfach enge Freunde werden. Täglich telefonierten wir, bevorzugt um Mitternacht, und tauschten Ideen, Meinungen und Erlebnisse aus. Gab es etwas Interessantes im Fernsehen? Sofort zum Telefon greifen und Sigi darauf aufmerksam machen! Klingelte abends das Telefon, hielt ich schon die Fernbedienung parat. Beide wurden wir Informationsreferenten bei der Österreichischen Hochschülerschaft und gaben die Uni-Zeitung heraus. Das machte durchaus Spaß, wenngleich sich alle ÖH-Mitarbeiter bemüßigt sahen, bei der Zeitung mitzureden. So kann ich mich noch an eine lebhafte Diskussion bei einer Sitzung erinnern, in der es darum ging, ob die auf der Titelseite abgebildeten fünf olympischen Ringe mit deutschen oder slowenischen Namen angefüllt werden sollten. Unser Vorschlag, doch beide Sprachen zu verwenden, wurde schlichtweg abgelehnt: Deutsch und Slowenisch beschriebene Kreise durften sich keineswegs überschneiden.

Sigi hatte im Gegensatz zu mir eine Freundin, Marion. Als dann geheiratet wurde und Tochter Anna auf die Welt kam, durfte ich Taufpate werden, was unsere Freundschaft noch vertiefte.

Eines Tages schlug Sigi vor: »Wir könnten doch zu Silvester gemeinsam nach München ins Casino fahren.« Eine super Idee, fand ich. Vielleicht fand ich auf der langen Fahrt den Mut, meinem Freund das zu sagen, was ich auf dem Herzen hatte. Bis jetzt hatte ich es nicht geschafft. Gesagt, getan: Am 31. Dezember 1992 saßen wir in meinem Renault Clio und düsten auf der Autobahn Richtung München. Ich wartete auf einen günstigen Moment, aber er kam nicht. Die Stimmung war zu gut, um sie durch schlechte Nachrichten zu vermiesen. Wir unterhielten uns prächtig und schmiedeten Pläne, was wir mit dem Casinogewinn machen würden.

Doch wo war das Casino in München? Die Leute, die wir auf der Straße fragten, schüttelten nur den Kopf. Wir parkten ein, Sigi ging in ein Lokal und kam mit bleichem Gesicht zurück: Es gab in München gar kein Casino! Was sollten wir tun? Der Besitzer des Lokals hatte Sigi das »Kleine Löwenbräu« empfohlen. Dort könne man gut essen und sicherlich einen schönen Abend verbringen. Wir folgten der Empfehlung, fanden das Lokal und Sigi ging in seinen Mantel gehüllt in die Gaststätte. Freudestrahlend kam er zurück, »Es gibt noch zwei freie Plätze.« Der Abend schien gerettet. Doch als wir gemeinsam das noch leere Lokal betraten, war plötzlich kein Platz mehr frei. Alles reserviert. Vielleicht lag es an meinem Rollstuhl – oder an Sigi, der den Mantel abgelegt hatte und statt eines Anzugs ein selbstgestricktes Kettenhemd trug? Auch ich war mit Pullover ziemlich leger angezogen.

»Das kann doch nicht sein«, regte sich Sigi auf »vor fünf Minuten hat es noch zwei freie Plätze gegeben.«

Zähneknirschend wies uns der Kellner zwei Plätze an einem Ecktisch zu. Nach und nach füllte sich das Lokal mit piekfein herausgeputzten Leuten. Wir fühlten uns zunehmend unwohl und berieten uns tuschelnd. Immerhin hingen im Auto unsere Casino-Anzüge. Sollten wir uns in Schale werfen? Aber nein, wir entschlossen uns, unserer Kleidung treu zu bleiben. Sollten die anderen doch denken, was sie wollten! Bald war im Lokal jeder Tisch besetzt, nur an unserem Ecktisch gab es noch drei freie Sessel. Welche Schlipsträger würden hier Platz nehmen? Hoffentlich niemand. Aber auch an unseren Tisch kamen Gäste: ein »Preuße« und ein junges Pärchen. Die drei wunderten sich wohl zunächst über uns, aber schnell kamen wir ins Lachen, waren per du und sicherlich die Lautesten im Lokal. Um Mitternacht bewunderten wir die Feuerwerksraketen, mit denen sich die Nachbarn über die Straße hinweg bekriegten, und besuchten abschließend eine Kellerbar, in der wir die Einzigen ohne Maske, Ohrringe oder Löcher in den Kleidern waren. Statt des erhofften Casinogewinns hatten wir ein Abenteuer erlebt, an das wir uns heute noch gerne erinnern.

Erst auf der Rückfahrt fand ich den Mut, Sigi zu sagen, was ich auf dem Herzen hatte. Nach einigem Herumdrucksen brachte ich es schließlich auf den Punkt: »Sigi, ich werde Klagenfurt verlassen und nach Wien ziehen.« Drückende Stille im Auto. Tausend Gedanken schossen mir durch den Kopf. War ich die Sache zu frontal angegangen? Setzte ich nicht unsere Freundschaft aufs Spiel? Wollte ich wirklich die Großstadt Wien gegen einen Freund tauschen?

Nach minutenlangem Schweigen sagte Sigi schließlich: »Was willst du in Wien? In dieser grauen Großstadt – ohne mich.« Ich presste die Lippen zusammen. So genau wusste ich es auch nicht.

»Vielleicht bekomme ich in Wien bessere Möglichkeiten, als Journalist zu arbeiten«, sagte ich. »Du kannst ja mitkommen.«

Sigi schüttelte den Kopf. Es war klar, dass seine Familie, sein Job und damit seine Zukunft in Klagenfurt waren. Dann wechselten wir schnell das Thema.

War mein Entschluss wirklich der richtige? Innerlich beruhigte ich mich mit der Vorstellung, dass die Freundschaft ja nicht daran zerbrechen musste. Aber ich nahm mir auch etwas vor: Ich wollte noch einen letzten Versuch unternehmen, in Klagenfurt einen geeigneten Job zu finden.

Am nächsten Tag wurde ich beim Arbeitsmarktservice vorstellig. Die Mitarbeiterin staunte nicht schlecht, als ich ihr selbstbewusst eröffnete, dass ich als Journalist arbeiten wolle und eine Anstellung suche. Sie tippte in ihrem Computer herum und meinte dann, dass es in Klagenfurt für diesen Bereich keine offenen Stellen gebe.

»Wie sieht es österreichweit aus?«, fragte ich. »Übersiedeln ist für mich kein Problem.«

Die Mitarbeiterin sah mich stirnrunzelnd an und meinte: »Mit Ihrer Behinderung ist ein Ortswechsel wohl unzumutbar?« Ich verneinte. Sie tippte wieder ein paar Wörter in den Computer. »Leider gibt es im Journalismus-Bereich österreichweit keine offenen Stellen«.

»Keine offenen Stellen?«, wunderte ich mich, »was können Sie mir sonst anbieten? Ich habe Germanistik und Publizistik studiert und werde demnächst mein Studium beenden.«

Diesmal schaute sie erst gar nicht in ihren Computer, sondern sagte gleich: »Tut mir leid, mit dieser Behinderung sind Sie nicht vermittelbar. Sie können jedoch eine Invalidenrente beantragen.«

Ich glaubte nicht recht zu hören. Es gab vieles, was ich mir beruflich vorstellen konnte; als Pensionisten jedenfalls sah ich mich nicht. Dafür hatte ich nicht studiert. Kopfschüttelnd verließ ich das Arbeitsmarktservice. Mein Entschluss, nach Wien zu gehen und meine berufliche Zukunft selbst in die Hand zu nehmen, stand nun jedenfalls endgültig fest.

Zunächst suchte ich mir eine Zweitwohnung in Wien, was gar nicht so einfach war. Schließlich bekam ich jedoch von einem Behindertenverein ein Angebot, das ich gleich besichtigte: eine kleine, günstige Mietwohnung in einem großen Wohnkomplex in Favoriten, einem Arbeiterbezirk. An den offenen Fenstern saßen rauchende Leute und beobachten mich, wie ich mich auf Krücken dem Haus näherte. Zum Lift führten sieben Stufen: Man konnte sich entscheiden, ob man im Obergeschoß oder im Keller einstieg. Ein Problem, aber auch eine sportliche Herausforderung, machte sich doch meine Schwäche in den Armen noch immer bemerkbar. Durch die Stufen würde ich wenigstens fit bleiben.

Die Wohnung lag im fünften Stock, am Ende eines langen Ganges. Sie hatte eine Küche, ein Bad, ein Schlaf- und ein Wohnzimmer. Was wollte ich mehr! Eine geeignete Basis für meine Jobsuche in Wien. Ich unterschrieb den Vertrag und bat meine Eltern, die Wohnung mit dem Nötigsten zu möblieren.

Sehr bald lernte ich das »goldene Wiener Herz« kennen. Während einer Autofahrt musste ich einmal plötzlich auf die Toilette und parkte vor einem kleinen Lokal. Die Eingangstüre war gefedert und ich konnte sie nur mit Mühe öffnen. Ein Mann saß in der Nähe der Türe und beobachtete aufmerksam meine Bemühungen. Doch es fiel ihm nicht ein, aufzustehen und mir zu helfen. Das erschien mir ungewöhnlich und wunderlich, war ich doch bisher anderes Verhalten gewohnt. Ich erkundigte mich, wo die Toilette sei. Der Lokalbesitzer meinte nur: »Unten im Keller.« Ob ich Hilfe beim Überwinden der Stufen brauche, fragte er nicht. »Na ja, ich werde es schon alleine schaffen«, dachte ich und hüpfte zur Kellerstiege. Dummerweise gab es kein Stiegengeländer. Ich blickte mich um. An einem Tisch saßen zum Glück drei stark aussehende Männer. Ich hüpfte mit meinen Krücken zu ihnen und erklärte ihnen, dass ich dringend auf die Toilette im Keller müsse. Sie reagierten nicht. So führte ich näher aus: »Ich komme alleine nicht hinunter. Können Sie mir bitte helfen?« Ein Mann blickte auf und sagte: »Nein.« Ich glaubte nicht richtig gehört zu haben. Das war mir bisher noch nie passiert. Doch da meinte der zweite Mann: »Na heast, den kenn ma si do net onwischeln lassen!« Wäre mein »Bedürfnis« nicht so dringend gewesen, ich hätte augenblicklich das Lokal verlassen. So aber biss ich die Zähne zusammen und ließ mich von den drei Gentlemen in den Keller tragen.

Ein Freund, der Psychologie studiert hatte und in Wien aufgewachsen war, meinte als Erklärung für diese Verhaltensweise: »Das goldene Wiener Herz. Sie lieben Tiere, aber keine Kinder und Behinderten.« Und hier wollte ich leben? Ganz so sicher war ich mir nicht mehr.

Fortan pendelte ich also zwischen Klagenfurt und Wien. Während meine Klagenfurter Wohnung ein gemütliches Nest war, blieb die Wiener Wohnung spärlich eingerichtet, kalt und abweisend.

Dazu kam, dass wieder einmal eine Beziehung in die Brüche gegangen war, noch bevor sie so richtig begonnen hatte. Meine Angebetete lebte in Graz, wo ich sie auf dem Weg nach Wien oder wieder zurück nach Klagenfurt öfter besuchte. Zunächst waren diese Zwischenstopps sehr häufig, dann jedoch wurden sie immer seltener. Zu groß schienen die Unterschiede zwischen uns: sie eine Bergsteigerin, ich ein Antisportler. Sie flitzte herum, ich kroch eher langsam durch die Gegend. Sie war unentschlossen, ich bis über beide Ohren verliebt. Ihr Zögern endete mit der Forderung nach Bedenkzeit. Ich hielt das für den falschen Weg. Wenn man sich mit jemandem oder mit einer Situation auseinandersetzen soll, darf man beide nicht meiden.

Wieder einmal war ich gescheitert, musste ich mir bald tieftraurig eingestehen, und ich schob es auf meine Behinderung. Doch inzwischen war mir klar, dass es mich und meine Behinderung nicht getrennt gab. Sie gehörten zusammen. Wer mich wollte, musste mich als Ganzes nehmen. Die Behinderung war ein Teil von mir und wohl auch meiner Persönlichkeit, die durch sie gereift war.

Trotzdem, der Trennungsschmerz war groß. Eine alte Wunde war wieder aufgerissen worden. Ich zog mich in meine Wohnung nach Wien zurück. Keine Anrufe, keine Besuche durch Freunde, selbst gewählte Einsamkeit. Am Morgen, wenn mein rauchender Nachbar in der Nebenwohnung aufstand und sich die Lunge heraushustete – mein ermunternder Wecker –, ging ich in die Küche, machte einen Filterkaffee und aß die Reste einer kalten Pizza, die ich jeden Tag abends am Telefon bestellte. Anschließend setzte ich mich vor meinen Computer und schrieb an meiner Diplomarbeit. Arbeit als Therapie, um nicht über mich und das Leben nachdenken zu müssen. Einen Monat lang schrieb ich über »Die Aufhebung der Zeit im Subjekt am Beispiel von Thomas Bernhards Roman ›Auslöschung‹«. Ich beschäftigte mich darin mit germanistischen Fragestellungen, aber auch mit dem Phänomen der Zeit und letztlich auch mit meinem Zuspätkommen. Und statt der großen Liebe bekam ich wenigstens den Magistertitel.

Eine kritische Beziehung

Schon bald nach Studienbeginn hatte ich mich an der Universität zu engagieren begonnen. Ich wurde Studienrichtungsvertreter der Germanistik und nahm an Sitzungen des Instituts teil. Zu tun gab es da nicht viel und ich hatte das Gefühl, meine Zeit zu vergeuden. Also verlegte ich mein Engagement auf die Österreichische Hochschülerschaft, wo ich bei der ÖH-Wahl als Informationsreferent kandidierte und – mangels Alternativen – auch gewann. Mein Engagement hatte aber natürlich auch mit behindertenspezifischen Themen zu tun. Immer wieder pilgerte ich zum Rektor und unterbreitete ihm Verbesserungsvorschläge für eine barrierefreie Universität. So verschwand der Putzwagen aus der Behindertentoilette, die stark gefederte Eingangstüre zum Behinderteneingang im Keller des Universitätsgebäudes wurde durch eine automatische Schiebetüre ersetzt und ein Behindertenbeauftragter sollte eingesetzt werden. Ob ich mich dafür bewerben wolle, wurde ich gefragt. Ich wollte nicht, da ich den Kopf voll mit anderen Ideen hatte und auch bereits am Ende meines Studiums war.

In den Neunzigerjahren bekam jede Universität einen selbst betroffenen Behindertenbeauftragten; eine Initiative von Wissenschaftsminister Erhard Busek und eine wichtige Maßnahme, die auch heute noch Auswirkungen hat. Die Behindertenbeauftragten beraten behinderte StudentInnen, von denen auf den Universitäten bereits zahlreiche zu finden sind. So gibt es beispielsweise viele RollstuhlfahrerInnen oder blinde JuristInnen, die in den verschiedensten Bereichen einen Job gefunden haben. Bis heute gibt es jedoch nur eine gehörlose Universitätsabgängerin. Sie hatte es besonders schwer, den Vorlesungen zu folgen. Ab und zu brachte sie selbst einen Gebärdendolmetscher mit, der ihr den Vortrag des Professors übersetzte. Ihr Wissen erwarb sie sich durch Skripten oder Bücher. Auch blinde StudentInnen haben ihre Probleme: Nicht jeder Professor, jede Professorin goutiert es, wenn sein oder ihr Vortrag auf einem Tonband mitgeschnitten wird. Multiple-Choice-Tests auf Papier können blinde Studenten ebenfalls nicht ausfüllen. Es braucht Flexibilität der Unterrichtenden und der

Universität als System, behinderten Menschen ein Studium zu ermöglichen. Blinde Menschen profitieren beispielsweise von den vielen Möglichkeiten der Computer. Texte und ganze Bücher können eingescannt und von einem speziellen Computerprogramm vorgelesen werden. Mittels einer »Braille-Taste« am Computer können Texte oder Websites rasch in Blindenschrift übertragen werden. Diese Möglichkeiten, die auch einen späteren Berufseinstieg gewährleisten, können vom Staat durch die Übernahme von Anschaffungskosten unterstützt werden.

Meine Dissertation sollte ein Thema behandeln, das bestenfalls sogar etwas verändern würde. Ich wählte den Titel »Die Darstellung behinderter Menschen im Fernsehen des ORF«.

An dieser Stelle muss ich wohl meine kontroversielle Beziehung zur ORF-Spendenkampagne »Licht ins Dunkel« anführen. Bereits mit dreizehn Jahren war mir diese Sendung aufgefallen; darin sprach man ständig über behinderte Menschen, diese selbst kamen aber nie vor. Kurz entschlossen schrieb ich einen Brief und beschwerte mich als selbst betroffener Fernsehzuschauer. Zuerst kam ein Antwortbrief, in dem mir mitgeteilt wurde, dass man meine Einwände verstehe, aber … Das reichte mir nicht. Wieder schrieb ich an den ORF. Diesmal kam kein Brief, sondern ein Redakteur des Landesstudios Kärnten, der ein längeres Gespräch mit mir führte. Ich wurde in die Sendung eingeladen und las dort eines meiner ersten Gedichte vor: »Wenn ich nicht wäre, wie ich bin«. Meiner Oma kamen die Tränen, sie war so gerührt, dass sie hundert Schilling spendete. Offensichtlich war also mein Auftritt durchaus wirksam gewesen und so wurde ich fortan jedes Jahr in die Sendung eingeladen, um ein Gedicht vorzulesen.

Mit der Zeit jedoch wurde mein Verhältnis zu »Licht ins Dunkel« immer zwiespältiger. Als ich 1984 nach dem Vortrag meines traditionellen Weihnachtsgedichts vom Kärntner Landesintendanten, dem Moderator der Sendung, zu meinem Gedicht befragt wurde, sagte ich: »Spenden ist das eine. Aber viel wichtiger ist, dass behinderte Menschen in die Gesellschaft integriert werden, beispielsweise in der Schule oder im Berufsalltag.« Nach dieser Aussage brach der Moderator das Gespräch abrupt ab. Das war mein letzter vorweihnachtlicher Auftritt in der Sendung »Licht ins Dunkel«. Diese Mitleidssendung beschäftigte mich jedoch über die Jahre und ich blieb ihr als Kritiker erhalten.

Meine Kritik an der Darstellung behinderter Menschen in den Medien endete nicht mit dem Abschluss meiner Dissertation, im Gegenteil, sie beschäftigt mich noch heute. Niemandem ist damit gedient, wenn behinderte Menschen entweder als Übermenschen oder als Mitleid erregende Opfer dargestellt werden. Als ich Nationalratsabgeordneter wurde, bekam meine Meinung mehr Gewicht und ich wurde 2003 vom sendungsverantwortlichen Abteilungsleiter in die Politikerrunde am Heiligen Abend eingeladen. Ich sagte für den Fall zu, dass Unternehmer angeregt würden, Lehrstellen für behinderte Menschen im Rahmen der integrativen Berufsausbildung zu schaffen. Unter dem Motto »Lehre ohne Barriere« sollte die mediale Plattform »Licht ins Dunkel« auch dafür genutzt werden, denn eine Lehre, eine Arbeit sei meiner Meinung nach wesentlich nachhaltiger als eine großzügige Firmenspende. Darauf wollte der ORF, immer bestrebt, neue weihnachtliche Geldrekorde einzufahren, aber nicht eingehen.

Statt aufzutreten schrieb ich nun jährlich zur Weihnachtszeit einen kritischen Kommentar zur Spendenaktion.

Das ärgerte den ORF und den Verein sichtlich. Es herrschte Unverständnis über die Kritik von behinderten Menschen, für die man doch nur Gutes tun wolle. Mit einer Kerzenaktion im Internet, an der sich 2007 über 7500 Menschen gegen den »weihnachtlichen Duft des Mitleids« aussprachen, eskalierte der Konflikt (Aktion »NICHT ins Dunkel«, www.franzhuainigg.at). Reformgespräche wurden angesetzt und wieder abgeblasen. Ob es eine Neuausrichtung der Spendenaktion und eine Änderung des Markennamens geben wird, steht in den Sternen.

Und trotzdem Mensch?

Ich hatte ein neues Thema für ein Feature gefunden: die »Special Olympics«. Im ORF war man einverstanden und so fuhr ich im Winter als Journalist nach Schladming, tänzelte mit meinen Krücken über die eisigen Schneeflächen und interviewte Zuseher und die behinderten Sportler. Zu einer Sendung über die »Special Olympics« gehörte natürlich auch eine Wortspende vom Initiator und Star, Arnold Schwarzenegger. Doch offensichtlich machte ich etwas falsch, denn ich kam einfach nicht an ihn heran. Auch mein Versuch, in das Pressezentrum zu gelangen, scheiterte schon an den Stufen beim Eingang. Mit einem behinderten Journalisten hatte niemand gerechnet, selbst bei den Olympischen Spielen behinderter Menschen nicht. Irgendetwas musste mir einfallen.

Vorerst aber besuchte ich die Sportler in ihrer Unterkunft und machte interessante Interviews. Ihre Freude am Wettkampf war unübersehbar, bot er doch eine willkommene Abwechslung von der tristen Arbeit in der geschützten Werkstatt. Wer täglich Stunden damit verbringt, Klopapierhalter zusammenzubauen, ist froh, wenn er eines Tages als Star auf dem Stockerl steht. Ich beschloss, die Sportler nach den Spielen an ihrer Arbeitsstätte zu besuchen. Wie würde die Rückkehr in den Alltag aussehen? Ein Thema, das sich mir aufdrängte.

Nach den Interviews kehrte ich in mein Hotel zurück. Doch plötzlich, als ich aus dem Auto ausstieg, ereignete sich ein Malheur. Durchfall! Was sollte ich tun?! Wäre ich zu Hause in meiner Wohnung gewesen, hätte ich das Problem mit einem Vollbad beseitigt, was sich bei ähnlichen Zwischenfällen bereits mehrfach bewährt hatte. In meinem Hotelzimmer jedoch gab es nur eine Dusche, in die ich nicht hineinkam. Ich war am Rande der Verzweiflung. Aber es musste etwas geschehen. So klappte ich im Bad den Deckel auf die Toilette und setzte mich darauf. Mühsam zog ich mir die Hose aus und reinigte sie und mich, so gut es ging, mit der eingeschalteten Duschbrause. Gute zwei Stunden dauerte die mühsame Prozedur. Dann lag ich halbwegs zufrieden im Bett. Ich war wieder sauber und das Bad hatte ich auch wieder so halbwegs hinbekommen. Am nächsten Tag beim Frühstück überlegte ich kurz, ob ich mein Problem gegenüber der Kellnerin oder dem Hotelier schildern sollte. Ich ließ es bleiben, es war mir zu peinlich. Am Abend fand ich wieder ein völlig sauberes Bad vor. Nichts erinnerte an das Malheur. Allerdings verhielten sich die Kellnerin und der Hotelier beim nächsten und übernächsten Frühstück ganz anders; sie schienen distanzierter und nicht mehr so freundlich. Einen Zusammenhang mit meinem Zwischenfall stellte ich nicht her. Doch bei der »Ausbuchung« nahm mich der Hotelier auf die Seite und überreichte mir noch eine Sonderrechnung. »Für eine Spezialreinigung des Bades. Die Putzfrau hat eine Stunde lang ein völlig verdrecktes Bad gereinigt, wie sie es noch nie gesehen hat. Zwei Handtücher mussten wir wegwerfen.« Was sollte ich sagen? Ich stammelte verlegen Entschuldigungen und bezahlte die Zusatzrechnung. Zum Abschied meinte der Hotelier versöhnlich: »Na ja, das kann ja jedem passieren. Wir sind ja alle Menschen.«

Diese Aussage verärgerte mich ziemlich. Ich war auch ein Mensch! Na, was sonst! In mir stieg die Erinnerung hoch, wie mir eines Tages in Klagenfurt das Benzin ausgegangen war. Ein Passant, den ich durch das heruntergekurbelte Fenster um Hilfe gebeten hatte, hatte gemeint: »Gerade solchen wie Ihnen darf das nicht passieren!« Sicherlich war ich ein Mensch, konfrontiert mit allen Problemen, die sich einem im Leben so stellen. Das Menschsein aber so hervorzustreichen stellt es gleichzeitig für behinderte Menschen in Frage. Ich verließ Schladming mit einem flauen Gefühl im Magen – aber Gott sei Dank nicht im Darm.

Immerhin aber hatte ich es geschafft, Arnie zu interviewen, zwar nicht exklusiv, sondern nur bei einer Pressekonferenz, zu der ich mich von Journalistenkollegen in den ersten Stock hinauftragen hatte lassen.

Die Sendung »Special Days« wurde als Hörbild auf Österreich 1 ausgestrahlt. Sie war humorvoll, zeigte aber auch Probleme auf, die die behinderten Sportler hatten, wenn sie wieder in ihr Alltagsleben zurückkehrten. Verblüfft war ich über den vom Publikumsservice aufgezeichneten Anruf eines empörten Hörers: Er hatte sich darüber aufgeregt, dass er sich das »Gestammel von geistig gestörten Behinderten« anhören müsse, »noch dazu an einem Samstagmorgen beim Frühstück«.

»Sicherlich jemand«, dachte ich, »der nicht weiß, wo sich der Ausschaltknopf des Radiogerätes befindet.«

Doch dieser sarkastische Gedanke überspielte nur meine Betroffenheit. Ich hatte und habe ein sehr positives Bild von den Menschen. Vielleicht bin ich auch nur naiv.

Im Sommer darauf überraschten mich Fernsehspots mit sonnigen Wiesen, grünen Wäldern, plätschernden Bächlein und bunten Schmetterlingen. Nach diesen Bildern kam die befremdliche Aussage: »Behindert und trotzdem Mensch.« Meine erste Verwunderung schlug in Empörung um. Schon wieder wurde ich daran erinnert, dass ich trotz meiner Behinderung ein Mensch war! Die Werbeprofis hatten es vielleicht anders gemeint, aber so empfand ich es. Ein Empfinden, das ich mit anderen behinderten Menschen teilte.

Bei einer Podiumsdiskussion, bei der die Verantwortlichen stolz die Kampagne präsentieren wollten, versammelten sich betroffene Menschen und meldeten sich verärgert zu Wort. In der ersten Reihe saß auch ich, machte meinem Verdruss wortreich Luft und streckte – kaum hatte ich meine Wortmeldung beendet – schon wieder die Hand in die Höhe, um etwas loszuwerden. Auf dem Podium saßen ein Werbeprofi und die Wiener Stadträtin Maria Rauch-Kallat, die als Mitglied der Behindertenkommission des Gemeinderats die Imagekampagne ins Leben gerufen hatte. Ihr Auftreten und ihre klaren Aussagen zur Intention der Kampagne überraschten mich. Selbst wenn ich es damals niemals zugegeben hätte, bewunderte ich sie doch für ihr Engagement und die Hartnäckigkeit, mit der sie die Medienkampagne initiiert hatte. Auch für sie war es die erste Begegnung mit mir als einem kritischen und aufmüpfigen Mitglied der Behindertenbewegung.

Nach der heftigen Podiumsdiskussion wollte ich mit Freunden den Abend mit Kultur verbringen. Aufregung hatten wir ja schon genug erlebt. Zu viert entschieden wir uns, ins Burgtheater zu gehen. Auf dem Programm der Probebühne des Burgtheaters stand Taboris Kafka-Produktion »Unruhige Träume«, in welcher der selbst behinderte Schauspieler Peter Radtke (er leidet an der Glasknochenkrankheit) auftrat. Es gab im Kasino am Schwarzenbergplatz noch Karten, wir kauften uns welche und freuten uns auf eine spannende Vorstellung. Die gab es auch wirklich, wenngleich in unvorhergesehener Form.

Ein Mann schritt zielsicher auf uns vier Theaterbesucher zu, überlegte und entschwand mit den Worten: »An Moment, bitte« über die Treppe zum Vorstellungssaal. Kurz darauf kehrte er, gefolgt von zwei Herren, wieder zurück. »Da rauf dürf'n S' net. Die Probebühne des Burgtheaters is net für Rollstuhlfohrer zug'lassn.«

Wir, drei Rollstuhlfahrer und eine Begleitperson, konnten das nicht verstehen. »Wieso?«, wollten wir wissen, wir waren doch im Besitz von Eintrittskarten.

»Zu Ihrer eignen Sichaheit dürf'n S' do net eine«, mischten sich der Feuerwehrmann und der Polizist vom Dienst in das Gespräch ein. »Es kann ja jedazeit a Feia ausbrech'n und wer hoit Sie dann aussa?«

Der Feuerwehrmann offensichtlich nicht, wurde mir klar.

Es entstand eine lebhafte Diskussion. Die Herren blieben hart; sie weigerten sich nicht nur, die Rollstühle nach oben tragen zu helfen, sondern verhinderten es auch. Immer wieder verwiesen sie auf das Wiener Veranstaltungsstättengesetz, dem zufolge RollstuhlfahrerInnen überall dort der Zutritt untersagt wird, wo mehr als eine Stufe vorhanden ist. Derlei Stätten gibt es gar viele. Und so kamen kunstinteressierte RollstuhlfahrerInnen ständig in ähnliche Situationen. Das Wiener Veranstaltungsstättengesetz gab vor, ein »Vorsorgegesetz für gehbehinderte Personen« zu sein. An und für sich sollten auch die darin angeführten Bestimmungen Veranstalter zwingen, ihre Aufführungsstätten für Behinderte zugänglich zu machen. Da es sich in der Praxis jedoch oft um alte Gebäude handelte, bei denen Veränderungen schon wegen des Denkmalschutzes nicht vorgenommen werden durften (auch eine Plattform als Treppenlift störte oft das ästhetische Empfinden der Denkmalschützer), wurde das Gesetz gegen behinderte Menschen ausgelegt. Nach dem Motto: Umbauen können wir nix, also darfst nicht rein. Bis heute hat sich an dieser Situation trotz einer Reform des Veranstaltungsstättengesetzes leider nur wenig geändert.

131

Gegenüber den drei Herren von der Aufsicht halfen alle unsere Argumente nichts. Auch dass ein Behinderter sehr wohl mitspielen durfte, änderte nichts an der Verhinderungsaktion für Rollstuhl fahrende Zuschauer. Es gab Tränen. Und es schmerzte, die anderen Zuschauer an uns vorbei über die Stiege huschen zu sehen. Ein Zuschauer später: »Ich hab gedacht, das gehört zum Stück.«

Als wir es schließlich müde waren, die Diskussion ständig im Kreis zu führen, resignierten wir, konnten mit Mühe und Not die Karten noch zurückgeben und rollten hinaus. Hinter uns schlug die Türe zu. Wir fühlten uns behindert.

Doch es gab ein Nachspiel im realen Diskriminierungsstück: Die Türe ging noch einmal auf und heraus kamen Leute aus dem Publikum. »Die Schauspieler haben uns auf das Geschehen aufmerksam gemacht«, sagte ein Mann. »Wir haben uns einmütig entschlossen«, entweder alle nach Hause zu gehen oder Sie hinaufzutragen.« Unter dem Protest der Aufsichtsorgane (»Ich mache Sie noch einmal aufmerksam, dass Sie hier nicht hinaufdürfen!«) wurden wir über die Stufen nach oben getragen. Es gab Applaus. Die Menschlichkeit hatte gesiegt.

In Kärnten vermisste ich eine Behindertenbewegung. Es gab keine Mitstreiter, also hatte ich das Gefühl, mich doppelt ins Zeug legen zu müssen, um die Situation behinderter Menschen zu verbessern. Mein Projekt eines mobilen Hilfsdienstes, der wie in anderen Bundesländern Persönliche Assistenz offerieren sollte, um behinderten Menschen ein selbstbestimmtes Leben zu ermöglichen, scheiterte zwar, dafür gelang es, mit der Gründung des Vereins »Selbsthilfe Kärnten« eine starke Interessenvertretung für behinderte Menschen zu schaffen. Daneben gründete ich die Initiativgruppe »ARGE BIK« (Arbeitsgemeinschaft Behindertenintegration Kärnten), die sich insbesondere für die schulische Integration stark machte. Neben mir als Betroffenem gab es engagierte Lehrer und Eltern behinderter Kinder, die sich mittels Diskussionsveranstaltungen und Öffentlichkeitsarbeit dafür einsetzten, dass es auch in Kärnten mehr als nur eine Integrationsklasse gab.

Eines Tages rief mich ein Mitglied der ARGE BIK, eine Sozialarbeiterin aus Spittal an der Drau, an und erzählte mir von einer unglaublichen Entdeckung, die sie mir zeigen wolle. Tags darauf setzte ich mich in mein Auto und fuhr von Klagenfurt nach Spittal. Der Weg führte in ein abgelegenes Dorf und dort zu einem netten Bauernhaus. Die Sozialarbeiterin und ich wurden freundlich begrüßt. Händeschütteln. Eine Tasse Kaffee mit aufgekochter Milch in der Bauernstube. Dann wurde die Türe zu einem Nebenraum geöffnet. Schlichte Einrichtung. Ein Tisch, zwei Sessel, ein Kasten. Und in einer Ecke ein riesengroßes, selbst gezimmertes Gitterbett ohne Beine, direkt auf dem Boden. Darin lag ein junger Mann mit Down-Syndrom. Gehen konnte er nicht, hatte er nie gelernt. Auch Sprechen war ihm fremd geblieben. Dabei schien er gut gepflegt worden zu sein.

Sein Anblick machte mich traurig. Auf der einen Seite hatte er in der Familie seinen Platz bekommen, man hatte ihn liebevoll gepflegt und wollte ihn nicht weggeben. Nach außen gehen wollte die Familie mit dem scheinbaren Problem jedoch nicht. Diese »Schande« wollte man vertuschen. Hilflosigkeit und Verzweiflung waren spürbar. Keiner der Nachbarn wusste von dem behinderten Sohn. Und so blieb der junge Mann versteckt im Hinterzimmer. Keiner der Besucher hätte ahnen können, dass dort ein Mensch lebte. Mir wurde so richtig bewusst, wie wichtig es ist, durch Information und Aufklärung ein anderes Bild von Menschen mit Behinderung zu schaffen.

Das Verstecken von behinderten Kindern kommt leider auch heute immer wieder vor, weil es als Versagen oder absurderweise auch »Strafe Gottes« ausgelegt wird.

Diese Begegnung machte mir deutlich, wie wichtig es ist, Familien mit einem behinderten Kind zu unterstützen und zu fördern.

Eine Woche später traf ich Karl und Peter in Wien, die mir ihre Arbeitsstätte zeigten, das »Medienservice« im Unterrichtsministerium. Lauter nette Menschen. Ich erzählte Karl von dem behinderten jungen Mann in dem Kärntner Dorf. Er meinte, dass diese Geschichte einen interessanten Bildungsfilm ergäbe, und fragte mich, ob ich ein Konzept für einen Film schreiben wolle. Durch dieses Filmprojekt ergaben sich auch Anknüpfungspunkte für regelmäßige Begegnungen. Dabei entstand eine weitere Idee: »Warum möchtest du nicht bei uns im Ministerium arbeiten?«, fragte mich Karl. »Wir brauchen ohnehin zusätzliche Mitarbeiter.« Mich freute das Angebot. Offenbar wurde ich hier gebraucht. Und meine Behinderung schien keine Rolle zu spielen.

Begegnung mit der großen Liebe

Das Telefon klingelte. Am anderen Ende der Leitung war eine Vertreterin der Österreichischen Hochschülerschaft; sie musste mir die schlechte Nachricht übermitteln, dass eine Hotelrechnung für ein Treffen behinderter Studenten, die ich eingereicht hatte, nicht abgerechnet werden könne. Es fehle ein Stempel des Hotels. Verärgert sagte ich: »Na, soll ich mich jetzt ins Auto setzen und wieder nach Linz fahren, um die Rechnung abstempeln zu lassen?«

»Per Post schicken reicht sicherlich auch«, meinte die Studentin. Jedenfalls werde sie die Rechnung wieder an mich retournieren. Mürrisch legte ich auf und dachte: »Die ÖH ist ein bürokratischer Haufen!«

Eine Woche später läutete wieder das Telefon. Eine gewisse Judit war am Apparat: »Wir kennen uns ja schon. Letzte Woche haben wir wegen einer Abrechnung telefoniert.« Unangenehme Erinnerungen tauchten auf. Aber bevor ich schnell Schluss machen und auflegen konnte, sagte Judit, dass sie diesmal wegen etwas ganz anderem anrufe. Sie erzählte mir von einer ÖH-Aktion, die sie organisiere: »Schwerbehindert – wer behindert«. Im Rahmen von Diskussionen, einem Hindernisparcours für Rollstühle auf der Universität und einer Lesung solle der Uni-Alltag von behinderten Studierenden thematisiert werden. »Und zu dieser Lesung möchte ich Sie gerne einladen. Sie schreiben ja selbst hervorragende Gedichte, die ich in der Zeitung *Die Furche* gelesen habe.« So schmeichlerisch war mir diese ÖH-Judit gleich sympathischer und ich sagte zu.

Wieder eine Woche später rief sie mich ein drittes Mal an, diesmal in ihrer Rolle als Mitgestalterin einer Obdachlosenzeitung. Ihre Sympathiewerte stiegen noch mehr, als sie sagte: »Ich möchte mein Lieblingsgedicht von Ihnen in der Obdachlosenzeitung abdrucken. Am besten in Handschrift, das wäre am authentischsten.« Natürlich war ich bereit dazu. Aber da gab es ein Problem: »Ich bin gerade in der Wiener Wohnung und habe das Buch nicht hier.«

»Kein Problem«, sagte Judit, »ich kann es auswendig und diktiere es Ihnen. Dann können Sie es mir faxen.«

Sie kannte mein Gedicht auswendig? Das wollte ich genau wissen und machte die Probe aufs Exempel. Tatsächlich trug mir Judit, ein wenig nachdenklich stotternd, das Gedicht vor. Diese Frau musste ich kennenlernen!

Die Lesung erlebte ich wie in Trance. Ich nahm die zahlreichen Zuhörer gar nicht wahr, hatte nur Augen für Judit. Für sie las ich meine Gedichte vor, besonders die Liebesgedichte. Judit faszinierte mich. Sie war engagiert, hatte interessante Meinungen und vor allem viel Humor. Ich lächelte. Sie lächelte zurück. Als Kavalier der alten Schule bestand ich nach der Lesung darauf, sie in meinem Auto nach Hause zu bringen. Zunächst lehnte sie das ab; immerhin gebe es ja die U-Bahn, mit der sie auch problemlos und schnell nach Hause käme. Ich bestand aber darauf und schließlich saß sie neben mir im Auto. Als wir vor ihrer Wohnung standen, versuchte ich den Moment des Abschieds hinauszuzögern. »Eigentlich sollten wir auf die Lesung anstoßen«, meinte Judit. Ich war sofort dabei: »Eine fantastische Idee.« Es gab jedoch ein Problem: Zur Eingangstüre gab es unüberwindbare Stufen. Doch Judit hatte eine Lösung parat: »Ich kann Martini und Gläser herausbringen.« Und so tranken wir im Auto ein Glas Martini, philosophierten und ließen den Abend gemeinsam ausklingen.

Die Erinnerung daran ließ mein Herz höher schlagen. Allerdings: Ich hatte Judits Telefonnummer nicht. Ich war zu feige gewesen, sie danach zu fragen, und bereute das schon einen Tag später. So gab ich mir einen Ruck und rief eine Freundin an, die Judit ebenfalls kannte. Mit einem wissenden Lachen gab sie mir die Nummer. Sofort tippte ich die Ziffern in meinen Festnetz-Apparat und Judit hob tatsächlich ab, keineswegs überrascht. Allen Mut zusammennehmend, fragte ich sie, ob wir uns nicht auf einen Kaffee treffen könnten. Sie lehnte ab. Argument: »Ich muss noch für die ÖH-Zeitung einen Artikel über die Aktionswoche schreiben.« »Na gut«, sagte ich und legte auf. Eine Stunde später rief ich wieder an und fragte, ob sie den Artikel schon fertig geschrieben habe. Leider hatte sie ihn noch nicht einmal angefangen. Ich legte neuerlich auf, um eine weitere Stunde später ein drittes Mal anzurufen. Der Artikel war noch immer nicht fertig. Da schlug ich

Judit vor: »Wir könnten uns treffen und ich helfe dir beim Schreiben.« Sozusagen eine Win-win-Situation.

Eine Stunde später trafen wir uns in der Stadt. Mein Herz klopfte, als sie mich lächelnd vom Auto abholte. Wir setzten uns in den lauschigen Gastgarten eines Lokals. Kaum wollten wir mit dem Artikel beginnen, setzte ein heftiger Wolkenbruch ein. Wir retteten uns zunächst unter einen Kastanienbaum. Als dieser Schutz nicht mehr ausreichte, holte Judit einen Sonnenschirm und spannte ihn über mir auf. Doch der Regen wollte nicht und nicht aufhören, und so flüchteten wir uns schließlich in ein anderes Lokal. Ziemlich nass hockten wir in einer Ecke und wärmten uns mit einer Tasse Tee. Der Nachmittag verging wie im Flug. Wir redeten, tauschten Gedanken und Geschichten aus. Als wir uns verabschiedeten, war der ÖH-Artikel noch immer nicht geschrieben. Wir hatten ihn ganz vergessen.

Zwei Tage vergingen. Ich wagte es kaum, meine Wohnung zu verlassen, schließlich hätte Judit gerade dann anrufen können. Aber sie meldete sich nicht, obwohl sie meine Nummer hatte. Da startete ich einen neuerlichen Versuch, wählte ihre Nummer und hörte tatsächlich ihre Stimme am anderen Ende der Leitung. Sie begrüßte mich zwar freudig, fragte dann aber nach dem Grund meines Anrufs. Das war einerseits enttäuschend, andererseits hatte ich mir zum Glück etwas zurechtgelegt: »Ich kenne mich in Wien noch nicht so gut aus«, sagte ich; »willst du nicht einem Kärntner die Stadt zeigen?«

Das konnte sie schwer ausschlagen. »Na klar«, sagte sie, »die Frage ist nur wann?«

Ich war da sehr pragmatisch. »Am besten gleich!«

Leider ging das bei ihr nicht und auch die nächsten drei Tage waren verplant. Am Samstag bekam ich aber doch einen Termin bei ihr. Immerhin!

Judit schob mich im Rollstuhl quer durch die Innenstadt, von einem historischen Gebäude zum anderen, eine richtige Sightseeing-Tour, bei der nichts ausgelassen wurde. Ich hatte mir das Treffen etwas ruhiger und romantischer vorgestellt. Für einen Kaffee zwischendurch blieb leider keine Zeit, sonst hätten wir ihr Besichtigungsprogramm nicht geschafft.

Auffallend war, dass alle Obdachlosen der Stadt Judit zu kennen schienen und sie mit »Hallo, Judit!« begrüßten. Judit grüßte zurück und kannte auch ihre Namen. Jetzt war ich mir ziemlich unsicher, ob sie mich aus Liebe durch Wien schob oder aus Nächstenliebe. Es stellte sich heraus, dass sie bei einem Sozialhilfeprojekt der Caritas mitarbeitete und regelmäßig Suppe an Obdachlose verteilte. Am Schwedenplatz tranken wir ein Glas Rotwein, zu dem uns Ferdi einlud. Er hatte schon eine ziemliche Fahne, das Leben auf der Straße war ihm an den Kleidern und der inneren Unruhe anzumerken. Als er mich sah, meinte er: »Du bist ein armer Schlucker.« Er hatte Mitleid mit mir und ich mit ihm und darauf tranken wir.

Bei der Verabschiedung schenkte ich Judit mein Buch »Meine Füße sind der Rollstuhl«. Als Widmung hatte ich ein Gedicht hineingeschrieben. Es beinhaltete die Aussage: »Wie sinnlos wäre mir der weitere Weg erschienen, wäre ich Dir nicht begegnet.« Bedeutungsvolle Worte für so wenige gemeinsame Stunden.

Die nächsten zwei Wochen verbrachte ich in Kärnten, doch meine Gedanken waren in Wien bei Judit. Hatte ich Chancen? Ihre Signale waren widersprüchlich. Jedenfalls wollte ich keineswegs aufgeben und umwarb sie weiter, diesmal in einem langen Brief, in dem ich ihr endgültig offenbarte, dass ich sie liebte. Ich brachte den Brief zur Post und wartete drei Tage. Jetzt musste sie ihn schon gelesen haben. Aber das Telefon läutete nicht. Weitere drei Tage vergingen. Der ersehnte Anruf kam nicht, also rief wieder ich an. Judit freute sich offensichtlich und bedankte sich auch für den Brief. »Na und«, dachte ich, »wie geht es jetzt weiter?« Aber ich sagte nichts und sie ließ alles offen. Jedenfalls vereinbarten wir ein weiteres Telefonat für den nächsten Tag.

Doch es kam alles anders als geplant. Als ich tags darauf vom Einkaufen zurückkam, war ich völlig kraftlos und es gelang mir nur mit Mühe, mich vom Auto in den Rollstuhl zu hieven. Mit den Krücken konnte ich nicht mehr gehen. Was war mit mir los? Wieder ein Schwächeanfall? Hatte ich Fieber? Ich wollte gleich meine Temperatur messen. Mit letzter Kraftanstrengung gelang es mir, in meine Wohnung zu rollen. Ich musste dringend auf die Toilette. Mit dem Rollstuhl rollte ich dorthin, zog mich am Waschbecken in die Höhe, öffnete die

Hose und ließ mich auf den Sitz fallen. Als ich wieder aufstehen wollte, war es schier unmöglich. Ich konnte mich nicht am Waschbecken hochziehen, meine Beine knickten ein und ich sackte auf den Boden. Mehrfach probierte ich, mich am Rollstuhl wieder aufzurichten; es ging nicht, ich war zu schwach. Hilflos kroch ich über den Boden in das Wohnzimmer zum Schreibtisch, zog am Telefonkabel und der Apparat krachte neben mir auf den Teppichboden. Wen sollte ich um Hilfe bitten? Meine Eltern wohnten siebzig Kilometer entfernt, mein Freund Sigi war jetzt um fünfzehn Uhr sicherlich noch in der Arbeit. Vielleicht meinen Hausarzt? Ich tippte seine Nummer, die Assistentin hob ab und verband mich. Er klang besorgt, als ich ihm meine Situation schilderte, konnte aber nicht von seiner Ordination mit dem vollen Warteraum weg. Frühestens um neunzehn Uhr würde er bei mir vorbeischauen können. Ich lehnte dankend ab und rief Sigi in der Arbeit an. Er versprach, gleich nach Dienstschluss, gegen halb sechs, zu mir zu kommen. Erschöpft schlief ich auf dem Boden ein. Zum Glück hatte ich meine Wohnungstür nicht abgeschlossen und so konnte Sigi in Begleitung seiner Frau Marion und seiner Kinder Anna und Thomas hereinkommen.

»Die ganze Familie!«, lächelte ich, erfreut über den Hilfstrupp.

»Du machst Geschichten«, sagte Sigi, als er mich vom Boden in den Rollstuhl hob. Er hatte von McDonalds ein kleines Abendessen für alle mitgebracht. Ich versuchte meinen Hamburger zu essen, war aber zu schwach und hatte keinen Hunger. Sigi griff mir auf die Stirn: »Du glühst ja vor Fieber!« Entschlossen setzte er mich in sein Auto und fuhr mich, begleitet von seiner ganzen Familie, zu meinen Eltern nach Spittal. Ich wollte nicht, da ich noch auf Judits Anruf wartete, aber ich wäre nicht mehr in der Lage gewesen, alleine zurechtzukommen.

Die nächsten vier Tage lag ich mit Fieber und einer eitrigen Angina im Bett und wurde von meiner Mutter liebevoll gepflegt. Natürlich dachte ich ständig an Judit, doch vom Bett aus konnte ich sie nicht anrufen. Am vierten Tag konnte ich mit Stützapparaten und Krücken aufstehen. Wackelig hüpfte ich zum Telefon und rief sie an.

»Ja, wo bist du? Ich habe mir schon Sorgen gemacht!«

»Ich bin in Spittal«, sagte ich.

»Was!«, rief sie erschrocken, »im Spital?« Das Missverständnis war rasch aufgeklärt.

Als ich endlich wieder bei Kräften war, setzte ich mich sofort ins Auto und fuhr nach Wien zu Judit. Um vierzehn Uhr hatten wir das lang ersehnte Treffen vereinbart, doch ich war wieder einmal zu spät weggefahren und konnte die versäumte Zeit trotz Vollgas und einer Cola-Dose, aus der ich schluckweise Energie schöpfte, nicht aufholen. Bei einem waghalsigen Überholmanöver, bei dem ich ruckartig die Spur wechseln musste, fiel die Dose um und der klebrige Inhalt ergoss sich über die Ablagefläche, dann weiter in das Handschuhfach und von dort auf den Boden. Trinken konnte ich das prickelnde Getränk nicht mehr, was blieb, war ein aufmunternder Geruch.

Ich kam ganze zwei Stunden zu spät. Das Handy gab es noch nicht und so konnte ich Judit nicht über meine bevorstehende Verspätung informieren. Würde sie überhaupt noch da sein? Tatsächlich, sie wartete an der vereinbarten Straßenecke vor ihrer Wohnung und begrüßte mich mit einem freudigen Lächeln: »Ich dachte schon, du bist wieder im Spital.« So viel Geduld, das musste wohl Liebe sein!

Als sie sich zu mir ins Auto setzte, blieben ihre Schuhe auf der Fußmatte kleben. Ich zuckte verlegen die Schultern. »Kein Problem«, sagte Judit angesichts der Cola-Bescherung, holte aus ihrer Wohnung einen Kübel Wasser und beseitigte das Desaster. Ich beobachtete sie hingerissen. Dann fuhren wir in den Wienerwald. Ich versuchte den Brief anzusprechen, sie lenkte ab, wollte sichtlich nicht über das Thema und mein Liebes-Outing sprechen. Fast hätte ich aufgegeben. Im Restaurant bei einer Tasse Tee sagte sie dann: »Muss es denn gleich Liebe sein? Können wir es nicht bei einer Freundschaft belassen?« Am liebsten wäre ich im Boden versunken. Nicht schon wieder! Wie oft hatte ich das schon gehört!

»Ich empfinde mehr für dich«, sagte ich schließlich.

Judit wechselte wieder rasch das Thema. Meine Hoffnung sank gegen null. Doch als wir wieder im Auto saßen und ich starten wollte, hielt mich Judit sanft zurück. Ich sah sie fragend an. Da küsste sie mich und ich verstand die Welt nicht mehr.

Dann schenkte sie mir ein Foto, um das ich sie gebeten hatte. Ich erstarrte: Es zeigte sie müde, aber stolz und glücklich auf einem Berggipfel. Sollte das eine Anspielung auf die Grenzen meiner Möglichkeiten sein? Ich konnte vieles, aber nicht mit meinem Rollstuhl auf Berge klettern. An diesem Thema war auch die letzte Beziehung gescheitert.

Am besten ist es, dachte ich, wenn ich Judit direkt darauf anspreche. Ich tat es. Sie sah mich lange an und meinte dann: »Immer wenn ich dich sehe, bin ich sehr traurig, weil du so behindert bist.«

Ich schluckte. »Auch ich habe viele Jahre mit meiner Behinderung gekämpft«, gestand ich, »doch heute weiß ich, dass sie zu mir gehört, ein Teil von mir ist.«

Vieles war Judit fremd. Meine Stützapparate, meine zitternden Beine, mein krummer Rücken. Als wir den Wienerwald wieder verlassen hatten und vor ihrer Wohnung einparkten, wechselte plötzlich die Stimmung und ich wartete vergebens auf einen Abschiedskuss.

Eines Tages sagte Judit: »Ich möchte dir einen Freund von mir vorstellen.« Am Abend saß ich einem jungen Mann gegenüber. Wir aßen, tranken und lachten gemeinsam. Da merkte ich an seinen Blicken, dass er ebenfalls Judit verehrte. »Ein Rivale!«, dachte ich entsetzt. »Wie soll ich da mithalten?!« Er hatte Jus studiert, verdiente offenbar schon recht gut und hatte als sportlicher Vorarlberger auch einen klaren Heimvorteil, da auch Judit aus dem Ländle stammte. Was hatte ich hingegen Judit schon zu bieten? Einen Rollstuhl statt eines Mercedes? Ich wurde immer schweigsamer. Den Vorarlberger schien das nicht zu stören, er unterhielt sich prächtig. Er nahm mich auch nicht als Konkurrenten wahr, sondern als Zeichen für Judits soziales Engagement. Durch meine Gegenwart konnte er seine Vorzüge noch besser zur Geltung bringen.

Einige Wochen rang Judit mit der Entscheidung zwischen ihm und mir. Dann hatte sie sich tatsächlich für mich entschieden. Vielen war das unverständlich – besonders mir. Aber sie meinte: »Ich fühle mich bei dir sehr wohl, kann so sein, wie ich bin, und muss mich nicht verstellen.« Freunde und Bekannte warnten sie, dass sie Liebe nicht mit Nächstenliebe verwechseln solle. Eine solche Beziehung müsse man sich gut überlegen, schließlich sei sie schwer zu beenden – »der

Voller Glück und Zuversicht

Rollstuhlfahrer würde in eine tiefe Depression fallen«. Nach und nach überzeugten wir die Skeptiker aber durch unsere lebendige Beziehung vom Gegenteil.

Als ich eines Abends alleine in meine Gemeindebauwohnung zurückkehrte, war ich innerlich voll Freude. Das Zusammensein mit Judit hatte mein Leben völlig verändert. Ich war voll Glück und Zuversicht, ständig kreisten meine Gedanken um sie. Es war vor allem ihr Humor, der mich begeisterte und der das letzte Eis zum Schmelzen brachte. Sie nannte mich »Schildkrötle«, weil ich mit meinem Rücken und dem vorgestrecktem Kopf diesen Tierchen ähnle. Mein Rücken hatte den Namen »Rocky Mountains« erhalten, wenn sie liebevoll da-

142

rüber strich. Mit einem Lächeln auf den Lippen hüpfte ich die Stiege hinunter zum Lifteingang im Keller. Dabei passierte es: Meine Krücke rutschte weg und ich stürzte über die letzten zwei Stufen und landete krachend auf dem kalten Fliesenboden. Das Licht im Stiegenhaus ging aus. Es war Winter und kalt und das Handy war immer noch nicht erfunden. Wo war Judit? Wo war mein Freund Sigi, der mir sonst immer aus der Patsche geholfen hatte? Hätte ich auf seinen Rat gehört, wäre ich jetzt gemütlich in meinem warmen Bett in Klagenfurt gelegen. Mir wurde kalt und kälter. Sollte hier alles enden, jetzt, wo mein Leben seinem Höhepunkt zusteuerte? Es war bereits zwei Uhr nachts. Ich wagte nicht zu hoffen, dass noch jemand um diese Zeit nach Hause kommen würde. Doch plötzlich ging das Stiegenhauslicht an und zwei Nachtschwärmer kamen, sahen und retteten mich.

Endlich zu zweit

Frisch verliebt, wollten Judit und ich jede Minute miteinander verbringen, in Wien und auf gemeinsamen Reisen. In Prag machten wir unser erstes Kussfoto, das zur Serie »Küsse quer durch Europa« führte. Am Hradschin, dem Sitz des Präsidenten, machten wir uns einen Spaß daraus, den Wachposten zum Lachen zu bringen. Ähnlich wie die Gardisten vor dem britischen Buckingham Palast stehen die Soldaten dort starr und stramm in einem kleinen Wachhäuschen und dürfen sich weder bewegen noch die Miene verziehen. Eine Herausforderung für uns. Judit kippte den Rollstuhl samt Inhalt ganz nach hinten zurück, so dass mein Kopf und die Rollstuhlgriffe den Boden berührten. Der Soldat verdrehte zwar die Augen, aber ein Lächeln war ihm nicht abzuringen. So hob mich Judit aus dem Rollstuhl und lehnte mich an das Wachhäuschen. Als ich schließlich um die Ecke der Wachkabine spechtelte, zuckte er zusammen und konnte ein leichtes Grinsen nicht unterdrücken.

In London hatten wir Probleme mit der Benützung der öffentlichen Verkehrsmittel. Zur Metro führten Stufen, die Stockbusse sahen zwar nett aus, waren aber keineswegs barrierefrei. Da entdeckten wir eine andere Möglichkeit: die Londoner Taxis. Die Cabs waren nicht nur hoch, sondern auch geräumig, sodass mich Judit mitsamt dem Rollstuhl hineinschieben konnte. Und wenn sie neben mir auf der Taxibank saß, konnten wir uns während der Fahrt auch küssen.

Paris besuchten wir im Jänner. Es war eisig kalt und schneite täglich. Unterwegs waren wir mit Niederflurbussen oder zu Fuß. Stundenlang rollten wir durch die Pariser Innenstadt. Judit schwitzte, ich fror. Als wir uns im Hotelzimmer aufwärmen wollten, war die Heizung ausgefallen. Wir wechselten nach Protest das Zimmer, aber auch da funktionierte die Heizung nicht. Was blieb, war wärmendes Kuscheln.

Den Höhepunkt aller Abenteuer erlebten wir jedoch in Madrid. Ich wollte unbedingt einen Stierkampf sehen und Judit erfüllte mir diesen Wunsch. So saßen wir vorne in einer Loge, direkt hinter uns eine gepflegte ältere Dame, die den Stierkampf als kulturellen Hoch-

Es wäre doch zum Lachen …

Nach Paris der Kälte wegen

genuss ansah. Ein Stier nach dem anderen wurde hingemetzelt. Judit wurde schlecht, ich hingegen verspürte quälenden Harndrang. Doch in der historischen Stierkampfarena ein behindertengerechtes WC zu finden, wäre wohl aussichtslos gewesen. So erledigten wir mein »Geschäft« gleich vor Ort: Judit kramte aus dem Rucksack die Harnflasche heraus, öffnete unter meiner langen Jacke die Hose und hielt mir die Flasche. Verstohlen sahen wir die Leute um uns an. Gott sei Dank waren sie so gebannt von Spektakel und Blutrausch, dass niemand auf uns achtete.

Doch es galt auch den Alltag neu zu organisieren. Die Geschichte, wie ich damals hilflos im Flur gelegen war, ließ uns nicht ruhen. Eine neue Wohnung war dringend geboten. Jedes Wochenende sahen wir in den Tageszeitungen die Immobilienseiten durch, einige interessante Objekte besichtigten wir auch. Doch natürlich war es äußerst schwierig, eine stufenlose Wohnung zu bekommen. In vielen Häusern gab es zwar einen Lift, doch bis man dorthin kam, musste man bereits einige Stufen überwinden. Schließlich hatten wir doch Glück: In Meidling fand sich eine ebenerdige Wohnung mit nur einer Stufe am Gang. »Hier könnte man eine Rampe bauen«, meinte Judit angesichts des breiten Ganges, der dafür genug Platz bot. Die Wohnung wurde gerade saniert und ich konnte noch meine besonderen Wünsche anmelden. Beispielsweise eine extragroße Klotüre, damit ich auch mit dem Rollstuhl bis zur Toilette kam. Kurz entschlossen und überglücklich nahm ich die Eigentumswohnung und richtete sie mit Judit gemütlich ein.

Dann kam endlich meine erste Nacht in dem neuen Domizil. Strom gab es zwar, aber keine Heizung; das Gas für die Etagenheizung war noch nicht angemeldet. »Mit Judit werde ich das schon gut überstehen«, dachte ich. Doch zu meinem Erstaunen wollte sie nicht in meiner Wohnung übernachten. Nicht wegen der Kälte, sondern aus emotionalen Gründen. »Ich hatte Angst, gleich bei dir einzuziehen«, sagte sie am nächsten Tag, »da damit endgültig klar gewesen wäre, dass wir zusammen wohnen und leben.« So verbrachte ich alleine eine doppelt kalte Nacht.

Aber auch Judit konnte nicht schlafen. Sie machte sich Sorgen, wie es mir wohl ging. Die Sorgen führten zu Selbstvorwürfen und dazu, dass sie gleich am nächsten Tag mit Sack und Pack bei mir einzog.

Mein Alltag änderte sich nun völlig. War ich bislang der alleinige Chef in der Küche gewesen, so wurde ich jetzt zu Hilfsarbeiten wie Schnittlauchschneiden degradiert. Judit brachte vom Markt in Meidling immer ganze Kräuterbüschel, die ich klein hacken durfte. Leider nicht immer zu ihrer vollkommenen Zufriedenheit, da die Kräuterstücke im Laufe der Zeit immer größer wurden. Trotzdem liebte ich das gemeinsame Kochen am Samstagvormittag.

Eine Umstellung der Gewohnheiten gab es auch bei den Spaziergängen. Für mich bedeutete Spaziergang, einmal rund um das Haus zu rollen, um Luft zu schnappen. Mit Judit dauerte ein »Spazierrollen« jedoch mindestens zwei bis vier Stunden. Durchgefroren und durchgeschüttelt kamen wir wieder zurück. Zunächst ärgerte ich mich über die langen Spazierwege, dann fand ich auch Vergnügen daran.

Nach dem Gerichtsjahr hatte Judit eine gute Jobchance erhalten. Während ihres Studiums hatte sie Maria Rauch-Kallat kennengelernt, die inzwischen Familienministerin geworden war und ihr anbot, in ihrem Büro als Referentin zu arbeiten. Eine Tätigkeit, die Judit als interessante Herausforderung annahm. Ich hingegen wartete vergeblich auf eine Nachricht aus dem Unterrichtsministerium. »Wird wohl nichts«, dachte ich und las weiter in Volksschulen mein Kinderbuch vor. Mein Drehbuch zum Bildungsfilm über den Kärntner Mann mit Down-Syndrom hatte ich abgegeben, aus dem Film aber wurde leider nichts, da seine Eltern dies ablehnten.

Daneben bastelte ich an meiner journalistischen Karriere und bot Zeitungen verschiedene Geschichten an. Ich bemerkte bald, dass meine Behinderung das Besondere war, das ich zu bieten hatte. Als Betroffener konnte ich über Ereignisse ganz anders berichten als ein nicht behinderter Journalist.

Ein Thema, das mich schon lange beschäftigte, war der Umgang der Kirche mit behinderten Menschen: »Eher kommt ein Behinderter in den Himmel als in die Kirche«, lautete ein Spruch der Behindertenbewegung. Stimmte das wirklich? Priester im Rollstuhl kannte ich nicht, ganz abgesehen davon, dass es kaum eine Kirche ohne Stufen am Eingang gab. Selbst wenn man dort eine Rampe installiert hätte, wäre ein Priester im Rollstuhl wohl kaum bis zum Altar gelangt. Ich kannte keinen, der stufenlos erreichbar gewesen wäre. So beschloss ich, die Probe aufs Exempel zu machen und mich im Priesterseminar als Studienanwärter zu melden. Der große Fehler bei meinem Vorhaben war allerdings, dass ich Judit von dieser Absicht erzählte. »Das kann man wirklich nicht machen!«, meinte sie empört. Ich war im Zwiespalt: Einerseits wollte ich Judit nicht vergrämen, andererseits witterte ich eine gute Story. Da hatte ich eine Idee: Ich rief im Priesterseminar an und sagte die Wahrheit, dass ich ein Journalist im Rollstuhl sei, der darüber schreiben wolle, ob man als behinderter Mensch auch Priester werden könne. Damit vermied ich die Lüge; allerdings trug ich mein Anliegen bewusst unsicher und stotternd vor. Ich merkte, dass der Prior mir nicht recht zu glauben schien. Er fragte nach: »Für welche Zeitung schreiben Sie denn?«

»Das weiß ich noch nicht genau. Wahrscheinlich für eine Behindertenzeitung.«

Meine Masche ging auf: Der Prior glaubte, dass der Journalismus nur ein Vorwand sei und dass ich tatsächlich Priester werden wollte. Ich ließ ihn in dem Glauben und hatte einen Termin.

Es stellte sich heraus, dass Behinderung kein Ausschließungsgrund vom Priesterberuf darstellt. Der Prior konnte sich sogar einen Priester im Rollstuhl gut vorstellen. Vielleicht in einem Kloster. Da gebe es auch regelmäßiges Essen, was ja nicht unwichtig sei. Der Haken an der Sache: Die Lehrsäle waren nur über lange Treppen zu erreichen. Ein Studium war daher ausgeschlossen. Der Spruch der Behindertenbewegung hatte also doch Geltung.

Der Artikel wurde in der *Wiener Zeitung* publiziert. Ein wenig Geld und Ehre, aber kein ersehnter Einstieg in die Journalismuswelt. Das Dasein als freier Journalist war zwar aufregend, aber damit konnte ich mein Leben finanziell nicht bestreiten. So blätterte ich fleißig jedes Wochenende die Stellenanzeigen in den Tageszeitungen durch.

Wieder traf ich Karl und Peter vom »Medienservice« und beriet mich mit ihnen über weitere Schritte. Sie meinten: »Da kann nur der Minister helfen!« Gesagt, getan. Unterrichtsminister Scholten war zufällig Gast bei einem Lehrersymposium in Villach, und noch zufälliger stand ich beim Ausgang und wartete auf ihn. Als er kam, räusperte ich mich tief unten in meinem Rollstuhl und drückte ihm mein Bewerbungsschreiben in die Hand. Scholten blieb stehen, nahm die Papiere und hörte sich aufmerksam meine Erklärung an. »Und Sie würden wirklich nach Wien übersiedeln?«, fragte er mich. Ich lächelte: »Kein Problem! Dort ist schon meine Liebe!«

Es vergingen Tage und Wochen und nichts geschah. Hatte ich eigentlich wirklich Beamter werden wollen?

Beamter auf Rädern

Man soll die Hoffnung niemals aufgeben! Das hätte ich eigentlich wissen sollen.

Eines Tages, es war der 5. Dezember, läutete das Telefon in meiner Meidlinger Wohnung. »Das Ministerium« war dran. »Warum sind Sie nicht an Ihrem Arbeitsplatz erschienen?«, fragte mich ein harscher Mitarbeiter. »Sie hätten seit 1. Dezember hier sein sollen.«

»Weil ich keine Verständigung bekommen habe.« Es stellte sich heraus, dass man wegen meiner Übersiedlung die Benachrichtigung an die falsche Adresse gesandt hatte. Der Verständigungsbrief war entweder verloren gegangen oder ist bis heute noch mit dem Nachsendeauftrag der Post unterwegs.

Gleich am nächsten Tag »rückte ich ein«. Ich musste in das Hauptgebäude am Minoritenplatz, durfte mit dem Auto sogar in den Innenhof fahren und dort neben dem Auto des Ministers parken. Ein freundlicher Mitarbeiter half mir aus dem Auto in den Rollstuhl. Dann rollte ich mit ihm zum Lift. Ein wenig entschuldigend meinte ich: »Tut mir leid, alles braucht seine Zeit. Ich bin ein Langsamer!« Der Beamte lächelte und sagte: »Kein Problem. Ab jetzt wird alles in die Arbeitszeit eingerechnet.«

Nach Erledigung der Formalitäten fuhr ich in die Plunkergasse, wo das »Medienservice« als nachgeordnete Dienststelle untergebracht war. Dort gab es ein großes Hallo und zur Begrüßung Kaffee und Kuchen, später wurde auch noch eine Flasche Sekt geöffnet. Der Korken knallte auf die Decke, prallte ab und zischte auf den Tisch, direkt in meine Kaffeetasse. Daneben lagen mein Diplom von der Universität und andere Dokumente; seit damals zieren sie Kaffeeflecken. »Damit kann ich mich jetzt nirgendwo anders mehr bewerben«, sagte ich, »ich werde wohl für immer im Ministerium bleiben müssen.«

In meinem Arbeitsteam hatte ich mich bald gut eingelebt. Unser Umgang miteinander war herzlich und von schwarzem Humor geprägt, der für Außenstehende wahrscheinlich nur schwer zu verstehen war. Doch ich verstand ihn und schätzte auch die Mög-

lichkeit, Dinge und Probleme mithilfe dieses Humors offen anzusprechen.

Jeden Morgen gegen neun parkte ich vor dem Ministerium auf
dem reservierten Behindertenparkplatz. Dann rief ich auf dem Handy
in meiner Abteilung an und der Kollege Gerhard hatte das Vergnügen,
mich vom Auto abzuholen. Bereits bei diesen morgendlichen Begegnungen rannte der »Ministeriumsschmäh«. So begrüßte mich mein
Kollege etwa hinter der Glastüre mit einem Schild: »Franz, go home!«
– ein dezenter Hinweis auf die Anstrengung, die ihm bevorstand. Doch
so ernst war es nicht gemeint, die Begrüßung fiel trotzdem herzlich
aus. Dann öffnete er die hintere Schiebetüre meines Autos und zerrte,
theatralisch stöhnend, meinen Rollstuhl aus dem Wagen. Ich setzte
mich hinein und er schob mich rückwärts zu den Stufen. Dann gab es
täglich die gleiche Inszenierung: Ich wurde im Rollstuhl nach hinten
gekippt und Gerhard zog mich Stufe um Stufe auf den Hinterrädern
nach oben Richtung Lift, wobei er laut ächzend rief: »Ich schaffe es
nicht mehr! Du bist zu schwer! Was hast du schon wieder gefrühstückt?
Steine?« Um die Dramatik zu steigern, rollte ich gleich wieder ein,
zwei Stufen abwärts, um dann hin und her pendelnd wieder langsam
nach oben gezogen zu werden. Dieses Auf und Ab war teilweise lustig,
aber hin und wieder verging mir dabei auch das Lachen. Jedenfalls war
ich Gerhard sehr dankbar, dass er mir täglich über die Stufen hinauf
half und mich am späten Nachmittag wieder ins Auto brachte. Ohne
seine Hilfe hätte ich meinen neuen Arbeitsplatz nicht erreicht oder zu
Hause arbeiten müssen. Letzteres wurde mir auch angeboten, doch ich
lehnte es ab. Inzwischen hatte ich nämlich auch die Vorzüge einer Arbeitsstelle kennengelernt: Man muss pünktlich aufstehen, ist in einem
Team eingebunden, trifft Leute, mit denen man gemeinsame Projekte
plant und durchführt. Und man kann Privates und Arbeit besser aus-
einanderhalten.

Mit der Pünktlichkeit aber hatte ich nach wie vor so meine Probleme. So wurde an den Arbeitsbeginn um neun Uhr die akademi-
sche Viertelstunde angehängt, dann noch eine weitere »Franz-Jo-
seph-Viertelstunde«, und es konnte durchaus halb zehn, zehn oder
sogar halb elf Uhr werden, bis ich im Büro einrollte. Im Ministeri-

um drückte man alle Hühneraugen zu, es galt mein »Behinderten-Bonus«.

Die Arbeit im »Medienservice« war interessant, konnte ich doch Bildungsfilme betreuen, inhaltlich mitgestalten und an deren Entstehung mitwirken. Unsere Abteilung war eine Insel für Freigeister und beamtete kreative Menschen. Schon über der Türe zu unserem Gang hing ein rotweißrotes Schild mit der Aufschrift: »Achtung! Sie verlassen jetzt die Republik Österreich.« Unser Abteilungsleiter hatte sein Büro in einem anderen Gang, trug im Gegensatz zu seinen Mitarbeitern Sakko und Krawatte und versuchte die Kreativgeister dazu zu bringen, ihre Ideen auch in formal richtigen Aktentexten niederzuschreiben – immerhin war das »Medienservice« eine Dienststelle des Ministeriums. Er war ein Mann der alten Schule, höflich und formell, hatte aber auch Witz und berief zu festlichen Anlässen wie Weihnachten, Ostern oder Fasching eine Abteilungssitzung ein, bei der er Kabarettvideos vorspielte. Hauptakteur war immer er selbst.

Mit meiner Behinderung hatte er anfangs Probleme, beziehungsweise verunsicherte sie ihn sehr. Dies drückte sich vor allem dadurch aus, dass er nach den richtigen Worten rang. Als wir beispielsweise bei einer Medientagung zum Thema »Schulische Integration von behinderten Kindern« in Niederösterreich auftraten, hatte er die Festgäste zu begrüßen. In der ersten Reihe saß sein oberster Chef, Bundesminister Rudolf Scholten. Der Abteilungsleiter wollte hervorstreichen, dass es jetzt auch in seiner Abteilung einen behinderten Mitarbeiter gebe, doch das Wort »Behinderung« wagte er nicht auszusprechen. Er zögerte kurz, denn auch die Phrase »an den Rollstuhl gefesselt« schien ihm nicht angebracht. So sagte er schließlich, an den Minister gewandt: »Dank des Einsatzes von Bundesminister Scholten haben wir auch in unserer Abteilung einen Mitarbeiter, dessen Persönlichkeit an den Rollstuhl gefesselt ist.« Ich musste ein lautes Lachen unterdrücken.

In einem persönlichen Gespräch in der Pause bedankte ich mich beim Minister, dass er sich für meine Anstellung eingesetzt hatte. Er meinte nur: »Ab und zu funktioniert ja doch etwas im Ministerium.«

Die Projektbetreuung von Filmen war mir im »Medienservice« bald zu wenig Herausforderung. Ich hatte eine Idee zu einem eigenen Bildungsfilm und gewann den ehemaligen Kameramann und Kollegen Peter für die Umsetzung. Der Film sollte Martina, eine behinderte Freundin, porträtieren, die durch ihre Spasmen nicht selbst sprechen kann. Um mit ihr zu kommunizieren, muss man das Alphabet buchstabieren; beim zutreffenden Buchstaben nickt sie. So kann man Wort für Wort und Satz für Satz bilden. Das Besondere an der Geschichte war, dass sie einen zweijährigen Sohn hatte. Ich wollte in dem Bildungsfilm zeigen, wie man auch mit einer Behinderung Mutter sein kann.

Die Dreharbeiten waren spannend. Martinas ehemalige Volksschullehrerin erzählte, dass erst sie entdeckt habe, dass das Mädchen intelligent sei. Vorher hatte niemand gewusst, wie man mit ihr richtig kommunizieren solle. Inzwischen holte sie über eine Externistenprüfung die Matura nach. Mich schockierte die Tatsache, dass man mehr oder weniger per Zufall und so spät – erst in der zweiten Volksschulklasse – bemerkt hatte, in welcher Weise Martina behindert war.

Als der Film fertig war, hatte ich eine neue Idee: Die Geschichte bot sich doch ideal für die Dokumentationsreihe »Am Schauplatz« im österreichischen Fernsehen an! Von dieser Idee begeistert, schrieb ich Christian Schüller, dem Redaktionsleiter, einen Brief. Und wartete. Vergebens. Ich rief in der Redaktion an. Auch vergebens: Christian Schüller war immer »auf Dreh« unterwegs. Ich gab auf. Allerdings zu schnell: Denn als Judit und ich eines Abends mit der U-Bahn unterwegs waren und auf einem einsamen Bahnsteig auf den Zug warteten, sagte Judit plötzlich: »Da vorne, das ist doch Christian Schüller, den du schon seit Monaten suchst.« Der Zug fuhr ein, Judit raste mit mir im Rollstuhl ans andere Ende des Bahnsteigs und wir stiegen im letzten Moment in den Waggon ein, wo auch Schüller war. Jetzt konnte er mir nicht mehr entkommen und so erzählte ich ihm von meiner grandiosen Filmidee. Er zeigte sich durchaus interessiert und versprach, mich im Ministerium zu besuchen. Die Darlegung des Filmprojekts dauerte so lange, dass wir unsere Haltestelle versäumten und mit einem anderen Zug wieder zurückfahren mussten.

Schüller kam tatsächlich. Zwei Stunden lang diskutierten wir darüber, ob man eine halbstündige Dokumentation über jemanden machen könne, der nicht im herkömmlichen Sinn zu reden imstande war. Buchstabieren dauerte lange und war dadurch nicht fernsehgerecht, mit Untertiteln zu arbeiten schien auch nicht passend. Trotzdem sollte die Betroffene selbst zu Wort kommen und nicht durch eine Moderationsstimme interpretiert werden. Das war mir besonders wichtig.

Schüller ließ sich auf das Filmprojekt ein und ich verfasste ein Konzept mit möglichen Schauplätzen, Themen und Interviewfragen. Dann drehten wir das erste Mal bei Martina. Der Sohn wurde nach Anweisung der Mutter von der Persönlichen Assistentin gebadet. Es war herrlich, wie die beiden miteinander kommunizierten. Er konnte mit seinen zwei Jahren das Alphabet natürlich noch nicht sagen, stellte aber Fragen, die seine Mutter mit Kopfnicken bejahte oder durch Kopfschütteln verneinte. Und der Kleine wusste schon die geringsten Körperbewegungen und Laute Martinas zu interpretieren. Schüller und ich verfolgten das Familienleben mit der Kamera. Es wurden schöne Aufnahmen.

Am Ende des Drehtages verließen wir die Wohnung. Es ging leicht bergab und ich rollte flott auf den Gehsteig. Hinter mir ging Christian Schüller. Ich dachte, dass ich so schnell unterwegs sei, weil mich Schüller schob. Dem war jedoch nicht so: Er hatte die Hände voll mit den Filmkassetten. Das Tempo verringerte sich nicht und als ich bemerkte, dass ich gar nicht geschoben wurde, war es schon zu spät: Die Vorderräder rollten über die Gehsteigkante, der Rollstuhl kippte nach vorne und ich fiel auf die Straße. In diesem Moment bog ein mir bekannter Universitätsprofessor um die Ecke, der einer Gruppe seiner Studenten das »behindertengerechte Wien« zeigen wollte. Er sah mich am Boden liegen und fragte: »Hallo, Franz, was machst du denn da? Können wir dir helfen?« Die Gruppe musterte mit strafenden Blicken Christian Schüller, der völlig paralysiert mit seinen Kassetten unter dem Arm am Gehsteig stand. Die Szene war filmreif und hätte nicht besser inszeniert werden können.

Als ich später mit Schüller in meinem Auto saß und ihn ins ORF-Zentrum fuhr, sprach ich ihn auf das Erlebnis an. Er sollte darüber reden, bevor sich bei ihm ein Behindertentrauma einstellte. Er gestand mir, dass er sein Verhalten nicht verstehen konnte: »Ich hätte ja die Kassetten einfach fallen lassen können, um dir zu helfen…« Die erlebte Szene war so skurril gewesen, dass wir im Nachhinein herzhaft darüber lachen konnten. Es war der Beginn einer Freundschaft.

Der Film über die »besondere« Mutter wurde im ORF ausgestrahlt und erhielt sehr positive Rückmeldungen. Zusammen mit Christian Schüller entstanden in der Folge noch zwei weitere Filme. Wir porträtierten Mario, der eine Integrationsklasse besuchte, und Kevin, ein hörendes Kind mit gehörlosen Eltern.

Eine schwierige Entscheidung

Die Schwäche in meinen Armen nahm zu. Dazu kamen Krämpfe, die es mir nicht mehr erlaubten, die Arme ganz auszustrecken. Ich musste etwas unternehmen! Von behinderten Freunden hatte ich das Modell der Persönlichen Assistenz kennengelernt. Vielleicht war das auch eine Möglichkeit für mich. Meine Arme sollten am Morgen durchbewegt werden und ich brauchte Hilfe beim Anziehen. So suchte ich mit achtundzwanzig Jahren meinen ersten Persönlichen Assistenten und fand ihn in Bernhard Kummer, der mit Judits Schwester befreundet war.

Bernhard dehnte und streckte jeden Morgen meine Arme, wobei ich ihn mit Zurufen anspornte: »Mehr! Mehr!« Meine Ellbogen knackten und krachten. Ich lächelte: »Super! Die sind ja halb eingerostet.« Und versprach Bernhard eine Sonderprämie, wenn er es schaffe, den Arm abzubrechen. Er bemühte sich zwar, aber es kam nie zur Auszahlung. Die Übungen zeigten Wirkung, allerdings nicht die erhoffte: Die Arme wurden durch die Dehnungen nur noch spastischer. Als ich eines Tages nicht mehr in der Lage war, mit meinen verkrampften Armen den Rollstuhl halbwegs geschwind fortzubewegen, war ich ziemlich verzweifelt.

Da sich keine Besserung abzeichnete, besuchte ich auf ärztliches Anraten die orthopädische Ambulanz des Wiener Allgemeinen Krankenhauses. In der Tasche hatte ich einen Termin beim Professor höchstpersönlich, untersucht wurde ich allerdings vorerst durch einen seiner Assistenten. Die Arme schienen ihm egal, dafür interessierte er sich um so mehr für meine kunstvoll verdrehte Wirbelsäule. Man ließ Röntgenaufnahmen anfertigen, mein Kopf wurde in eine Schlinge gelegt und daran wurde ich in die Höhe gezogen. Das Körpergewicht streckte die Wirbelsäule. Durch den Lautsprecher tönte eine Frauenstimme: »Einatmen. Ausatmen. Nicht mehr atmen.« Aber durch die Streckung war mir das ohnehin nicht mehr möglich. »Und danke!«, tönte es aus dem Lautsprecher, dann wurde ich wieder in meinen Rollstuhl gesetzt. »Danke auch!«, flüsterte ich keuchend – etwas länger und ich wäre wohl erstickt.

Dann kam der große Auftritt des Professors. Gefolgt von seinen Assistenten und Studenten betrat er den Untersuchungsraum, ohne meine Anwesenheit zur Kenntnis zu nehmen. Meine Röntgenbilder wurden von dem Assistenten an die Leuchtwand gehängt. Neugierig betrachteten der Professor und sein Team die Bilder. Mit einem roten Stift markierte er einzelne Wirbel und erläuterte seinem Gefolge, was das Besondere an dieser Wirbelsäule sei. Endlich wurde auch ich wahrgenommen. Nach einer kurzen Begrüßung durch den Professor umringte mich sein Team. An die Studenten gewandt, griff er mir von hinten unter die Arme und zog mich nach oben: »Sehen Sie, wie toll sich das aufdehnen lässt!« Noch bevor ich etwas sagen konnte, gab es einen Operationstermin.

»Moment!«, warf ich ein, »von Operieren war nie die Rede. Ich habe Probleme mit den Armen und nicht mit der Wirbelsäule.«

Nun wandte sich der Professor doch direkt an mich und sagte: »Das hängt sehr stark zusammen. Die Spasmen in den Händen werden von der Wirbelsäule aus gesteuert. Hier muss man unbedingt operieren.«

»Aber so bald? Ich möchte noch eine zweite Meinung dazu einholen. Überhaupt kommt Operieren für mich nicht in Frage. Immerhin geht es mir bis auf die Arme sehr gut und ich habe keine Schmerzen«, sagte ich entschlossen.

Der Professor zögerte kurz, dann meinte er: »Ja, leider haben Sie noch keine Schmerzen, sonst würden Sie sich gleich operieren lassen.«

Mit Wut im Bauch und ohne Operationstermin verließ ich das AKH. So bald würden die mich nicht mehr sehen!

Dennoch beschäftigte mich der Vorfall sehr. Immerhin hatten die Worte des Professors eine gewisse Dringlichkeit vermittelt. Konnte ich als Laie diesen ärztlichen Ratschlag so einfach vom Tisch wischen? Ich war verunsichert und rief einen befreundeten Kinderpsychiater an, der sich vor allem mit behinderten Kindern beschäftigte und fast täglich mit solchen Lebensentscheidungen zu tun hatte. Er nahm sich für mich und Judit Zeit. In einem längeren Gespräch drückte er sein Unverständnis über die Vorgangsweise seines Arztkollegen aus. Offensichtlich hatte ich insofern doch recht, als man bei so schwerwiegenden Eingriffen zumindest eine zweite Meinung hören sollte. Mein Freund vermittelte mir einen Kontakt zu einem Wirbelsäulenspezialisten in der Schweiz. Dieser Rat war uns sehr wichtig. Die noch größere Hilfe war aber seine Aussage, dass man bei solchen Entscheidungen immer die Lebensqualität im Auge behalten müsse. Ich war mit der verkrümmten Wirbelsäule aufgewachsen, alle meine inneren Organe, mein ganzer Körper hatten sich darauf eingerichtet. Die Wirbelsäule gedehnt zu versteifen wäre ein einschneidender Eingriff in das Gesamtsystem meines Körpers gewesen. Zudem war das Risiko einer Operation beträchtlich. Selbst bei gutem Verlauf wäre ich mindestens drei Jahre lang »weg von der Bühne« gewesen. So lange hätte die Rehabilitation benötigt. Wollte ich das? Was wäre mit meiner Arbeit, meinen Freunden, mit Judit? Der Arzt riet mir, bei meiner Entscheidung zu bleiben, den Gesamtkontext meines Lebens zu berücksichtigen. Jetzt stand mein Entschluss endgültig fest: Operation vorerst absagen und weitere Expertenmeinung einholen. Wie gut, dass man Freunde hat und dass es auch Ärzte gibt, die über den Tellerrand ihres Fachbereiches hinausblicken.

Ein halbes Jahr später fuhr Judit mit mir in die Schweiz. Im Gepäck hatten wir die Röntgenbilder des AKH. Wieder wurden diese klackend auf eine Leuchtwand gesteckt, wo sie ein junger Arzt, in Amerika ausgebildeter Spezialist für Wirbelsäulenverkrümmungen, interessiert betrachtete. Er nahm sich Zeit, sprach direkt mit uns und nicht in der dritten Person, und hatte Humor. Er erklärte uns erstmals auch, wie die Operation vor sich gehen würde: Zunächst würden in einer Operationssitzung der Brustkorb geöffnet und die inneren Organe herausgenommen werden, um zur Wirbelsäule vorzudringen. Dann würden von vorne alle Bandscheiben aus der Wirbelsäule entfernt. Nach dieser Operation sei die Wirbelsäule streckbar und ich würde drei Wochen lang in einem Streckbett gelagert. Mein Kopf würde durch eine Schlinge nach oben gezogen. Erst dann sei die Wirbelsäule entsprechend gerade und bereit zur zweiten Operation. Bei dieser würde der gesamte Rücken aufgeschnitten und die Wirbelsäule durch Eisenstangen fixiert. Diese Operation berge große Risiken, denn durch die Dehnung der Wirbelsäule werde auch das Rückenmark unter ungewohnte Spannung gesetzt. Dabei könnten Nervenfasern reißen, die später nicht mehr zusammenheilen könnten. Um erste Anzeichen von Lähmungen zu erkennen, würde ich bei der Dehnung aus der Narkose aufgeweckt werden. Nur im Wachzustand könnte ich bemerken, ob die Beine oder Arme noch zu spüren seien. Eventuell wären auch weitere Operationen nötig, da es während des Heilungsprozesses fast immer die eine oder andere Komplikation gebe. Danach müsse ich durch eine Rehabilitation mindestens ein Jahr lang lernen, mit meinem neuen Körper und der versteiften Wirbelsäule zurechtzukommen.

Erst jetzt wurde uns die Tragweite des Eingriffes so richtig bewusst. Umso ärgerlicher erschien uns die Beratung im Wiener Allgemeinen Krankenhaus, die man kaum als solche bezeichnen konnte. Das Drängen auf eine Operation, ohne uns Hintergrundwissen zu vermitteln, war in unseren Augen eine grobe Verletzung der ärztlichen Sorgfaltspflicht gewesen. Der Schweizer Arzt riet nicht sofort zu einer Operation, sondern wollte erst andere Fachmeinungen dazu einholen. Wir sollten den »Wirbelsäulen-Guru« schlechthin in den USA aufsuchen, bei dem der uns beratende Schweizer Arzt sein gesamtes Wissen erworben hatte.

Eine Reise nach San Francisco? Warum nicht? Wir schrieben dem amerikanischen Facharzt einen Brief und baten um einen Termin.

Vorerst jedoch wollte ich meinen zunehmenden Spasmen in den Armen mit konventionellen Methoden begegnen: mit sportlicher Aktivität. Und das, obwohl ich der typische Antisportler war. Motto: »Sport ist Mord« oder »Faulheit stärkt die Glieder, Sport reißt sie nieder«. Als beste Therapie war mir Schwimmen empfohlen worden. Das praktisch vor unserer Haustüre liegende Theresienbad lud geradezu ein, es zu benützen. Die Perspektive, eventuell doch einer Operation entgehen zu können, animierte mich, mindestens dreimal pro Woche schwimmen zu gehen. Das bedeutete jedes Mal, den inneren Schweinehund zu überwinden. Doch ich fand einen Trick, meine Motivation zu steigern: Ich lud einen Freund zum gemeinsamen Schwimmen ein. Daniel Kapp war in jungen Jahren deutscher Schwimmmeister gewesen,

Das »Handybike« trainiert die Armmuskeln

hatte aber inzwischen ein wenig »angesetzt« und wollte sein Bäuchlein abtrainieren. Ein günstiger Zufall!

Die ersten drei Male funktionierte alles reibungslos. Wir trafen uns wie vereinbart, rollten ins Schwimmbad, Daniel blies mir die Schwimmflügel auf und hob mich ins kühle Nass, ich schwamm meine zehn Längen und hatte alles glücklich überstanden. Beim vierten Schwimmtermin tranken wir zunächst einmal zur Stärkung einen Kaffee. Dabei wurde uns klar, dass wir eigentlich keine Lust zum Schwimmen hatten. Also verschoben wir kurzerhand den Sport um zwei Tage. Beim fünften Versuch waren wir uns einig, dass wir zwar keine Lust zum Schwimmen hatten, uns aber trotzdem treffen wollten. Wieder tranken wir Kaffee und legten einen neuen Termin fest. Die Einigkeit bestärkte unsere Freundschaft. Fortan trafen wir uns nur mehr zum Kaffee und redeten über unsere Schwimmerfolge.

Ich sollte aber trotzdem schwimmen, also musste mein Assistent Bernhard ran. Er war unbestechlich. Auch wenn ich ihm anbot, den doppelten Stundenlohn zu zahlen, wenn wir daheim blieben, landete ich später doch im kühlen Nass. Mit der Zeit waren wir im Schwimmbad »amtsbekannt« und mit allen Bademeistern per du. Das Szenario wirkte auf Außenstehende wahrscheinlich skurril: ein behinderter Mensch, der mit Kinderschwimmflügeln im tiefen Bereich hin und her schwamm; der Bademeister, der am Beckenrand mitspazierte und mit Ausdauer über sein Computerwissen referierte, und Bernhard, ein zwei Meter großer, dünner Mann, der in der Schwimmhalle Yoga-Übungen machte. Ich beneidete ihn, musste er sich doch nicht der Kälte und Nässe aussetzen. Dann wurde ich entweder von Bernhard oder den Bademeistern unter den Armen gepackt und aus dem Wasser gefischt.

Zunächst gingen wir immer am Nachmittag schwimmen, dann probierten wir es gleich morgens. Vom warmen Bett ins Wasser – eine besondere Herausforderung. Allerdings fühlte ich mich danach hoch motiviert und stolz über das Geleistete. Das Ganze hatte jedoch zwei gravierende Nachteile: Ich kam erst gegen Mittag ins Büro und meine Arbeitsleistung sank durch eine gewisse Müdigkeit, die sich am warmen Schreibtisch einstellte.

Durch meine sportlichen Aktivitäten war Bernhard ständig im Einsatz: in der Früh zwei Stunden und am Nachmittag wieder. Es war wie eine Ehe. Aber wollte ich mit Bernhard verheiratet sein? Ich beschloss, für Abwechslung zu sorgen.

Doch wie kommt man zu einem zweiten Assistenten? Man trifft ihn im Schuhgeschäft. Ich besaß nur ein Paar Schuhe, das ich tagein und tagaus, Winter und Sommer trug. Als ich diese Schuhe wieder einmal wechselte, kam ich im Schuhgeschäft mit der netten Verkäuferin ins Gespräch. Sie war Studentin der Pädagogischen Akademie und machte gerade die Ausbildung zur Sonderschullehrerin. Als wir uns verabschiedeten, sagte ich: »Bis zum nächsten Mal.« Sie schüttelte den Kopf: »Ich werde nicht mehr hier sein. Ich suche einen neuen Job.« Da lächelte ich, hatte eine neue Idee und eine Assistentin.

Endlich hatten wir einen Termin bei dem Wirbelsäulenspezialisten in San Francisco bekommen. Als Judit und ich im Flugzeug nach Amerika saßen, wurden Erinnerungen in mir wach. Bereits einmal hatte ich mit drei Freunden New York besucht. Es war eine interessante Erfahrung gewesen: Hebelifte in den Bussen, überall abgeflachte Gehsteigkanten und Behinderten-WCs. Die Vorsorge war für unsere Begriffe teilweise sogar übertrieben. So führte beispielsweise zum Eingang einer Bank ein etwas steiler Gehsteig. Um den Zugang noch ebener zu gestalten, hatte man daneben eigens eine flachere Rampe angebracht. Bei einem Lokal gab es beim Eingang einen Treppenlift und einen zweiten beim Ausgang. In Österreich wäre man wahrscheinlich froh gewesen, wenn es überhaupt einen gegeben hätte. Amerika, ein Traumland für behinderte Menschen? Nicht unbedingt. Zwar war es in Fragen der Barrierefreiheit sicherlich ein Vorbild, gleichzeitig aber sahen wir in New York zahlreiche bettelnde Rollstuhlfahrer. Der Kontrast zwischen Arm und Reich war bedrückend. Es gibt in den USA kein Pflegegeld, wie wir es in Österreich sehr wohl kennen. Viele Behinderte sind nicht versichert, sondern auf Almosen angewiesen. So gesehen war ich froh, in Österreich zu leben.

In San Francisco erwartete uns ein auf Handbetrieb umgebautes Mietauto, das nicht schwer zu bekommen gewesen war. Wir hatten vor, den notwendigen Arztbesuch in San Francisco mit einer Sightseeing-Tour zu verbinden, die uns nach Los Angeles, San Diego und Las Vegas führen sollte. Doch zuvor suchten wir das Spezialzentrum für verkrümmte Rücken auf. Der Spezialist war sympathisch und nahm sich ausreichend Zeit, um die Röntgenbilder und mich zu studieren. Er beäugte skeptisch die Röntgen- und Magnetresonanzbilder und betonte mehrfach, dass die Qualität der Aufnahmen in Amerika wesentlich besser sei. Doch im Gespräch merkten wir, dass auch die Amerikaner nur mit Wasser kochen. Er hatte uns keine neuen Informationen oder medizinischen Methoden anzubieten. Zu unserem Erstaunen war er gegenüber einer Operation äußerst vorsichtig. Man müsse erst alles gründlich austesten und abwägen, meinte er resümierend.

Wieder im Mietauto sahen Judit und ich uns an. Wir waren einer Meinung: nicht operieren. Weder in Amerika noch in Europa. Nach dieser Entscheidung konnten wir unseren Aufenthalt in vollen Zügen genießen.

Krüppel aus dem Sack

Ich bin ein Nachtmensch, Judit ist ein Morgenmensch. Während sie in der Früh frisch und munter in der Wohnung herumsauste, lag ich müde und verschlafen im Bett und konnte mich nur mit Mühe zum Aufstehen aufraffen. Das ging so vor sich: Auf dem Bauch liegend, zog ich mich mit dem Oberkörper Richtung Bettmitte, damit die Beine über die Bettkante rutschten. Dann schob ich mich rückwärts aus dem Bett, kniete mich hin, holte den Spiegel aus der Nachttischlade und betrachtete mein verschlafenes Gesicht, schnitt Grimassen und machte mich über mich selbst lustig. Dann zog ich mir die Strumpfhose an, mich dabei links und rechts nach hinten beugend. Anschließend zog ich mich wieder auf das Bett hinauf, zog Pullover und Stützapparate an und zuletzt die Schuhe, indem ich die verkrampften Beine langsam nach hinten abbog.

Eines Tages hatte ich bei einer Lesung die grandiose Idee, eine Schulklasse zu mir nach Hause einzuladen. Und so saßen an einem Morgen dreißig Volksschüler rund um mein Bett und beobachteten die ganze Prozedur. Mit großen Augen verfolgten die Kinder, wie ich mich langsam ankleidete, sehr langsam, denn ich brauchte vor Aufregung doppelt so lange. Meine Beine waren spastischer denn je und zitterten, was die Kinder ziemlich beeindruckte. Sie hatten viele Fragen: ob denn die Schienen wehtäten, ob ich einen Buckel hätte wie die Hexe bei »Hänsel und Gretel« oder warum ich so klein sei. Ich trumpfte mit der Tatsache auf, dass ich immerhin noch größer war als sie. Als ich fertig war, drückte ein Bub auf seine Stoppuhr und meinte: »Der Autor brauchte eine Stunde, sechzehn Minuten und vierunddreißig Sekunden, um sich anzuziehen.« Ein unvergessliches Erlebnis, das ohne Wiederholung blieb, da mich sechzig Augenpaare am Morgen ohne Kaffee denn doch ziemlich nervös machten.

Auch am Abend kniete ich vor dem Bett, wie immer. Judit meinte manchmal, dass ich wohl der gläubigste Mensch in Österreich sei, so viel vor seinem Bett kniete sonst keiner. Sie lag schon im Bett, entspannt und bis zum Kinn zugedeckt, während ich ihr von meinem aufregenden Morgenerlebnis erzählte. Sie schwieg. »Wahrscheinlich hört sie aufmerksam zu«, dachte ich. Wie jeden Abend hatte ich ihr viel zu berichten. Ich liebte Judit für ihre Geduld beim Zuhören. Sie sagte nichts, nur bei Zwischenfragen antwortete sie mit tiefer Stimme »Ja«. Um sicherzugehen, dass sie meine Gedanken noch folgte, stellte ich sogenannte »W-Fragen«. Zum Beispiel: »Wie siehst du das?« Darauf gab es oft keine oder nur unverständlich gemurmelte Antworten.

Diesmal konfrontierte ich Judit mit einer besonderen Idee, die mir am Morgen gekommen war. »Ich könnte mich auch auf einer Bühne anziehen«, sagte ich. »Wäre sicherlich spannend. Dabei könnte ich skurrile Erlebnisse aus meinem Leben erzählen.«

Keine Antwort.

»Was hältst du davon?«

Wieder keine Antwort.

Ich, lauter: »Was hältst du davon, wenn ich auf der Bühne Szenen aus dem Leben spiele?«

Stille. Da wurde ich noch lauter: »Was hältst du davon, wenn ich Kabarettist werde?«

Darauf Judit: »Ja, super.«

Ob sie wirklich verstanden hatte, was ich da vorschlug, wusste ich nicht, war sie doch völlig überrascht, als ich ihr Tage später – natürlich wieder vor dem Bett kniend – stolz erzählte, dass ich jetzt Kabarettist würde und einen Aufführungstermin im Kabarett Niedermair hätte.

Wie kommt man ins Kabarett? Ganz einfach: Man rollt hin. Ich war so angetan von meiner Idee, dass ich nach dem Motto »Frisch gewagt ist halb gewonnen« in das Wiener Kabarett Niedermair fuhr. Diese Bühne war mir aus den Medien bekannt und so wollte ich einfach einmal nachfragen, ob man dort einem Krüppelkabarettisten eine Chance geben würde. Termin hatte ich keinen. Aber der Leiter und Kabarettist I Stangl war nicht nur da, sondern empfing mich auch mit ausgebreiteten Armen. Das war notwendig, da zum Eingang hinunter eine steile Rampe führte, die meinem Rollstuhl einen ordentlichen Schwung versetzte.

»Hallo, ich bin der Krüppelkabarettist Franz-Joseph«, sagte ich zur

Begrüßung. I Stangl war durch diesen Auftritt offenkundig beeindruckt, bekam ich doch gleich eine Zusage für einen Aufführungstermin. Genauer gesagt: für drei Abende, denn »Krüppelkabarett hatte es im Niedermair noch nie gegeben«.

Nun hatte ich einen Aufführungstermin, aber noch kein Programm und die Zeit drängte. Nur drei Monate waren Zeit, um eines zu entwickeln. Sollte ich allein auftreten? Mit einem Schauspieler? Keine Ahnung. So begann ich vorerst einmal, skurrile Alltagserlebnisse aufzuschreiben. Wenn ich etwa beim Einsteigen mit dem Rollstuhl in das Auto Hilfe benötigte, einen jungen Mann bat, mir zur Hand zu gehen, der aber darauf antwortete: »Tut mir leid, ich hab kein Geld!«, dann war das wohl etwas für die Kabarettbühne. Aber würden die Leute auch darüber lachen? Keine Ahnung. Eine Freundin von mir, der ich von meinem Kabarettprogramm erzählte, stellte mir Gernot Bergeruhl vor, Zivildiener mit schauspielerischem Talent und einer einschlägigen Ausbildung. Er war mir sofort sympathisch und die kabarettistischen Ideenfunken zwischen uns begannen zu sprühen. Durch seine Arbeit in einer Behinderteneinrichtung hatte er auch die richtige Portion Sensibilität, gemischt mit schwarzem Humor. Er fragte mich allerdings – »nur grundsätzlich!« –, ob es nicht klüger gewesen wäre, zuerst ein Programm zu schreiben und sich dann einen Aufführungstermin zu sichern. Ich sah das anders, ich brauchte den nötigen Druck.

Drei Monate waren knapp bemessen, vor allem wenn es noch keinen Text gab. Gernot rief mich täglich an und fragte, ob ich schon etwas produziert hätte. »Noch nicht, aber ich hab schon Ideen«, sagte ich, nicht ganz wahrheitsgemäß. Am Abend vor dem Bett kniend, erzählte ich Judit lustige Erlebnisse, die man möglicherweise ins Kabarettprogramm einbauen konnte. Sie lachte nicht, aber das hatte nichts zu bedeuten, da sie todmüde nach einem langen Arbeitstag im Ministerium bereits eingeschlafen war.

Immerhin hatte mein Programm wenigstens einen Titel: »Krüppel aus dem Sack«. Den brauchte die Kabarettbühne schon dringend, da die Aufführungen angekündigt und beworben werden mussten. Neben meinem Ministeriumsjob war es auch schwierig genug, Zeit zu finden, die Texte zu schreiben. Da kam mir eine Grippe mit Fieber gelegen. Halb im Fieberwahn schrieb es sich vielleicht sogar besser. Jedenfalls war nach der viertägigen Krankheit auch das Programm fertig. Ich schrieb mir sozusagen den Alltagsfrust von der Seele. Dabei vergaß ich aber nicht das Augenzwinkern. Viele Szenen entstanden aus der Unsicherheit nicht behinderter Menschen gegenüber behinderten Menschen, erlebte ich doch beinahe täglich grotesk anmutende Geschichten. Aber würden die Zuschauer das ebenfalls lustig finden? Vor allem, wenn sie sich selbst wiedererkannten?

Dann kam der Tag der Uraufführung des »Wiener Krüppelkabaretts«. Ich stand hinter der Bühne, während Gernot seinen ersten Auftritt hatte. In einem Monolog warnte er das Publikum vor dem, was kommen würde. »Natürlich ist der Franz-Joseph wieder einmal zu spät«, meinte Gernot auf der Bühne und nützte die Gelegenheit, um das Publikum darauf einzuschwören »ja nicht zu lachen oder nur ein bisschen, wenn es gar nicht mehr anders geht! Denn bei Behinderten muss man immer sehr vorsichtig sein!« Dann kam mein Stichwort und ich rollte langsam auf die Bühne. Gernot rief: »We proudly present Franz-Joseph!« Musik setzte ein. Grelles Scheinwerferlicht blendete mich. Ich wusste, der Zuschauerraum war voll, doch ich sah niemanden. Kein Feedback. Das irritierte mich. Aus dem Lautsprecher trällerte die Melodie von »Ich breche die Herzen der stolzesten Frau'n«. Ich wiegte mich im Takt der Musik hin und her und sang mit brüchiger Stimme von der Liebe. Erste Lacher im Publikum. Ich atmete ein wenig auf. Krüppelkabarett funktionierte also doch.

Den Text hatte ich zwar auswendig gelernt, vor Aufregung wusste ich aber da und dort nicht weiter. Der Profi Gernot half mir so gekonnt aus der Patsche, dass es wohl niemand merkte. Eine der ersten Szenen handelte von meiner fiktiven Musterung. Mit achtzehn Jahren hatte ich tatsächlich einen Einberufungsbefehl erhalten. Leider war ich nicht hingegangen, was ich noch heute bereue. Aber im Kabarett konnte ich dieses Ereignis nachholen:

Beamter: *Name?*
Franz: *Huainigg.*
Beamter: *(notiert auf seinem Zettel) Hinig. Vorname?*
Franz: *Franz-Joseph.*

»Krüppelkabarett« – Eine Provokation zum
Nachdenken

Beamter: *(Sieht verwundert auf) So, der Kaiser bei uns im Heer!*
Franz: *Nein, ich bin nicht der Kaiser, ich wohn in Meidling.*
Beamter: *Geboren?*
Franz: *Ja eh. Nicht abgetrieben.*
Beamter: *Gehn S' bitte. Sesshaft in …?*
Franz: *Im … Rollstuhl.*
Beamter: *Was haben Sie denn da hinten?*
Franz: *Einen Buckel.*

Beamter:	*So, so. Simulant. – Gehen S', stehn S' einmal anständig. Was haben wir denn da unten?*
Franz:	*Stützapparate.*
Beamte:	*Was heißt da Stützapparate? Das heißt: Melde gehorsamst, Stützapparate!*
Franz:	*(salutiert) Melde gehorsamst, das sind Stützapparate!*
Beamter:	*(Tastet Beine ab) Na schau! Kommt in voller Rüstung! Aus welchem Jahrhundert kommt denn das Gestell? Ja, glauben Sie denn, wir kämpfen heute noch in Ritterrüstungen? Das österreichische Bundesheer hat moderne Waffen, die weltweit in kriegführende Länder exportiert werden! – Stehn Sie gerade! – (Schüttelt den Kopf) Wie lange brauchen Sie denn, um die Dinger zu zerlegen und zu putzen?*
Franz:	*Melde gehorsamst, die Stützapparate können nicht zerlegt werden.*
Beamter:	*Scheiß Ware. Nicht kriegstauglich. Die Dinger können Sie vergessen. Die tragen Sie hier nicht!*
Franz:	*Aber die brauche ich, um stehen zu können.*
Beamter:	*Stehen, stehen. Wenn Sie das nicht können, werden Sie eben ein bisschen robben. Gut. Dann sind wir tauglich! (Stempelt auf sein Formular)*
Franz:	*Was?*
Beamter:	*Na was? Jetzt tun wir aber schauen!*
Franz:	*Ich bin tauglich? Ja, sehn Sie nicht, dass ich behindert bin? Was heißt behindert – schwerstbehindert bin?*
Beamter:	*Geh, hean S' mir mit dem Behindertenschmäh auf. Habt acht!*
Franz:	*(nimmt eine Krücke in die andere Hand und salutiert) Habt acht.*
Beamter:	*Sie müssen mit den Schuhen zusammenstoßen.*
Franz:	*Kann ich nicht, die Beine sind gelähmt.*
Beamter:	*Gelähmt? So richtig gelähmt?*
Franz:	*Ja.*
Beamter:	*Dann spüren Sie auch nichts?*
Franz:	*Nein.*
Beamter:	*Super. Dann werden wir Sie vielleicht beim Minenräumkom-*

170

	mando einsetzen. Ein bisschen Haltung müssen wir Ihnen noch beibringen. Stehn Sie gerade!
Franz:	*Jawohl!*
Beamter:	*Zum Zivildienst haben Sie sich nicht gemeldet?*
Franz:	*(salutiert) Melde gehorsamst, Sir, dass es mir nicht liegt, den ganzen Tag an Behinderten herumzuzerren!*
Beamter:	*Sehr gut. Wir verstehn uns, Kamerad! (haut Franz auf die Schulter, dass er fast umkippt). Wir werden aus Ihnen einen richtigen Soldaten machen! Wir geben Sie ... was halten Sie von der Panzereinheit!*
Franz:	*Melde gehorsamst, super, Sir! Da kann ich ja sitzen. Endlich komme ich auch überall hin. Mit dem Rollstuhl bleibe ich ja gleich bei jeder Kante hängen.*
Beamter:	*Oder was wäre mit dem Österreichischen Geheimdienst: SK.*
Franz:	*Was ist das SK?*
Beamter:	*Selbstmordkommando. Müssen S' eh froh sein, wenn Sie von ihrem Leiden erlöst sind, nicht! Aber zuerst werden wir lernen, anständig zu salutieren!*
Franz:	*(salutiert) Jawohl, Sir!*
Beamter:	*Und zu marschieren! Na super. So einen Gleichschritt, den hat kein anderer. Wie wäre es, wenn wir Sie zur Garde geben! Na ja, vielleicht ein bisserl zu klein. Und geht schon: Dreht euch! (Franz folgt allen Befehlen) Im Gleichschritt marsch! Und Halt! Rechts kehrt! Hebt das Gewehr! Und Stillgestanden. Und marsch. Sagen Sie einmal, was haben wir denn da? Wollen S' mich linken! Sie haben ja eine Brille! Na servas, so viel Dioptrien! Wollt mi linken! Sie sind nicht tauglich!*

Die Leute lachten. Sie lachten über lustige Szenen und gleichzeitig blieb ihnen das Lachen im Hals stecken, denn irgendwo erkannten sie sich auch wieder, in der Unsicherheit und Befangenheit gegenüber behinderten Menschen. Darüber zu lachen kostete immer Überwindung. Das merkte ich am Anfang jeder Aufführung. Waren auch behinderte Menschen im Publikum, wurde zuerst verstohlen zu ihnen geschielt, wie diese reagierten. Die behinderten Zuseher lachten durchwegs,

171

und das motivierte auch das nicht behinderte Publikum zum Mit-
lachen.

Im Krüppelkabarett gelang es uns, das Thema Behinderung einmal
anders zu sehen. Nicht Mitleid, Schmerz, Schicksalsschläge und Trä-
nendrüsen waren auf der Bühne zu sehen, sondern ein frecher behinderter Mensch, der sich über seine Erlebnisse und nicht zuletzt auch
über sich selbst lustig machte.

Oft wurde ich gefragt, was denn im Programm überhaupt der Realität entspreche. Ich sagte immer: »Mehr als Sie glauben. Fast alles ist
wahr.« Eine Szene, in der wir die »Mitleidssendung« des ORF »Licht
ins Dunkel« aufs Korn nahmen, erfreute sich besonderer Beliebtheit.
Gernot spielte den Regisseur von »Licht ins Dunkel«. Eine Person aus
dem Publikum wurde auf die Bühne geholt und neben mich auf einen
Stuhl gesetzt. Diese Person musste für einen Werbespot den behinderten Menschen mimen, während ich den nicht behinderten Moderator
darstellte. Doch zunächst musste der Behinderte auch entsprechend
behindert aussehen: die Füße spastisch überkreuzt, verkrampft zucken-
de Haltung der Arme, das Gesicht verzogen, der Kopf schief auf die
Schulter fallend. Gernot wies als Regisseur den Publikumsgast in seine
neue Rolle ein. »Damit die Spenden wirklich fließen, muss es wirklich
Mitleid erregend aussehen«, sagte Gernot, »da wäre noch fein, wenn
ein dünner Speichelfluss aus dem Mundwinkel rinnen könnte, nicht
zu viel, aber so, dass es im Studiolicht schön glänzt.« Der Publikumsgast spielte immer mit und befolgte alle Anweisungen. Das Publikum
lachte. Mir lief bei dieser Szene immer eine Gänsehaut über den Rücken. Aber das war Krüppelkabarett. Als Fernsehmoderator hatte ich
einen kurzen Text aufzusagen. Der Text war nicht erfunden, sondern
einem Fernseh-Werbespot für »Licht ins Dunkel« entnommen:

Regisseur: *Achtung, Aufnahme! 3, 2, 1, los!*
Moderator: *Dank ihrer Hilfe hat Dominique seinen Computer bekom-*
             men.

             (sitzt bei D. und sagt zu ihm:) Schau, da musst raufpatschen.
             Ja!

             (in die Kamera:) Ja, er hat sich sehr gefreut, dass er selber der
             Verursacher einer Handlung ist. Spenden Sie, für österrei-

chische behinderte Kinder! Spenden Sie, helfen Sie uns. Und
vielleicht denken Sie daran, wie glücklich Sie sind, weil Sie
gesunde Kinder zur Welt gebracht haben. Und wie glücklich
wir alle sein sollten, weil wir selbst gesund zur Welt gekom-
men sind.

Gernot und ich füllten mit unserem ersten Programm »Krüppel aus dem Sack« offenbar eine Marktlücke. Ab 1994 spielten wir mehr als sechzig Aufführungen quer durch Österreichs Kabaretts sowie in Deutschland, Tschechien und Italien. Beliebt war unser Programm auch bei »Behindertenfestivals« oder Veranstaltungen der Integrationsbewegung.

1998 hatte mein zweites Stück »Füttern verboten!« im Wiener »Spektakel« Premiere. Dieses Stück spielte ich mit Natascha, einer Schauspielerin, drei Jahre lang in ebenfalls rund sechzig Aufführungen. Die Nationalratsabgeordnete der Grünen und Rollstuhlfahrerin Theresia Haidlmayr war ein Fan unseres Wiener Krüppelkabaretts und wollte eine Aufführung im Parlament vermitteln. Dazu kam es vorerst nicht. Dem damaligen Nationalratspräsidenten Heinz Fischer, der zu dem Kabarettprogramm einladen hätte müssen, war die Sache zu unkalkulierbar und heiß. Haidlmayr ließ aber nicht von ihrer Idee ab und so traten wir beim Jubiläumsfest »Dreißig Jahre Grüne im Parlament« auf. Nie hätte ich vermutet, dass der Krüppelkabarettist später einmal im Parlament ein- und ausgehen würde – nicht als Kabarettist, sondern als Nationalratsabgeordneter!

Neue Herausforderungen

Ende der Neunzigerjahre war die Zuschauerquote des österreichischen Fernsehens noch außerordentlich gut. Vielleicht lag es daran, dass es noch kein Privatfernsehen gab – oder daran, dass ich täglich ein Stammzuseher im Patschenkino war. Judit ging ich mit meiner Fernsehsucht ziemlich auf die Nerven. »Du hast ja schon rechteckige Augen«, sagte sie, »gehen wir doch endlich ins Bett! Es ist schon elf Uhr!« Aber mitten in einem Psychothriller den Fernseher abdrehen war einfach unmöglich. Und es ergab sich meistens so, dass Judit schlafen gehen wollte, wenn die Filmspannung am Höhepunkt war. Ich blieb vor dem Fernseher hocken. Genauer gesagt, ich blieb vor ihm stehen; ich stand mit Hilfe der Stützapparate an den Tisch gelehnt, was für mich eine recht gemütliche Position war, weil ich durch die Streckung des Körpers ausreichend Luft bekam. Bei der kauernden Position im Rollstuhl wurden alle Organe zusammengequetscht. Ich stand also an den Tisch gelehnt, ähnlich einem Betrunkenen an seiner Stamm-Bar, und Judits Kritik wurde immer leiser. Fast täglich schlief sie im Wohnzimmer auf der Couch neben mir übermüdet ein. Hin und wieder lag sie auch auf dem Boden, wegen der Rückenschmerzen, die sie plagten. Alleine ins Bett zu gehen lehnte ich ab. Gegen Mitternacht oder später gingen wir dann beide gemeinsam ins Bett. »Können wir nicht einmal vor elf Uhr schlafen?«, stöhnte Judit. Ich nahm es mir vor. Allein, wir schafften es nie.

Meinen Fernsehrausch begründete ich damit, dass ich als Medienexperte das ORF-Programm beobachten müsse. Fernsehen war also kein Genuss, sondern hatte rein wissenschaftliche Begründungen! Meine Freunde und Judit schenkten leider dieser Argumentation wenig Glauben.

Oft allerdings musste ich mich über das Fernsehprogramm ärgern. Besonders die Art und Weise, wie behinderte Menschen darin vorkamen oder eben nicht vorkamen, empörte mich. Daher beschloss ich, etwas zu ändern und den ORF zu reformieren. Dazu brauchte ich zuerst Verbündete. Im Handumdrehen war die »Arbeitsgemeinschaft behinderter Menschen und Medien« gegründet. Sie bestand nur aus fünf behinderten Freunden von mir, aber so genau wollte es ohnehin niemand wissen. Diese Arbeitsgemeinschaft suchte um einen Termin beim damaligen Generalintendanten Gerhard Zeiler an. Jeden Tag rollte ich voll Hoffnung zum Briefkasten und war dann wieder enttäuscht: kein Brief aus dem ORF. Judit fand damals einen Trick, mich, der immer so ungern aufstand, aus dem Bett zu locken: Sie ging vor die Haustüre, läutete, redete laut und rief dann zu mir ins Schlafzimmer: »Franz-Joseph, steh auf! Der Briefträger hat einen Brief vom Zeiler gebracht!« Ich legte einen neuen Rekord beim Anziehen hin – schade, dass diesmal kein Volksschüler dabei saß, der die Zeit stoppte.

Tage und Wochen vergingen, kein Brief vom ORF. »Die nehmen unsere Arbeitsgemeinschaft nicht ernst!«, entrüstete ich mich gegenüber meinen fünf Freunden. Aber ich hatte eine Idee: Eine meiner Kolleginnen im Ministerium konnte gut Karikaturen zeichnen. Ich erklärte ihr die Situation und mein Vorhaben, sie lächelte und zeichnete mir eine kleine Gruppe mit behinderten Menschen, die mit Spruchbändern und Transparenten vor dem ORF demonstrierten. Diese Zeichnung schickte ich mit einem netten Brief an den Generalintendanten persönlich. Inhalt des Schreibens: »Wir möchten die Darstellung behinderter Menschen im ORF diskutieren und Verbesserungen erarbeiten. Wir sind zwar ziemlich gestresst, nehmen uns aber für einen Termin mit Ihnen gerne Zeit. Schreiben Sie uns bitte, wann Sie Zeit haben, sonst kommen wir einfach auf einen Besuch vorbei.«

Zwei Wochen später erhielten die Mitglieder der Arbeitsgemeinschaft eine schriftliche Einladung zu einem Gespräch. Zwar nicht mit dem Generalintendanten, aber mit dessen Pressesprecher und der Leiterin der vorabendlichen Sendung »Willkommen Österreich«, Monika Lindner. Wir waren auf große Widerstände gefasst, begegneten jedoch Verständnis und offensichtlichem Wohlwollen. Zwei erste Schritte wurden vereinbart: In einer Diskussionsveranstaltung im ORF-Zentrum sollte ich die Ergebnisse meiner Dissertation und der darauf aufbauenden Studie vorstellen und mit Redakteuren diskutieren. Die Redaktion von »Willkommen Österreich« würde einen behinderten Menschen als Berater aufnehmen. Das funktionierte allerdings nicht so gut wie geplant, da die Redaktionsmitglieder keine »redaktions-fremde« Person bei ihren Sitzungen dabei haben wollten. Und auf die Beratung durch einen betroffenen Experten wurde meist verzichtet. Was sollte ein behinderter Mensch auch schon besser können als ein Medienprofi, der seit Jahren Sendungen mit hohen Einschaltquoten produzierte?

Ein Ergebnis jedoch hatte die Diskussion: Chefredakteur Roland Machatschke war von den BBC-Nachrichten mit Gebärdensprachdol-metschung begeistert und schlug vor, die »Wochenschau« in Gebär-densprache auszustrahlen.

Es wurden zwei Pilotfilme produziert, einer, in dem der Gebär-dendolmetscher in einem kleinen Kästchen eingeblendet war, dafür durchgehend. In der anderen Version waren die Filmsequenzen nur untertitelt, dafür stand der Gebärdendolmetscher als eine Art Co-Mo-derator neben der Präsentatorin. Hannes Märk, der spätere Leiter der Teletext-Abteilung, ging mit beiden Filmen bei Gehörlosenvereinen hausieren. Die Betroffenen entschieden sich für die Moderations-Ver-sion. Seit 1987 wird die Wochenschau mit Gebärdendolmetschung ausgestrahlt. Inzwischen ist es eine Selbstverständlichkeit geworden. Damals hatten die Programmverantwortlichen große Angst, dass die Einschaltquoten sinken würden, war doch die Gebärdensprache ver-pönt gewesen und als wilde »Herumfuchtelei« abgetan worden. Nun war sie auch im staatlichen Fernsehen präsent und dies war meinungs-bildend. Die Fernsehzuseher reagierten gelassen, es gab weder mehr Zuseher noch weniger. Neben dem Effekt, dass gehörlose Menschen nun auch Nachrichten mitverfolgen konnten, hatte die Sendung auch einen großen Aufklärungs- und Sensibilisierungsnutzen.

Unsere Arbeitsgruppe war sehr aktiv. Wir koordinierten uns über Telefon und später per E-Mail, da wir gar keine Zeit hatten, uns zu treffen. Unter anderem gründeten wir eine neue Radiosendung.

Rainer Rosenberg, der ORF-Chef für Sonderprogramme, hatte die Mittelwelle vor der Abschaltung gerettet und auf Frequenz 1476 ein Bürgerbeteiligungsradio entwickelt, wo Gruppen wie zum Bei-spiel »Afrikaner in Wien«, »Theaterwissenschaftler«, oder die »Bassena einer Wohnblock-Wohnsiedlung« Radiosendungen gestalteten.

»Warum nicht auch behinderte Menschen?«, überlegte ich laut. Rainer Rosenberg war von der Idee angetan. Das Kind musste aber auch einen Namen haben. Ein wenig frech und hintergründig sollte der Titel sein, auffallen und für ein anderes Bild behinderter Menschen stehen. Im ersten wirklichen Treffen der Arbeitsgruppe präsentierte ich meinen Vorschlag: »Freak Radio«. Ich hatte Hohn und Spott erwartet, doch der Vorschlag wurde einstimmig angenommen.

Nun sollte die erste Sendung von »Freak Radio« produziert werden. Cornelia, ein Mitglied der Arbeitsgruppe, und ich rollten ins Plattenarchiv. Wie klang ein Freak? Zwar hatte ich als Einziger der Arbeitsgruppe journalistische Erfahrung, aber eine Sendung hatte ich noch nie produziert und schon gar keinen Jingle. Beinahe eine Stunde lang suchten wir skurrile Musik und Geräusche, dann hatten wir etwas Passendes gefunden: Froschgequake! Von 1996 bis 2006 begann »Freak Radio« immer mit dem frechen, lustigen und schrägen Gequake von Tümpelfröschen. Erst beim zehnjährigen Jubiläum wurden die Frösche aus dem Studio verwiesen. Die Sendung hatte sich gewandelt und war mit prominenten Studiogästen ein seriöses Forum für die Anliegen behinderter Menschen geworden.

Über die Jahre fanden sich immer wieder behinderte Menschen, die am Journalismus interessiert waren und lernten, Sendungen zu gestalten. »Freak Radio« ist auch heute noch auf Mittelwelle 1476 zu hören. Aber auch im Internet kann man die Sendungen live mitverfolgen oder bereits ausgestrahlte Beiträge herunterladen.

Die Arbeit im »Medienservice« war für mich zunehmend unbefriedigend geworden. Ich wollte eigene Ideen und Konzepte umsetzen, doch dafür gab es weder den nötigen Spielraum noch das Vertrauen meiner Vorgesetzten. Die anfallenden Arbeiten erledigte ich »mit links«, die restliche Zeit langweilte ich mich. Mir fehlten die Herausforderungen! Für einen »Behindertenjob«, und als solcher wurde mein Arbeitsgebiet eingestuft, war ich nicht geboren.

Dann hatte ich eine grandiose Idee: ein Schülerradio auf der ORF-Mittelwellenfrequenz. Radio ist für Kinder und Jugendliche ein spannendes Betätigungsfeld, und die Lehrer würden animiert werden, ihren Unterricht kreativer und lebendiger zu gestalten. Aus meiner journalistischen Erfahrung wusste ich, wie viel man beim Radio lernt: recherchieren, Experten interviewen, Fragen formulieren, zuhören lernen, in der Gruppe arbeiten, einen Beitrag richtig aufbauen, die eigene Stimme durch den Lautsprecher hören … Am Ende einer Produktion gäbe es mit der Radiosendung auch ein herzeigbares Ergebnis. Durch die Ausstrahlung wäre man Teil der Öffentlichkeit, es gäbe möglicherweise sogar Rückmeldungen und stolze Zuhörer.

Je mehr ich über ein mögliches Schülerradio nachdachte, desto überzeugter war ich, dass das Ministerium hier ein vorzeigbares medienpädagogisches Projekt zur praktischen Medienerziehung hätte. In der Abteilung »Medienservice« schien dieses Vorhaben nicht möglich, daher wollte ich in die Fachabteilung »Medienpädagogik« versetzt werden. Nach einigem Hin und Her gelang dies auch. Begeistert ging ich ans Werk, gewann den ORF als Kooperationspartner und die Firma Siemens als Sponsor. Im Siemensforum wurde ein eigenes Radiostudio eingerichtet und mit technischer Betreuung für Schulklassen zur Verfügung gestellt. Eine »Radiobox« als medienpädagogischer Leitfaden zur Radioproduktion stand als nächster Punkt auf der Aufgabenliste. Zahlreiche Schulklassen nahmen das neue Angebot des Ministeriums dankbar an. Innerhalb kürzester Zeit wurde nicht nur einmal pro Woche eine halbe Stunde gesendet, sondern gleich dreimal. Die Arbeit machte mir Freude, eine Freude, die sich auch auf die SchülerInnen und LehrerInnen übertrug.

Und er möchte heiraten?

1995 beschlossen Judit und ich zu heiraten. Wer hätte daran gedacht, dass ich jemals in den heiligen Stand der Ehe treten würde? Als Letzter wahrscheinlich ich selbst. Und ich hatte auch Judit keinen Antrag gemacht, es war genau umgekehrt. Ein Antrag, den ich schwer ausschlagen konnte. Unsere Beziehung hatte sich in den zwei Jahren, seit wir uns kannten, sehr positiv entwickelt, wir waren langsam zusammengewachsen und ein Leben ohne den anderen erschien uns immer unvorstellbarer. Warum also nicht heiraten und diese Beziehung mit Freunden und Verwandten feiern? Man kann die Frage natürlich auch andersherum stellen: Warum heiraten? Wir hätten auch ohne Hochzeit weiterhin harmonisch zusammenleben können. Aber mir gefiel die Idee, durch ein Fest unser Zusammensein zu bekräftigen und unsere Absicht »Für ewig dein« in der Kirche und vor Gott zu besiegeln.

Zunächst stand mir ein schwerer Schritt bevor: Ich musste beim zukünftigen Schwiegervater um die Hand seiner Tochter anhalten. Die gut verständliche anfängliche Skepsis gegenüber einem Freund im Rollstuhl war Anerkennung gewichen. Jedoch: Welcher Vater verheiratet schon gerne seine eigene Tochter? Beim Gespräch zwischen Judits Vater und mir saßen einander zwei nachdenkliche Menschen gegenüber. Wir tauschten Gedanken über die Zukunft, über das Leben und Beziehungen aus und am Ende hatten Judit und ich seinen Segen und den seiner Frau.

Die Reaktionen der Freunde waren unterschiedlich. Viele fragten Judit, ob sie es sich gut überlegt habe, einen behinderten Menschen zu heiraten. Das Versprechen »In guten wie in schlechten Tagen« könnte leicht zu einer schweren Belastung werden. Wie würde sich mein Gesundheitszustand entwickeln? Wie sah meine Zukunft aus und damit ihr Leben als Ehefrau? Mir hingegen wurde von allen Seiten herzlich gratuliert. »So eine Frau wie Judit findet man nicht alle Tage«, lautete der Tenor. Auch meine Eltern, denen ich am Telefon von unseren Hochzeitsplänen berichtete, freuten sich sehr. Immerhin würde ihr »Problemkind« gut unter die Haube kommen.

Diese unterschiedlichen Sichtweisen gaben mir zu denken und ich redete mit Judit über unseren unterschiedlichen »Marktwert«. Sie ließ sich jedoch nicht beirren. »Ich möchte dich heiraten, mit dir zusammenleben und Kinder bekommen.«

So begannen wir mit den Vorbereitungen für die Hochzeit. Eine barrierefreie Kirche musste gefunden werden – ein schwieriges Unterfangen, da beinahe zu jedem Kircheneingang Stufen führen. Noch schwerer war es, einen »barrierefreien Pfarrer« zu finden. Würden nämlich in der Hochzeitspredigt Worte wie »Aufopferung« oder »der arme Behinderte« fallen, war ich in Gefahr, aus Trotz das Ja-Wort zu verweigern. Der Pfarrer sollte Verständnis und auch Erfahrung mit behinderten Menschen haben. Also besuchten wir in verschiedenen Kirchen Messen und »testeten« Geistliche. Uns schien, dass das Schottenstift sehr geeignet für eine Hochzeit war. Diese Kirche war nicht nur ohne Stufen berollbar, sie hatte sogar ein Behinderten-WC. An einem so aufregenden Tag wie der eigenen Hochzeit sicherlich eine wichtige Einrichtung. Kaplan Christoph Merth, der die Messe gefeiert hatte, erwies sich bei einem Gespräch als engagierter und verständnisvoller Priester, und so beschlossen wir, uns von ihm trauen zu lassen.

Ausständig waren noch ein »Ehekurs« und ein »Ehegespräch«. An dem Wochenendkurs der Erzdiözese nahmen sechs Paare teil, deren Erzählungen uns gewaltig schockierten. So erzählte eine Frau, dass sich ihr Freund bei Problemen immer zurückziehe. »Mir wäre lieber, er schlägt mich«, sagte sie. Da wurde uns klar, was wir aneinander hatten und wie glücklich unsere Beziehung war. Viele Probleme der Kursteilnehmer hatten wir nicht, sie erschienen uns sogar lächerlich. Das ist der Vorteil, wenn man einen behinderten Menschen heiratet: Man geht eine solche Beziehung nicht kopflos ein, ist gezwungen, viele Dinge auszudiskutieren. Die langen Gespräche hatten uns reifen lassen. In dem Kurs erschienen wir geradezu als »alte Eheleute«.

Das »Ehegespräch« mussten wir mit dem Pfarrer in unserer Pfarrgemeinde halten. Auf dem Weg dorthin motzte ich Judit an: »Wir kennen ihn ja nicht einmal. Sicherlich strotzt er vor lauter Klischees und Vorbehalten. Und überhaupt werden bereits am Eingang viele Stufen sein.« Wir kamen zum Pfarrhaus, ich lachte hell auf: »Na also, fünf

Stufen! Da können wir gleich wieder heimrollen.« Doch da hatte ich die Rechnung ohne Judit gemacht. Sie kippte meinen Rollstuhl auf die Hinterräder und zog mich Stufe um Stufe Richtung Traugespräch.

Im Pfarrbüro begrüßte uns der Sekretär mit einem herzlichen »Grüß Gott«. »Gott steh mir bei«, dachte ich verzweifelt. Doch es kam noch schlimmer. Er nahm die Daten auf und bot uns an: »Nehmen Sie doch Platz.«

»Danke, ich sitze schon«, sagte ich. Das brachte ihn so aus der Fassung, dass er beschloss, fortan nur noch mit Judit zu reden.

»Wo wohnt er?«, fragte er Judit.

»Er wohnt in der Hufelandgasse«, sagte ich.

»Und er möchte heiraten?«, fragte er Judit.

Ich war schneller und antwortete: »Ja, er möchte heiraten.«

Judit sah mich strafend an. Zu einer weiteren Eskalation kam es nicht, da das Datenblatt ausgefüllt war oder der Sekretär unsere Angaben als ausreichend ansah. Er führte uns einen Raum weiter zum Pfarrer der Gemeinde, einem älteren Herrn. Er war freundlich, aber sehr nachdenklich. Er spürte unsere Liebe, die ihn in Gedanken wohl in seine Jugend zurückführte. Offenbar war er einst vor der schweren Entscheidung zwischen einer großen Liebe oder einem Leben als Priester gestanden. Trauer und Wehmut klangen aus seiner Stimme. Er tat uns leid, als wir ihn nach dem Gespräch einsam zurückließen.

Nächste Hürde: der Kauf eines Brautkleides. Da ich wusste, wie schwer es Judit fiel, sich für Kleidung zu entscheiden, fürchtete ich mich schon davor. Bei einer Reise nach London wurden wir fündig, mehrere Kleider kamen in die engere Wahl. Mir gefielen alle, doch für Judit gab es gewisse Grundvoraussetzungen: »Es muss dezent sein, nicht zu aufgedonnert und möglichst eng anliegend. Denn bei einem weit ausladenden Kleid kann sich mir mein Mann im Rollstuhl nicht mehr nähern. Aber er muss an meiner Seite sein.« Ich betete zu Gott um Erlösung von der Anprobe-Qual. Er erhörte mich – das fünfte Kleid passte. Und nicht nur das: Es machte Judit himmlisch. Am liebsten hätte ich sie auf der Stelle geheiratet. Wir kauften und hatten ein weiteres Problem gelöst.

Ich nahm mir für die Kleiderwahl weniger Zeit, aber schließlich war es doch geschafft. Einen Tag vor der Hochzeit hatte ich endlich einen Anzug, mit einer Hose, die zwar gut aussah, aber im Bund viel zu weit war und hinunterrutschte. »Du bleibst ohnehin im Rollstuhl sitzen, da passt das schon«, meinte meine praktisch veranlagte Zukünftige. Allerdings hatte ich noch keine passenden Schuhe. Wegen der Stützapparate mussten sie tief ausgeschnitten und weit nach unten zu binden sein. Diese Eigenschaften besaßen üblicherweise Sportschuhe, die ich auch im Alltag trug. Doch mit meinen Turnschuhen konnte ich unmöglich vor den Traualtar rollen. So wollte ich am letzten Abend vor der Trauung noch in einem Schuhgeschäft dieses wichtige Accessoire einkaufen.

Natürlich kam ich viel zu spät von der Arbeit im Ministerium weg und verursachte in der Hektik einen Autounfall. Ein Fahrzeug fuhr mir von der Seite in die Fahrertüre. Wieder einmal war mein Auto zu einem Wrack geworden, aber glücklicherweise kam niemand zu Schaden. Und mein einziger Gedanke war: Ich muss noch Schuhe kaufen!

Mein Onkel und meine Tante warteten schon längst auf mich. Inzwischen war es halb sieben Uhr vorbei, das Geschäft wurde gerade zugesperrt. Pech! Doch mein Onkel klopfte an die Glastüre und gab der Verkäuferin ein Zeichen, dass sie noch einmal aufsperren solle. Sie holte den Geschäftsführer. Meine Tante rief durch die Glastüre, auf mich zeigend: »Er heiratet morgen und hat noch keine Schuhe!« Der Mann schaute verdutzt, machte aber dann die Türe auf. Alleine im Schuhgeschäft genossen wir das volle Service und die alleinige Aufmerksamkeit. Keine der eleganten Schuhe schienen zu passen. Aber sollte ich in Turnschuhen heiraten? Ich kaufte. In meinen neuen, übergroßen Schuhen sah ich vermutlich sehr komisch aus. Jedenfalls fragte der Geschäftsführer: »Sind Sie Kabarettist?« Ich nickte und war stolz darauf, dass er mich erkannt hatte. Möglicherweise lag es aber auch nur an den übergroßen Schuhen.

Am Abend erreichte uns eine Hiobsbotschaft: »Die Schildkröte ist gestorben.« Das Wahrzeichen und Maskottchen unserer Beziehung war tot? Das traf uns. Zwei Jahre zuvor hatte ich eine Schildkröte mit nach Hause gebracht, die durch unsere Wohnung und den Garten krabbelte. Wir liebten die Beharrlichkeit, mit der sie sich ihre Wege zu bahnen versuchte. Und Judit hatte auch mich immer »Schildkrötle« genannt.

Als ich am nächsten Tag auf dem Standesamt die Heiratsurkunde unterschrieb, zitterte meine Hand. Ich hatte das Ereignis unterschätzt, es berührte mich sehr. Dann fuhr ich mit meinen Eltern per U-Bahn zur Kirche, während Judit mit ihren Eltern im Auto eintraf. Zur Überraschung aller bewegte nicht nur ich mich auf Rädern zum Traualtar, sondern auch die Braut: Judit kam auf Rollerblades!

Zum Gedenken an unsere Schildkröte las ich in der Kirche ein Gedicht von Carmen Barnes De Gastzold:

Ein bisschen Geduld, lieber Gott,
Ich komme schon! Man muss seine Natur so nehmen, wie sie ist.
Nicht ich hab' sie gemacht.

Ich möchte keineswegs dieses Haus
Auf meinem Rücken kritisieren;
Es hat sein Gutes. Aber gib zu, Herr:
Es ist reichlich schwer zu tragen!

Nun ja, lass diesen Panzer und mein Herz –
Die doppelte Klausur – für Dich nicht ganz
Und gar verschlossen sein.
Amen.

Judit, wir sind Eltern geworden!

Mit der Hochzeit wuchs in uns beiden auch der Wunsch nach einer Familie mit einem oder mehreren Kindern. Es wollte jedoch nicht klappen. Woran lag es? Etwa an mir? Bei einem stationären Aufenthalt im Rehabilitationszentrum Tobelbad sprach ich gegenüber dem Oberarzt dieses heikle Problem an. Er nickte verständnisvoll und meinte: »Machen wir doch die Probe aufs Exempel.« Bereits am nächsten Tag verlangte die Krankenschwester eine Probe von mir. Dazu wurden die notwendigen Rahmenbedingungen geschaffen: Mein Bettnachbar wurde aus dem Zimmer verwiesen, die Schwester schloss die Türe ab und ich sollte mit der Notglocke läuten, wenn ich so weit war. Als ich schließlich läutete, stürmte die stellvertretende Stationsschwester – ausgebildet für diese Spezialaufgabe – herein, ergriff das Gläschen, das ich ihr reichte, und rannte wieder zur Türe hinaus. Die Spermien mussten sofort ins Labor gebracht werden, da sie nur wenige Minuten außerhalb des Körpers überleben können – falls sie überhaupt lebensfähig sind. Das Labor lag am anderen Ende des Krankenhauses. So schnell sie konnte, lief die Schwester mit meinem Gläschen durch das lang gezogene Gebäude – vielleicht aber doch zu langsam: Bei keinem der Spermien konnte Leben festgestellt werden.

Die schlechte Nachricht traf mich. »Es gibt auch die Möglichkeit, die Spermien direkt aus den Hoden durch eine Punktion zu gewinnen«, beruhigte mich der Oberarzt. Eine Möglichkeit, auf die ich nicht gerade erpicht war.

Mit Judit ging ich nun alle Möglichkeiten durch: In-vitro-Fertilisation, Adoption – oder kein Kind. Die letzte Variante schied sofort aus. Von der ersten rückten wir nach einem Gespräch mit unseren Nachbarn, einem jungen Ehepaar mit ebenfalls unerfülltem Kinderwunsch ab. Die Prozedur der In-vitro-Fertilisation erschien uns zu belastend. Die Frau muss dabei immer wieder hoch dosierte Hormonpräparate schlucken, trotzdem ist der Erfolg nur bedingt garantiert. Während unsere Nachbarn diesen Weg weitergehen wollten, war für uns bald klar, dass wir unser Kind nicht in einem Reagenzglas zeugen wollten.

Und uns widerstrebte auch der Gedanke, den Kinderwunsch in ein Krankenhaus zu verlegen. Es sagte uns mehr zu, einem Kind ohne Eltern eine Zukunft zu bieten.

So stand unser Entschluss bald fest: Wir wollten ein Kind adoptieren. Doch woher nehmen und nicht stehlen? Wir bemerkten bald, dass wir uns die Sache einfacher vorgestellt hatten, als sie tatsächlich war. In Österreich gab es viele Ehepaare, die seit Jahren darauf warteten, ein Kind zu adoptieren. Nur etwa dreißig Kinder werden im Raum Wien pro Jahr zur Adoption freigegeben. Die Entscheidung, ein Kind zur Welt zu bringen, um es dann in einer anderen Familie aufwachsen zu lassen, ist für die Mutter sehr schwierig und nur wenige haben den Mut und die Kraft, diesen Weg zu beschreiten. Adoptionen von Kindern aus dem Ausland sind ebenfalls äußerst schwierig und problematisch. Zum einen stellt sich die Frage, ob es nicht für das Waisenkind besser ist, im Herkunftsland aufzuwachsen, was man durch Spenden fördern und ermöglichen kann. Zum anderen zeigte sich uns, dass aus der Vermittlung von Kindern teilweise ein Geschäft gemacht wird. Da wollten wir nicht mitmachen.

Wir recherchierten einen Verein, der Kinder aus Rumänien zur Adoption vermittelte, und ich traf mich in einer Mittagspause mit einer Beraterin, die mich mit Informationsmaterial eindeckte. Vor einer Adoption sollten wir jedoch einen Kurs absolvieren und uns mit dem Verfahren und den einhergehenden Problemen auseinandersetzen. Dies erschien uns sinnvoll und wir beschlossen, an der Volkshochschule Meidling einen Kurs für werdende Pflege- und Adoptionseltern zu besuchen. Wir saßen im Kreis mit sechs anderen Paaren, die teilweise schon ein Kind adoptiert hatten und noch ein Pflegekind nehmen wollten, oder Konkurrenten, die ebenfalls um ein Adoptionskind buhlten. Die Stimmung war freundlich, es wurde viel gelacht. Wir kamen bald gerne zu diesen Erfahrungsrunden, schlüpften einmal in die Perspektive der abgebenden Mutter, einmal in die der Sozialarbeiterin, und versuchten nachzuempfinden, wie es dem adoptierten Kind ging, wenn es frisch in eine Familie kam. Wir beschäftigten uns mit unserer eigenen Kindheit, besuchten einen Zusatzkurs für Kinderpflege und lernten Pubertätsprobleme fachmännisch zu lösen.

Nach drei Jahren waren wir die wohl bestausgebildeten Eltern weit und breit – allerdings noch immer ohne Kind. Inzwischen hatten wir beim Jugendamt um die Bewilligung als Pflegefamilie angesucht, die Voraussetzung für jede Adoption. Ich hatte Vorbehalte und Ängste gegenüber dem Jugendamt. Wie würde man dort auf einen Vater im Rollstuhl reagieren? Hatten wir überhaupt Chancen? War all die Ausbildung vergebens? Zu meinem Erstaunen zeigte sich die Sozialarbeiterin bei der Adoptionsstelle sehr offen. Ein Kind könne sie uns nicht garantieren, ebenso wenig wie anderen Bewerbern.

»Ist meine Behinderung ein Hindernisgrund?«, fragte ich.

»Nein«, sagte die Sozialarbeiterin, »aber wir respektieren die Wünsche der abgebenden Mutter. Wenn sie Eltern mit einer Behinderung ausschließt, werden wir diesem Wunsch nachkommen.« Dann relativierte sie jedoch diese Aussage mit den Worten: »Wissen Sie, die Eltern, welche ihr Kind zur Adoption freigeben, wünschen sich oft eine Königsfamilie. Diesen Wünschen können wir generell nur beschränkt entgegenkommen.« Wir hatten also Chancen und warteten weiter.

Der Anruf konnte jederzeit kommen. Tag und Nacht, ob in der Arbeit, in der Freizeit oder im Urlaub, wir hatten unsere Handys immer aufgedreht. Wenn eine »unbekannte Nummer« anrief, nahmen wir mit zittrigen Fingern ab. Aber nie war das Jugendamt an der Leitung. Wir waren der Verzweiflung nahe.

Anfang Februar, es war siebzehn Uhr und ich wollte gerade mein Büro verlassen, läutete das Telefon. Sollte ich noch hingehen? Ich nahm ab. Zu meiner Überraschung war es die Sozialarbeiterin vom Jugendamt. »Wir haben ein Kind für Sie«, eröffnete sie mir. Lange hatte ich überlegt, was ich in diesem Moment sagen würde, aber nun, da es so weit war, versagte mir die Stimme. So hörte ich nur stumm zu, während mir die Frau die Details mitteilte. Dann rief ich Judit an, die erst nach längerem Läuten abhob und flüsterte: »Ich bin in einer Sitzung, ist es etwas Dringendes?«

»Natürlich ist es etwas Wichtiges. Geh sofort vor die Türe!«

Wenig später konnte ich ihr mitteilen: »Judit, wir sind Eltern geworden! Es ist ein Mädchen. Eine anonyme Geburt. Übermorgen können wir sie im Krankenhaus abholen.«

Auch Judit war ganz still. Wir konnten unser Glück kaum fassen. Zwei Nächte lang schliefen wir nur wenig. Auch am Tag kreisten unsere Gedanken ständig um unser Kind, das wir noch nicht einmal gesehen hatten.

Am Tag, an dem wir unsere kleine Tochter abholen sollten, passierte mir ein Malheur: Beim morgendlichen Training auf meinem handbetriebenen Fahrrad fiel ich aus dem Rollstuhl und schlug hart mit der Nase am Boden auf. Blut quoll aus drei aufgeplatzten Risswunden. Von meiner Assistentin notärztlich versorgt, fuhr ich mit meiner Frau ins Jugendamt, in der Tasche eine Liste mit möglichen Vornamen. Wir wollten uns aber erst entscheiden, nachdem wir unser Kind gesehen hatten. Die Sozialarbeiterin erzählte uns nähere Details zur Geburt. Die Mutter kannte sie nicht, sie war anonym ins Krankenhaus gekommen und nach der Geburt schweren Herzens wieder gegangen. Wir empfanden große Bewunderung für den Mut dieser Frau, denn in der heutigen Zeit erblicken nur sehr wenige ungewollte Kinder das Licht der Welt. Viele hätten in ihrer Situation abgetrieben. Sie entschied sich anders und schenkte ihrer Tochter das Leben. Das Jugendamt vertraute nun uns das Kind an. Ein wunderbares Geschenk. Eine große Verantwortung!

Im Krankenhaus gaben wir der Stationsschwester einen Brief vom Jugendamt, der ohne Namensnennung lediglich die Information enthielt, dass wir die vom Jugendamt bestimmten Adoptionseltern seien und das Krankenhaus uns auf unseren Wunsch hin das Baby überlassen solle. Die Krankenschwester sah besonders mich prüfend an. Aber wahrscheinlich kam es mir nur so vor. Offensichtlich schienen sie meine aufgeschlagene Nase und das Cut an der Augenbraue dann doch nicht weiter zu erschrecken: »Solche Sachen passieren Männern immer, wenn sie erfahren, dass sie Väter geworden sind. Ganz typisch. Im Rollstuhl sind Sie aber schon vorher gesessen?«

Angespannt und nervös warteten wir in einem Besprechungszimmer. Endlich ging die Türe auf und ein Gitterbettchen wurde hereingeschoben. Darin lag ein Baby. Unser Baby!

Als ich sie das erste Mal sah, klopfte mein Herz bis zum Hals. So klein und hilflos. Und doch schlief sie selig und vertrauensvoll. Judit nahm das Baby vorsichtig aus dem Bettchen, das unbegreifliche Geschenk einer Frau, die wir nicht kannten. Ich zeigte lächelnd auf ein Namensschild am Bett, auf dem »Katharina« stand. Die Krankenschwester erklärte, dass sie dem Baby für die Zeit im Krankenhaus einen Namen gegeben hätten. Auch auf unserer Namensliste stand dieser Name ganz oben. Das konnte kein Zufall sein.

So hatten wir eine Tochter, von heute auf morgen.

Als Judit die Kleine das erste Mal wickelte, waren es berührende Momente. Ich wollte sie ebenfalls in meine Arme nehmen. Aber wie? Würde sie mir nicht vom Schoß fallen? Wir versuchten es zunächst anders: Judit fixierte meine Schienen und ich stand, an den Wickeltisch gelehnt, auf. Dann legte sie eine Decke vor mich hin und gab mir Katharina in den Arm. Ein unbeschreiblich schönes Gefühl, die eigene Tochter das erste Mal in Händen zu halten!

Tags darauf versuchte ich sie im Rollstuhl sitzend zu halten. Auch das funktionierte, sogar so gut, dass ich ihr das Fläschchen gab. Katharina saugte genüsslich, war aber nach zehn Millilitern fix und fertig und schlief erschöpft ein. Judit drückte Katharina an sich, da öffnete sie ein Auge und verzog die Augenbrauen, was wohl hieß: »Mama, du bist die Beste.«

Drei Tage später war es so weit: Katharina durfte das Krankenhaus verlassen, durfte endlich nach Hause zu ihren neuen Eltern. Ab sofort würden wir zu dritt in unserer Wohnung leben. Damit stellten sich natürlich viele Fragen: Würden wir jemals wieder eine Nacht ruhig durchschlafen können? Die letzte Nacht hätte ich in diesem Sinne noch in aller Ruhe genießen können, doch ich war allzu aufgeregt.

Um neun Uhr morgens führte uns Schwester Beatrix in die höhere Kunst der Babypflege ein. Katharina wurde unter einer Wärmelampe ausgezogen und in einer kleinen Wanne gebadet. Die kleinen, zarten Hände und Füße, alles wirkte so zerbrechlich und ich wollte mehrmals einschreiten, als ich sah, mit welch festen Griffen die Schwester unser Kind anpackte. Katharina zeigte sich gegenüber dem Wasser zunächst sichtlich skeptisch, worüber ich lächeln musste. Ganz meine Tochter! Und wie ich nach dem Schwimmen hatte auch sie nach dem feuchtfröhlichen Erlebnis mächtig Hunger. Nach sieben Milliliter fielen ihr allerdings wieder vor Anstrengung die Augen zu. Dann wurde sie eingepackt und ab nach Hause. Dort angekommen stellte sich uns die Frage, wie wir das mit dem Aussteigen organisieren sollten. Half Judit zuerst mir oder Katharina? Ich ließ sie frei entscheiden – und die Wahl fiel auf Katharina. Ja, wir mussten uns jetzt die knappen Pflegeressourcen des Hauses teilen!

Als Erstes zeigten wir Katharina ihr neues Zuhause. Wo sie schlief, wo wir – vielleicht – schliefen, wo wir aufs Klo gingen, wo sie gewickelt werden und wo sie später mal fernsehen würde. Was Judit sofort ärgerlich kommentierte: »Fernsehen wird sie noch lange nicht – und der Vater als pädagogisches Vorbild auch nicht.«

Nach ihrem ersten Fläschchen zuhause legten wir Katharina in den historischen Stubenwagen von Tante Ida, den sie eigens vom Dachboden geholt hatte und in dem schon ganze Generationen geschlafen hatten. Also ein etwas durchgelegener, leicht klappriger Schlafplatz, aber Katharina schlummerte selig. Wir standen davor und mutmaßten flüsternd, was wohl einmal aus ihr werden würde, während sich ihr Mund zu einem Grinsen formte. Engelslächeln, hatte ich einmal in einem Buch gelesen.

Ich hatte mir Urlaub genommen, um mein Vaterglück entsprechend genießen zu können. Aus der ursprünglich geplanten beschaulichen Zeit wurde ein richtiger Abenteuerurlaub. Katharina schaffte es, unseren Lebensrhythmus völlig umzukrempeln.

Zum Glück kam die Mutter von Judit, Marialuise Marte, täglich zu uns. Sie hatte selbst drei Kinder aufgezogen und stand uns mit Rat und Tat zur Seite. Sie führte Katharina im Kinderwagen spazieren, kochte und bügelte nebenbei den Riesenberg an Wäsche. Ihre Hilfe war uns auch in den nächsten Jahren unentbehrlich.

Katharina kannte anfangs keinen Tag und keine Nacht, für sie teilte sich das Leben in mehr oder weniger kürzere oder längere Drei-Stunden-Intervalle. Dann brauchte sie immer etwas zu essen und das bitte *subito presto*. In einem dieser klugen Fachbücher hatte ich gelesen, wie Eltern auf das nächtliche Schreien ihrer Kinder reagieren. Zunächst tun beide so, als würden sie nichts hören. Dann wartet ein Partner

Liebenswürdige Kopfwäsche

(zumeist der Vater), bis der andere Partner sich anschickt, aufzustehen. Jetzt heißt es für den noch im Bett liegenden Partner ein bisschen warten – bis nämlich der (zumeist aber die) Partner(in) vollständig und damit unwiderruflich aus dem Bett gestiegen ist. Dann tut der noch im Bett liegende Partner so, als hätte er gerade das schreiende Kind wahrgenommen, und sagt aufopfernd: »Schatz, soll ich gehen?«

190

Bei uns gab es natürlich keine Diskussionen, wer gehen sollte. Denn eines war klar: Falls ich, dann hätte Judit erst einmal mich anziehen müssen. Der Mehraufwand wäre so ungleich größer gewesen, dass es mir leichtfiel, immer wenn Katharina sich rührte, Judit anzustoßen und zu sagen: »Schätzle, soll ich gehen?«

Behindert sein kann also auch seine Vorteile haben. In anderer Beziehung traten aber neue Schwierigkeiten auf. Wer bekam von Judit sein Fläschchen zuerst? Die ausgehungert schreiende Katharina? Oder der Vater mit der übervollen Blase, der diese dringendst in sein (Urin-) Fläschchen entleeren musste? Nur so viel sei verraten: Die Entscheidung war nicht immer die richtige.

Sogar das Fernsehen lässt sich umstimmen

Die Bundesregierung hatte eine neue Beschäftigungsoffensive für behinderte Menschen gestartet. Gefragt waren Projekte, welche die Integration von behinderten Menschen am Arbeitsmarkt fördern sollten. Da kam mir wieder mein lang gehegtes Projekt, eine Journalismusausbildung für behinderte Menschen, in den Sinn. Ich besprach die Idee mit einem Freund aus dem Sozialministerium, der meinem Vorhaben gute Finanzierungschancen einräumte. Zuerst musste allerdings der ORF überzeugt und als Kooperationspartner gewonnen werden.

In der zuständigen ORF-Abteilung, dem Human Ressource Center (damals BAF, Berufsaus- und -fortbildung), hatte man jedoch starke Vorbehalte: War der Journalismus wirklich etwas für behinderte Menschen? War ein Rollstuhl fahrender Journalist mobil genug, um von einer Pressekonferenz zur anderen zu hetzen und gleich danach im Studio die Sendung zu produzieren? Wie sollte ein blinder ORF-Mitarbeiter Interviewfragen oder Texte lesen? Ein blinder Fernsehreporter war ohnehin unmöglich. Und gehörlose Journalisten? »Für kommunikationsbeeinträchtigte Menschen ist ein Kommunikationsberuf wohl nicht die richtige Berufswahl«, lauteten die Argumente der BAF-Leiterin. Trotzdem konnte sie der Idee etwas abgewinnen und versprach, Redaktionen am Küniglberg für das Projekt zu gewinnen. Im Rahmen einer Lehrredaktion sollten die behinderten TeilnehmerInnen in den Redaktionen mitarbeiten und parallel dazu durch Kurse theoretisches Grundwissen erwerben.

Drei Wochen später gab es eine schlechte Nachricht: Keine der Redaktionen sah sich imstande, einen Lehrplatz anzubieten. Man sei durch die Produktionen und den journalistischen Alltag zu sehr gefordert. Es gebe keinen Spielraum und keine Zeit, um jemanden dabei »mitzuschleppen«. Einzig die Radioredaktion der Mittelwelle 1476 unter der Leitung von Rainer Rosenberg war zur Mitarbeit bereit.

So sehr mir die Mittelwelle und die Behindertensendung »Freak Radio« gefielen, mir missfiel die Einschränkung des Projekts auf ein

Radioprogramm. Das gab es ohnehin schon. Meiner Meinung nach war es an der Zeit, auch die Fernsehredaktion für das Thema zu sensibilisieren. Beispiele aus dem Ausland gab es genug. So gab es im britischen und im deutschen Fernsehen ein Magazin, das von und für gehörlose Menschen produziert wurde. Ich fand die Idee faszinierend, dass ein gehörloser Reporter in Gebärdensprache einen hörenden Interviewpartner befragte. Der Dolmetscher übersetzte die Gebärden in die Lautsprache und umgekehrt. Es würde in den Medien ein völlig anderes Bild von behinderten Menschen entstehen, wenn selbst betroffene Journalisten es gestalteten. Beispielgebend war für mich auch die BBC, in der es im Vorabendprogramm ein unterhaltsames und selbstironisches »Behindertenmagazin« gab. Den Leiter der Sendung hatte ich auf einer Tagung in Holland kennengelernt. Er war selbst blind und produzierte Fernsehsendungen, die sich durch ironischen Witz auszeichneten. Warum sollte so etwas nicht auch in Österreich möglich sein?

Doch vom ORF hieß es: entweder bei dem Radioprojekt mitmachen oder gar nicht. Ich entschied mich für »gar nicht«. In diesem Fall zahlte sich meine Sturheit aus, denn plötzlich waren die ORF-Verantwortlichen wieder gesprächsbereit. Ganz einfach vom Tisch wischen konnte man das Vorhaben offenbar doch nicht, also wollte man mit einer »Goodwill-Aktion« dem Projekt eine Chance geben. So wurde ein Termin für ein ORF-Auswahlverfahren für interessierte behinderte Menschen fixiert. Ich bewarb diese Möglichkeit im Internet, worauf sich erstaunlich viele Interessenten meldeten.

Am Tag des Auswahlverfahrens rollten und hüpften an die dreißig Bewerber in das ORF-Zentrum am Küniglberg. Das Human Ressource Center hatte sich gut vorbereitet: Die Fragen und Aufgaben gab es auch in Blindenschrift zu lesen und ORF-Redakteure stellten sich als Assistenten zur Verfügung, um für Personen, die nicht selbst schreiben konnten, die Antworten auf Papier festzuhalten. Gefragt war nicht nur Allgemeinwissen, sondern auch, wie man ein Thema für eine bestimmte Sendungsform aufbereiten könnte. Mit Spannung wurden die Ergebnisse erwartet. Zwei Bewerber hatten den Test zur Gänze bestanden, bei fast allen anderen zeigte sich großes Potenzial für den

Journalismus. Diese positiven Ergebnisse und die direkte Begegnung mit den jungen, hoch motivierten behinderten Bewerbern führten zur Realisierung des Projekts »Integrativer Journalismuslehrgang«. Projektträger war der Verein »Integration Österreich«; der ORF und der Zeitungsherausgeberverband beteiligten sich als Kooperationspartner. Die Kurseinheiten fanden in den Vereinsräumlichkeiten von Integration Österreich statt.

Leben mit Katheter

Beinahe täglich verließ ich nun gegen sechzehn Uhr mein Büro im Ministerium und machte mich auf den Weg zum Journalismuslehrgang. Unterwegs war ich immer in meinem neuen Elektrorollstuhl, der das frühere Modell ersetzt hatte. An der Rückenlehne war ein kleiner roter Rucksack befestigt; darin befanden sich nicht nur der Kalender, das Handy und Unterlagen, sondern auch ein wichtiges Utensil: die Urinflasche. Ich spürte immer sehr spät, dass ich auf die Toilette musste. Die gab es unterwegs aber meist nicht. Aber ich hatte ja mein eigenes WC im Rucksack. Es stellte für die Assistentin immer eine besondere Herausforderung dar, geistesgegenwärtig einen Platz zu finden, wo ich aufstehen und mich festhalten konnte. Mal war es ein Fenstersims, mal eine Kühlerhaube, mal ein Treppengeländer in der U-Bahn-Station. Sobald ich stand, öffnete die Assistentin den Hosenschlitz, Hose runter, Urinflasche hinhalten – große Erleichterung. Die Passanten sahen meist betreten zur Seite. Anfangs war mir dies auch sehr unangenehm, mit der Zeit aber entwickelte sich ein »Wurstigkeitsgefühl«. Einmal aber gab es ein einschneidendes Erlebnis in einer U-Bahn-Station, das mir doch peinlich war. Ich stand beim U-Bahn-Aufgang und hielt mich am Treppengeländer fest. Als ich gerade mein »Geschäft« erledigen wollte, kamen ganze Scharen von Volksschulkindern die Treppe herunter. Die Assistentin hielt mit einer Hand die Urinflasche, mit der anderen versuchte sie durch meine Jacke alles zu verhüllen. Da rief ein Lehrer laut: »Geradeaus schauen! Da gibt es nichts zu sehen!« Aber die Kinder waren anderer Meinung.

Die Blase machte mir zunehmend zu schaffen. Mal musste ich so spontan und schnell auf die Toilette, dass es unmöglich war, einen geeigneten Ort zu finden und die Urinflasche in Position zu bringen, ein anderes Mal füllte sich die Blase so stark, dass sie sich nicht mehr entleeren ließ. Das geschah meist abends, wenn ich viel getrunken hatte. Dann kniete ich mit angespanntem Bauch vor dem Bett und presste einen Tropfen nach dem anderen in die Flasche. Erst wenn sich die

Blase etwas entleert hatte, konnte sie sich entspannen und »rauslassen«. Diese Prozedur dauerte oft eine Stunde und länger.

Bei einem Treffen der »Arbeitsgruppe behinderte Menschen und Medien« im Verein »Integration Österreich« musste ich wieder einmal plötzlich und schnell auf die Toilette. Da saß ich dann und hatte ein Problem: Die Blase ließ sich nicht entleeren. Mit voller Blase einfach aufstehen und weitermachen ging auch nicht. Verzweifelt entschuldigte ich mich bei den Teilnehmern der Arbeitsgruppe und rief Judit an, die mit mir in das nahe gelegene Franz-Josefs-Spital fuhr. Dort rammte mir zum ersten Mal in meinem Leben ein Arzt einen Katheter in die Blase. Zuerst kam zu meinem Entsetzen nur Blut, dann folgte die ersehnte Erleichterung. »Na, ordentlich«, meinte der Arzt, »immerhin ein Liter.« Glücklich, dass meine Blase wieder funktionierte, fuhren wir nach Hause.

Eine Woche später waren die PR-Chefin der Caritas-Zentrale und ihre Stellvertreterin bei uns zuhause, um mit mir eine Imagekampagne zum »Europäischen Jahr behinderter Menschen« 2003 zu diskutieren. Wir sahen uns die Sujets durch, als ich plötzlich aufs Klo musste. Meine Frau hatte eine eigene Technik, wenn es schnell gehen musste: Zumeist stand ich an den Tisch gelehnt vor meinem Rollstuhl; Judit packte mich von hinten unter den Achseln und zog mich, verkrampft und steif wie ich war, wie ein Brett nach hinten über den Rollstuhl. Dann kippte sie ihn auf die Hinterräder und fuhr mich durch die Wohnung zur Toilette. Dort richtete sie mich wieder auf, Hose runter, mit der Faust schnell gegen die Kniesperren der Stützapparate geschlagen, so sackte ich auf die Brille nieder. So saß ich und wartete auf die Erleichterung, die nicht kam. Wieder ging es zurück zur Besprechung. Kurz danach stellte sich neuerlich dringender Harndrang ein. Wieder packte mich Judit und es ging zurück zur Toilette. Vier- oder gar fünfmal wiederholten wir das Hin und Her zwischen Gesprächsrunde und Toilette, eine für mich äußerst peinliche Situation. Die Caritas-Mitarbeiterinnen taten so, als würde ihnen das alles nichts ausmachen. Ein richtiges Gespräch kam durch die Unterbrechungen aber nicht zustande. Schließlich zuckte Judit entschuldigend die Schultern: »Es tut mir leid, wir haben ein Problem und müssen dringend ins Krankenhaus.« Die Gesprächsrunde wurde verschoben und bald lag ich wieder auf dem Tisch im Franz-Josefs-Spital. Eine Ärztin hatte Dienst, die neuerlich katheterte, diesmal ohne Blut. Eine Urinprobe wurde entnommen. Diagnose: Harnwegsinfekt. Ich bekam Antibiotika und die Blase funktionierte wieder.

Ein halbes Jahr später hielt ich im Human Ressource Center des ORF einen Vortrag zur »Darstellung behinderter Menschen in den Medien«. Interessierte ORF-Redakteure waren mit ihren Sendungsbeiträgen zum Thema Behinderung gekommen, wir sahen gemeinsam die Filme an, es wurde angeregt analysiert und diskutiert. Das Gesprächsklima war gut, die Redakteure zeigten sich auch für Kritik offen und es zeichneten sich für alle Beteiligten profitable drei Stunden ab. Trotzdem: Ich wurde immer müder, obwohl ich einen Kaffee nach dem anderen trank, bekam Kopfschmerzen und einen trockenen Mund. Zum Glück redeten die Kursteilnehmer sehr angeregt und ich konnte mich ein wenig aus der Diskussion zurückziehen. Heimwärts fuhr ich mit dem öffentlichen Bus. Gott sei Dank war meine Assistentin mit dabei, denn ich wurde immer kraftloser. Hatte ich gar Fieber? Ich hatte. Mit vierzig Grad Körpertemperatur lag ich ermattet und schwitzend im Bett. Eine Urinprobe bestätigte die Vermutung: Harnwegsinfekt. Eine Woche lang kämpfte ich gegen das Fieber und die sommerlichen Außentemperaturen. Danach war ich noch sehr geschwächt, hatte aber doch genügend Kraft, um im Ministerium wieder meine Arbeit zu erledigen.

So konnte es nicht weitergehen, da waren Judit und ich uns einig. Wir mussten Ursachenforschung betreiben. Ein stationärer Aufenthalt im Rehabilitationszentrum Tobelbad kam da wie gelegen. Die Ärzte ordneten eine Video-Uro-Dynamik-Untersuchung an, und damit war ich der mächtigsten Person des Hauses, der gefürchteten Katheterschwester, ausgeliefert. Plötzlich hieß es: »Sofort auf die Toilette und Blase entleeren!« Wie sollte ich? Es war zehn Uhr und ich war eine Stunde zuvor auf der Toilette gewesen. Aber ich gab mir Mühe und quetschte ein paar Tropfen heraus. Von einer Schwester wurde ich entkleidet und im Bett in die Urologie gebracht, wo ich einige Minuten wartete. Die Katheterschwester lief einige Male aufgeregt vorüber, beachtete mich offenbar aber gar nicht. Dann kam sie mit einem Mann zurück, zeigte auf mich und schrie: »Da liegt die Blase und füllt sich wieder!« Mit gekonnter Präzision desinfizierte sie mit einer brennenden Flüssigkeit das Objekt der Begierde. Ein dicker Schlauch wurde eingeführt, dann die Blase mit Wasser angefüllt und langsam wieder entleert. Dazwischen wurden Röntgenbilder geschossen, welche die Katheterschwester faszinierten: »Wirklich eine schöne Blase! Hier sieht man, wie sie sich kontrahiert. Wunderschön! Vorbildhaft!« Diese Aussagen beruhigten mich. Allerdings wurde auch festgestellt, dass zu viel »Restharn« in der Blase zurückblieb. Dies, so wurde ich aufgeklärt, sei ein Nährboden für Keime und Infekte. Der Urologe riet Judit und mir, dass wir zweimal täglich kathetern sollten, damit sich die Blase völlig entleere. Judit und ich waren uns einig: »Das geht unmöglich. Das ist viel zu aufwändig.«

So lebte ich zwei Monate problemlos weiter, bis eines Tages gar nichts mehr »ging«. Ich konnte nicht mehr alleine Harn lassen. Hilfe suchend fuhren wir zu einem Spezialisten ins Rehabilitationszentrum »Weißer Hof«. Der Urologe tippte auf eine Prostataentzündung, die »Blasensperre« sei vermutlich nur vorübergehend. Um das Problem zu beheben, vereiste er mit einem Spray meinen Bauch und schnitt mit einem Skalpell ein Loch durch die Bauchdecke in die Blase. Judit, die zusah, wurde kreidebleich und kippte um. Nach diesem Eingriff hatte ich einen Bauchkatheter. Ein verschließbarer Schlauch führte direkt in die Blase. Ich jubelte: »Sehr praktisch!« Nun musste ich nicht mehr stundenlang vor dem Bett knien, sondern öffnete einfach den Schlauch und ließ es rinnen. Gegen mein Prostataleiden nahm ich sechs Wochen lang verschiedene Antibiotika. Doch das Problem der Blasensperre blieb bestehen.

Mein Bedarf an Assistenz stieg ständig. Aber woher sollte ich Assistentinnen hernehmen? In meinem Schuhgeschäft gab es diesmal keine geeignete Person. Meine Assistentin Sonja riet mir, eine Stellenanzeige zu schreiben, die sie auf der Pädagogischen Akademie aushängen würde. Lehramtsstudentinnen schienen mir eine geeignete Zielgruppe zu sein und so schrieb ich mein erstes Inserat: »Junger, dynamischer

Mann, Anfang dreißig sucht eine Assistentin. Tätigkeiten: Hilfe in der Früh beim Anziehen, Begleitung ins Büro oder bei Freizeitaktivitäten.« Lange Zeit meldete sich niemand. Dann endlich stellten sich gleich zwei Bewerberinnen vor, Cora und Lisbeth. Dankbar nahm ich sie als Assistentinnen auf. Erst Jahre später berichteten sie mir, wie sich das Vorstellungsgespräch aus ihrer Sicht dargestellt hatte. Das Inserat interessierte sie, schien ihnen aber auch etwas suspekt. Wollte dieser dreißigjährige Mann nicht etwas anderes? Cora wollte auf keinen Fall alleine dorthin gehen und bat ihre Freundin Lisbeth, sie zu begleiten. Vorsichtshalber hatten sie in der Tasche ein Messer. Auch einen Notfallsplan heckten sie aus. Sollte der Mann plötzlich aus dem Rollstuhl aufstehen und die Tür verriegeln, würde sich Cora gleich auf ihn stürzen und Lisbeth das Messer zücken. Gott sei Dank überlebte ich dieses Vorstellungsgespräch.

Der Überraschungskandidat

Eines Abends Mitte Oktober gegen neun Uhr läutete das Telefon. Judit hob ab; es war ÖVP-Generalsekretärin Rauch-Kallat, die jedoch nicht mit ihr, sondern mit mir sprechen wollte. Verwundert runzelte ich die Stirn. Die Ministerin berichtete mir, dass sie gerade aus einer Sitzung mit Bundeskanzler Wolfgang Schüssel gekommen sei, in der beschlossen wurde, dass ein Mandat auf der Bundesliste für einen »Behindertensprecher« vorgesehen sei. Die Wahl dabei sei auf mich gefallen.

Ich war völlig überrascht. Einerseits fühlte ich mich sehr geehrt über das Vertrauen, andererseits hatte ich mir noch keine Gedanken darüber gemacht, in die Politikerrolle zu schlüpfen oder bei einer Partei mitzuarbeiten. Bislang hatte ich mich parteipolitisch nicht engagiert, sondern ausschließlich in der Behindertenbewegung. Ich fragte Rauch-Kallat: »Ist euch klar, was ihr euch da einkauft? Mit der Kandidatur kann ich nicht meine Anliegen über Bord werfen. Ziele wie ein Ausbau der schulischen Integration, ein Behindertengleichstellungsgesetz, die Anerkennung der Gebärdensprache sind mir wichtig und müssten auch von der ÖVP unterstützt werden.« Wir vereinbarten, dass ich noch am selben Abend meine Forderungen und Anliegen zu Papier bringen und ihr faxen sollte. Sie würde dann intern klären, was machbar sei. Die Entscheidung über die Kandidatur müsse ich aber bis spätestens am nächsten Morgen mitteilen, da Bundeskanzler Schüssel bereits um elf Uhr in einer Pressekonferenz sein Team vorstellen werde.

Mit der abendlichen Beschaulichkeit war es vorbei. Zusammen mit Judit erarbeitete ich eine Liste meiner Positionen, die ich an Rauch-Kallat faxte. »Was sagst du? Soll ich kandidieren?«, fragte ich meine Frau. Sie war wie ich sehr unschlüssig: »Einerseits kannst du als Behindertensprecher mehr als bisher deine Ziele verwirklichen. Du musst dich nur fragen, ob du dir das antust. Abgeordneter zu sein bedeutet viel Arbeit, Stress und Ausdauer. Ob das gerade jetzt in deiner gesundheitlichen Verfassung ratsam ist?« Ich telefonierte mit Freunden und mit meinen Eltern, holte Ratschläge ein. Sie waren jedoch so unterschiedlich und vielfältig, dass ich erst recht nicht wusste, wie ich mich entscheiden sollte.

Inzwischen war ein Antwortfax von Maria Rauch-Kallat eingetroffen, in dem sie handschriftlich zu einzelnen Punkten, wie etwa dem Behindertengleichstellungsgesetz, »OK« angemerkt hatte. Bei anderen Punkten, wie dem Thema »Schulische Integration« stand: »Muss diskutiert werden.« Mir war klar, dass bei vielen Bereichen noch Diskussions- und Argumentationsbedarf bestand. Wichtig war mir die grundsätzliche Bereitschaft, sich auf diese Themen einzulassen. Natürlich war ich mir über das Risiko klar, später nicht ernst genommen zu werden. Zu diesem Bedenken meinte Rauch-Kallat später in einem Telefonat: »Die Wahl wäre nicht auf dich gefallen, wenn wir uns dem Thema nicht ernsthaft hätten widmen wollen.«

So sagte ich zu – Motto »High risk, big fun« – und sah mich am nächsten Tag bei einer Pressekonferenz mit Bundeskanzler Schüssel, Bundesministerin Gehrer und anderen wieder. Äußerlich war ich ruhig, doch in mir brodelte die Nervosität. Zwar hatte ich bereits zahlreiche öffentliche Auftritte hinter mir, doch war ich noch nie so sehr im Rampenlicht gestanden. Der Bundeskanzler und die Minister waren freundlich und empfingen mich mit offenen Armen. Aber ich kannte sie nicht, wusste nicht, was sie wirklich dachten. Durch mein Engagement in der Integrationsbewegung hatte ich mit Unterrichtsministerin Gehrer schon politische Sträuße ausgefochten. Im Vorgespräch und später in der Pressekonferenz zeigte sie jetzt aber durchaus Gesprächsbereitschaft und den Willen, auch die schulische Integration weiterzuentwickeln.

Nachdem sich die ersten Kandidaten vorgestellt hatten, kam die Reihe an mich. Ich ergriff das Mikrophon und sagte: »Ich heiße Franz-Joseph Huainigg und bin ein Kollege von Bundeskanzler Schüssel.« Allgemeines Erstaunen, fragende Blicke der anderen Kandidaten. Ich setzte fort: »Ich bin auch Kinderbuchautor.« Heiterkeit und ein Lachen des Bundeskanzlers. Ich stellte mich und meine politischen Ziele vor. Danach wurde auf der Dachterrasse der Skybar ein Gruppenfoto angefertigt, ich tief im Rollstuhl sitzend, die anderen Kandidaten um mich stehend. Ich grinse, der Einstieg ist geschafft.

Als ich auf dem Heimweg war, klingelte mein Handy. Meine Chefin im Ministerium rief mich aufgeregt an: »Franz-Joseph, kandidierst du wirklich für den Nationalrat? Ich konnte meinen Augen nicht trauen, als ich dich in den Mittags-Nachrichten gesehen habe.« Vor allem war sie verwundert, da ich mich noch nie in der ÖVP engagiert hatte. »Ein Quereinsteiger, wie er im Bilderbuch steht«, meinte sie.

»Ja, passend für einen Kinderbuchautor.«

Meine Kandidatur löste nicht nur bei meiner Chefin Verwunderung aus, sondern auch bei FreundInnen und AktivistInnen aus der Integrations- und Behindertenbewegung. In Internetforen wurde mein Einstieg in die Politik plötzlich Gegenstand von heftigen Diskussionen: Darf man oder soll man gar auf einer ÖVP-Liste kandidieren? Viele äußerten sich nicht nur kritisch, sondern mit Argumenten »unter der Gürtellinie«. Vom Darling aller mutierte ich zum neuen Feindbild schlechthin. Besonders in der Integrationsszene wurde mein politisches Engagement nicht gerne gesehen. »Ist der ÖVP-Behindertensprecher nicht auch im Vorstand von Integration Österreich?«, hieß es in einem Internetbeitrag. Der Vereinsvorstand berief eine dringliche Sitzung ein, bei der ich den anderen Mitgliedern Rede und Antwort stehen musste. Mein Argument, es sei immer unsere Forderung gewesen, dass behinderte Menschen selbst ihre Anliegen vertreten und dass man daher ein Angebot aus der Politik nicht ausschlagen dürfe, fand wenig Verständnis. Mit Beginn der Kandidatur – ich war weder gewählter Nationalratsabgeordneter noch ÖVP-Mitglied – schied ich mehr oder weniger freiwillig aus dem Vorstand von Integration Österreich aus. In einer Presseaussendung kommunizierte der Verein dieses Faktum in zwei Zeilen. Keine Rede von meinem achtjährigen ehrenamtlichen Engagement. Keine Rede von meinen zahlreichen Beiträgen in der Vereinszeitung. Keine Rede von den Projekten, die ich initiiert, konzipiert und durchgeführt habe. Meine Kollegin beim Projekt »Integrativer Journalismuslehrgang«, den ich ins Leben gerufen hatte, wollte nicht mehr mit mir zusammenarbeiten. Sie meinte: »Ich bin eine Linke und möchte nicht an der ÖVP anstreifen. Entweder du scheidest aus dem Projekt aus oder ich.« Ich blieb bis zur Nationalratswahl, unter ihrem Protest. Aus dem Vorstand auszusteigen war die eine

*Nicht jedem hält ein zukünftiger Vizekanzler persönlich
den Text zur Unterschrift hin!*

Sache, aus einem Projekt die andere. Ich glaubte, dass die Unabhängigkeit des Vereins durch meine Projektleitung nicht gefährdet sei. Bei meinen Freunden schien sich die Spreu vom Weizen zu trennen. Echte Freunde hielten zu mir, verteidigten mich und blieben unserer Freundschaft treu und opferten sie nicht einer Ideologie. Unterstützung und Verständnis bekam ich so zum Beispiel von unerwarteter Seite: der ehemalige Vorsitzende von »Integration Österreich«. Er drückte mir gegenüber sein Unverständnis für den Ausschluss aus dem Vorstand aus. Ich war ja nicht einmal Parteimitglied, er hingegen war eingetragenes SPÖ-Mitglied. Eine Tatsache, die er niemals verheimlichte und die niemanden zu stören schien. Hätte ich bei einer anderen Partei kandidiert, wären die Reaktionen wohl nicht so heftig gewesen. Die ÖVP jedoch stand bei der Behindertenbewegung im Ruf, sich nicht ausreichend für Integration, Selbstbestimmung und Gleichstellung einzusetzen.

Zum Bruch mit der Integrationsszene kam die menschliche Enttäuschung. Ich hatte mich ja nicht über Nacht verändert, war der gleiche Mensch mit denselben Anliegen geblieben. Besonders deutlich wurde mir die unterschiedliche Sichtweise meiner Person beim »Integrationsball 2002«. Ich hatte diesen Ball initiiert und einige Jahre selbst organisiert; diesmal kam ich als Gast und wollte mich aus alter Gewohnheit an den Vereinstisch setzen. Doch auf dem Weg dorthin wurde ich von einer Vereinsmitarbeiterin lächelnd abgefangen: »Wir haben einen Platz für dich reserviert.« Sie begleitete mich zum »Politikertisch«. Eine schmerzvolle Erfahrung.

Am Wahlkampf konnte ich mich kaum beteiligen. Die Hoffnung auf eine Stabilisierung meines Gesundheitszustandes war vergebens gewesen.

Ich hatte wieder hohes Fieber bekommen. Wir waren ratlos. Was sollten wir tun? Wenn es wieder ein Harnwegsinfekt war, halfen nur Antibiotika. Aber die nahm ich ohnehin schon im Überfluss. Mein Schwiegervater und meine Frau brachten mich ins Allgemeine Krankenhaus, wo ich auf der Urologie stationär aufgenommen wurde. Jeden Tag besuchten mich Judit und Katharina. Die Fröhlichkeit meiner Tochter war ansteckend. Sie krabbelte in meinem Bett herum und kannte keine Scheu vor medizinischen Apparaten oder angefüllten Harnsäcken. Wenn sie gingen, wurde ich traurig. All zu gerne wäre ich mitgegangen.

Dank noch höher dosierter Antibiotika sank das Fieber, doch die Nationalratswahl 2002 erlebte ich noch im AKH. Eine fliegende Wahlkommission kam vormittags ins Zimmer. Ein Paravent wurde aufgestellt. Während mein Bettnachbar den Wahlzettel ausfüllte, grinste er hinter der Abdeckung hervor. Wen er wohl wählte? Sicherlich nicht mich, denn er hatte sich in den Gesprächen zuvor als »deklarierter Linker« geoutet.

Mit Herzklopfen verfolgten wir die Wahlsendung um siebzehn

Uhr. Große Überraschung: Erdrutschsieg für die ÖVP. Ich konnte ein Lächeln nicht unterdrücken. Mein Bettnachbar schaute ein wenig betrübt – oder kam es mir nur so vor? Er stieg aus dem Bett und ging zu mir herüber. In der linken Hand hielt er seinen halbgefüllten Urinbeutel, während er mir die rechte Hand entgegenstreckte: »Ich gratuliere herzlich! Jetzt haben Sie eine große Aufgabe.«

Kurz danach ging die Türe auf und Judit streckte freudestrahlend ihr Gesicht durch den Spalt. »Komm, wir ziehen dich an. In der Lichtenfelsgasse gibt es eine große Wahl-Party. Da müssen wir hin!«, sagte sie.

»Dort soll ich hin?«, fragte ich verzagt, »mit meinem Urinbeutel?«

»Den verstecken wir hinten im Rucksack«, meinte Judit, die praktisch Veranlagte.

So stand ich eine Stunde später mitten unter jubelnden Menschen im Festzelt vor der ÖVP-Bundeszentrale und trank zur Feier des Tages ein Glas Sekt, der langsam durch meinen Körper wanderte und schließlich im Urinbeutel im Rucksack landete. Später traf ich Maria Rauch-Kallat und dankte ihr für die Chance, die ich durch ihren Einsatz bekommen hatte. Sie gratulierte mir herzlich und bestätigte, dass mein Mandat durch den großen Stimmenzuwachs auf alle Fälle gesichert sei.

Noch am selben Abend musste ich ins Spital zurück.

Vom Wahlerfolg profitierte auch meine Blase: War sie vorher nur eine gewöhnliche Blase gewesen, mutierte sie bei der Visite am nächsten Morgen zur »Blase des Herrn Abgeordneten« und damit zu einem »Running Gag« unter den Ärzten. An den neuen Titel musste ich mich erst gewöhnen. »Der Bauchkatheter des Herrn Abgeordneten muss jedenfalls weg«, meinte der Oberarzt, »das ist ein Herd für Infekte.« Gesagt, getan. Der praktische Bauchkatheter wurde entfernt, dafür kamen fünfmal täglich zwei Pfleger, die mir mit einem Einweg-Katheter die Blase entleerten. Für das Grundproblem gab es keine Lösung. Doch mich einfach so zu entlassen wäre ein Eingeständnis gewesen, dass ich ohne Grund so lange stationär aufgenommen worden war. So wurde ich noch schnell vor der Entlassung operiert: In einer zweistündigen Operation wurde die Harnröhre erweitert. Motto: Hilft's nix, schadet's nix. Geholfen hat es jedenfalls nicht.

Tag, Herr Abgeordneter

Anfang Dezember durfte ich wieder nach Hause. Die Freude wurde aber schon am ersten Tag nach der Entlassung getrübt, da sich meine Blase ständig füllte. Wäre ich im Spital gewesen, hätte ich nach den Pflegern geläutet, um mich zu katheterisieren. Diesmal kam Judit. Kleines Problem: Sie hatte keine Ahnung, wie man einen Katheter setzte. Zwar hatten wir vom AKH jede Menge an sterilen Schläuchen mitbekommen, aber keine Gebrauchsanleitung. Und auch eingeschult hatte uns niemand. Tapfer nahm Judit den Katheter in die Hand, schloss die Augen und stach zu. Es brannte unangenehm, aber es kam kein erlösender Urinstrahl. Der Katheter wurde wieder herausgezogen. Ein paar Blutstropfen quollen hervor. »Noch einmal! Noch einmal!«, feuerte ich Judit an, »die Blase ist ganz voll, ich muss dringend, aber ich kann nicht.« Judit wischte sich mit dem Handschuh den Schweiß von der Stirn. »Also gut, probieren wir es noch einmal«, sagte sie, während sie den nächsten Katheter aus der Verpackung zog. Diesmal funktionierte es: große Erleichterung.

»Und das machen wir jetzt fünfmal am Tag?«, fragte Judit verzagt.

»Auch die Assistentinnen müssen das lernen«, sagte ich, »denn du kannst nicht immer bei mir sein und eine diplomierte Krankenschwester ist weder organisierbar noch bezahlbar.«

Am nächsten Tag telefonierte ich mich durch verschiedene Sozialstellen und fand heraus, dass der regionale Sozialstützpunkt in Meidling auch eine »Katheterschwester« anbot, die pflegende Angehörige in die hohe Kunst des Urinlassens einschulte. Ich vereinbarte mit der freundlichen mobilen Krankenschwester einen Termin. An der Einschulung nahmen nicht nur Judit teil, sondern auch meine drei Assistentinnen. Zum Glück sahen sie die neue Aufgabe als Herausforderung und übten fleißig an mir. Da ich viel trinken musste, um die Blase ordentlich »durchzuspülen«, gab es für die Assistentinnen dazu reichlich Gelegenheit. Unter ihnen brach ein Wettstreit aus, wer besser und schneller katheterisierte, um den Titel »Katheter-Meisterin« zu erwerben.

Einige Tage später traf ich mich im großen Saal des ÖVP-Klubs mit dem Klubdirektor. Das erste Mal im Parlament! Natürlich verirrte ich mich sofort. Am Gang wurde ich von fremden Leuten mit »Tag, Herr Abgeordneter« begrüßt. Alle schienen mich zu kennen. Ich aber kannte niemanden.

Das Gespräch mit dem Klubdirektor war freundschaftlich und sachlich. Unsicherheit war auch auf seiner Seite spürbar. »Was brauchst du?«, fragte er mich. Genau wusste ich es auch nicht, da ich keine Ahnung hatte, wie der Arbeitsalltag eines Abgeordneten aussah. Zunächst benötigte ich für mich und meine parlamentarische Mitarbeiterin ein Büro. »Die parlamentarischen Mitarbeiter sitzen in einem anderen Gebäude. Wahrscheinlich wäre es für dich praktischer, wenn sie gleich im Parlament ein Büro bekommt«, meinte der Klubdirektor und überlegte weiter: »Ein Büro mit einem Behinderten-WC in der Nähe. Da muss ich noch nachdenken, aber wir werden eines finden.« Im Plenarsaal würde ich einen Sitzplatz in der letzten Reihe bekommen: »Dort kann man mit dem Rollstuhl problemlos hinfahren. Alle anderen Sitzplätze sind nur über Stufen erreichbar.« Ich hatte nichts dagegen, ein »Hinterbänkler« zu werden. »Von hinten hat man sicher einen guten Überblick über das Plenum«, lächelte ich. Dann erkundigte ich mich, wie ich zum Rednerpult kommen würde. »Das ist auch kein Problem«, meinte der Klubdirektor, »es gibt einen Treppenlift auf der Seite, mit dem auch die Abgeordnete der Grünen im Rollstuhl hinunterfährt.«

Das vordringlichste Problem war aber die erste Klubsitzung, die in der folgenden Woche anstand. »Ich habe da ein Problem«, begann ich zögernd. Wie sollte ich es ansprechen? »Ja, bitte«, meinte der Klubdirektor aufmunternd, »du kannst mir alles sagen.« Da erzählte ich von meiner Blase und dass ich regelmäßig katheterisiert werden müsse. »Das ist im Rollstuhl nicht möglich. Ich benötige eine Couch, auf die ich mich hinlegen muss.«

»Das werden wir organisieren«, versprach der Klubdirektor, offensichtlich erleichtert. Er mochte sich gröbere Probleme erwartet haben.

Ich war ziemlich nervös, als ich mich in der Klubsitzung als neuer Abgeordneter vorstellen sollte. Dummerweise wartete die Assistentin vor dem Klubsaal und konnte mir nicht das Mikrophon hinhalten. Ich sah mich etwas hilflos um, es entstand eine Pause. Es war mucksmäuschenstill im Saal, alle neunundsiebzig Abgeordneten erstarrten auf ihren Sesseln und blickten mich erwartungsvoll an. Endlich ergriff mein Sitznachbar das Mikrophon und hielt es mir an den Mund. »Ich bin Franz-Joseph, sechsunddreißig Jahre, Medienpädagoge, Kinderbuchautor und spiele Kabarett – jetzt auch im Parlament«, sagte ich mit leiser Stimme. Alle lachten und die angespannte Atmosphäre war gebrochen.

Die Klubsitzung dauerte drei Stunden. Natürlich musste ich zwischendurch einmal auf die Toilette, aber dafür hatte der Klubdirektor vorgesorgt. In einem Sitzungssaal, dem Lokal IV, war eine große, schwarze Ledercouch aufgestellt worden. Die Assistentin legte mich darauf und setzte einen Katheter. Später erfuhr ich, dass die Couch ein historisches Stück war und sonst im Büro von Nationalratspräsident Andreas Khol stand.

Am 20. Dezember 2002 wurde ich im Parlament als Abgeordneter zum Nationalrat angelobt. Ein feierlicher Moment. Ein Anzug hätte nicht zu mir gepasst oder besser gesagt: Er hätte mir nicht gepasst, denn durch die spastischen Hände war es mir nahezu unmöglich, in ein Sakko zu schlüpfen. So zog mir meine Frau eine schwarze Wollweste an. Die üblichen blauen Jeans hatte ich durch dezent schwarze ersetzt. Ein Kompromiss.

Nach der Angelobung lud Bundespräsident Klestil zum Empfang in die Hofburg und gratulierte allen Abgeordneten. Schließlich schritt er auch auf mich zu, beugte sich tief zu mir herab, umschloss fürsorglich mit beiden Händen meine rechte Hand und meinte: »Ich wünsche ein frohes Weihnachtsfest – wenn es überhaupt geht.« Warum soll das nicht gehen, dachte ich mir, nur weil man im Rollstuhl sitzt? Bevor ich etwas entgegnen konnte, war der Bundespräsident schon wieder entschwunden. Zurück blieb Ärger über das präsidiale Mitleid, auf das ich gerne verzichtet hätte.

Ein Rückschlag

Doch vielleicht hatte aus Klestil doch höhere Weisheit gesprochen, denn Weihnachten begann mit einem unerwarteten Gesundheitseinbruch. Von einem Tag auf den anderen war mein Körper vollständig gelähmt. Ich konnte meine Arme nicht mehr bewegen, mit denen ich zuvor noch schreiben, trinken oder essen konnte, am Computer tippte oder Auto fuhr. Auch meine Stimme versagte, die Atmung funktionierte schlecht und Schlucken fiel mir schwer. Schließlich landete ich auf der Neurologischen Station des Allgemeinen Krankenhauses. Man diagnostizierte eine Entzündung des Rückenmarks in der Halswirbelsäule, die mit Cortison-Infusionen behandelt wurde.

Am Wochenende kamen meine Eltern aus Kärnten auf Besuch. Besorgt und von Judit über meinen schlechten Gesundheitszustand alarmiert, eilten sie an mein Krankenbett. Ihre schlimmen Erwartungen wurden noch übertroffen: Ich lag mit einem sterbenden Mann im Zimmer. Unsere Überwachungsmonitore schrillten abwechselnd, weil irgendein Grenzwert überschritten worden war.

Mit dem Tod haben sich Ärzte oft wenig auseinandergesetzt. Das Sterben im Krankenhaus kann durch den falschen Einsatz aller schulmedizinischen Möglichkeiten problematisch sein. Das musste ich jetzt an meinem Bettnachbarn, einem sehr alten Mann erleben, der seit über drei Monaten im Sterben lag. Wenn seine Monitore piepsten, kamen wieder neue Maschinen und Medikamente zum Einsatz. Die Verwandten kamen und weinten. Der Mann war nicht mehr ansprechbar und stöhnte. Vielleicht hatte er Schmerzen, vielleicht wollte er nicht mehr leben. Im medizinisch hoch spezialisierten AKH wäre eine Hospizstation sinnvoll. Neben dem Einsatz aller medizinischen Möglichkeiten muss man auch jemanden sterben lassen und ihn oder sie dabei begleiten.

Mein Bettnachbar starb schließlich doch nachts, einsam und alleine. Nur ich lag im Nebenbett und dachte über mein Leben nach.

Ich konnte kaum reden, so schwach und schlaff war mein Körper. Trotzdem wollte ich nach Hause, nur schnell nach Hause. Die Ärzte lehnten das ab. »Zuerst muss die Cortison-Therapie zu Ende geführt werden, was eine Woche dauert«, meinte der Stationsarzt.

»Das Wundermittel kann mir auch zu Hause in die Venen tröpfeln«, argumentierte ich, »Meine Hausärztin würde mir sicher den Zugang stechen.«

»Nein, wir müssen die Wirkung des Cortisons beobachten.« Und kryptisch fügte er hinzu: »Es kann vorübergehend die Persönlichkeit verändern.«

»Haben Sie Angst, dass ich im Parlament Blödsinn rede?«, fragte ich.

Der Stationsarzt lächelte: »Das soll ja bei Politikern schon vorgekommen sein, aber diesmal wäre das AKH dafür verantwortlich und das können wir nicht riskieren.«

Mit meinen Eltern wälzte ich Erinnerungen. Noch vor fünf Monaten waren wir in Kärnten auf Urlaub gewesen und bei der Rückfahrt nach Wien war ich am Steuer meines Autos gesessen. »Jetzt undenkbar«, sagte ich traurig, »wahrscheinlich war es meine letzte große Autofahrt.«

Doch das Cortison zeigte von Tag zu Tag mehr Wirkung. Ich wurde »munterer« und beinahe euphorisch. Natürlich wollte ich jetzt erst recht nach Hause. Zu schaffen machte mir aber zunehmend die verschleimte Lunge. Besonders in der Nacht konnte ich nicht schlafen, da mir das Atmen schwerfiel. Immer wieder läutete ich nach den Pflegern, die mir auf den Rücken klopften, damit sich der Schleim löste. Richtig aufhusten konnte ich nicht. Meine Schlafstörungen waren auch durch die bedrückende Krankenhausatmosphäre bedingt. Das Zimmer war klein, ständig schrillten die Monitore, es war warm und stickig, das Fenster konnte nicht geöffnet werden.

Nach einer Woche durfte ich wieder nach Hause. Mein Körper war nicht mehr so schlaff wie bei der Einlieferung ins Krankenhaus, und teilweise kehrten auch die Krämpfe und Spasmen zurück, die ich wie alte Bekannte begrüßte. Ich hatte sie in ihrer Abwesenheit lieb gewonnen. Nichts war schlimmer als ein kraftloser Körper ohne Muskelanspannung. Die ersten beiden Wochen schlief ich im Wohnzimmer auf der Couch. Die Angst vor einer Ansteckung durch meine Tochter, die gerade unter einer Bronchitis litt, war zu groß. Die Ärzte hatten gewarnt, dass mein Immunsystem durch die Cortison-Therapie schwach sei. Wir hatten daher ein Notsystem entwickelt: Judit steckte mir vor dem Gehen mein Handy in die Hand – den linken Daumen konnte ich wieder etwas bewegen. Wenn ich in der Nacht umgelagert werden musste oder die Blase zu entleeren war, rief ich Judit an, die mit ihrem Handy unter dem Kopfpolster schlief.

Mein Name ist Franz-Joseph und es hat mich sehr gefreut

Langsam kehrte der Alltag zurück. Ich durfte wieder in mein Bett an die Seite meiner Familie übersiedeln. Noch immer sehr schwach und ständig müde, raffte ich mich dennoch dazu auf, meiner politischen Arbeit nachzugehen. Gleichzeitig motivierte mich auch die neue Herausforderung.

Zunächst brauchte ich eine parlamentarische Mitarbeiterin. Viele Bewerbungsgespräche durchzuführen, dazu war ich zu schwach, aber zum Glück hatte ich bereits bei der ersten Bewerbung ein sehr gutes Gefühl. Claudia hatte sich zwar noch nie mit dem Thema Behinderung auseinandergesetzt, aber sie schien offen und engagiert und auch menschlich schien es zu passen. Ich sagte ihr die Stelle zu, sie kam erneut, um den Vertrag zu unterzeichnen. Dabei gab es die erste Bewährungsprobe: So sehr ich mich auch anstrengte, es wollte mir nicht gelingen, eine Unterschrift unter den Vertrag zu setzen. Mir blieb nur ein verlegenes Lächeln. Claudia nahm es gelassen, dass sie einen Chef bekommen würde, der nicht einmal selbst unterschreiben konnte. Schließlich gelang es mir, ein dubioses Gekritzel auf das Papier zu malen. Mit den Worten »Unterschriften sind ja nie lesbar«, brachte ich mein Vorhaben zu Ende.

Dass ich kein ganz gewöhnlicher Politiker bin, war wohl jedem klar, der mich mit meinen dünnen Beinen und der verkrümmten Wirbelsäule im Parlament auf vier Rädern herumrollen sah. Ich stand bei Abstimmungen im Parlament nicht auf, applaudierte nicht, wenn Minister oder gar der Kanzler sprachen, trank nur mit einem Strohhalm und redete oft so leise, dass mich niemand verstand. Anfangs machte sich Unsicherheit breit. Besonders dass ich aufgrund der gelähmten Arme niemandem die Hand schütteln konnte, verwirrte meine KollegInnen, für die Händeschütteln natürlich das Ritual schlechthin ist. Bei den ersten Begegnungen streckten sie mir freundschaftlich ihre Hand entgegen, die dann hilflos in der Luft hängen blieb. Peinlich auch für mich. Ich versuchte diese Situationen mit hochgezogenen Au-

Es gibt viele Arten der Kommunikation

genbrauen und besonders freundlichem Lächeln zu überspielen. Die Botschaft kam an und bald verwandelten sich die Begrüßungszeremonien in kollegiales Schulterklopfen oder liebevolles Tippen auf meinen Handrücken. Es waren speziell die kleinen Zeichen, die mir zeigten, dass ich im Klub herzlich aufgenommen war. So gab es plötzlich auf meinem Platz Strohhalme. Darauf angesprochen, meinte die Klub-Mitarbeiterin: »Ich habe gesehen, dass Sie das brauchen.«

Die sogenannte Jungfernrede im Plenum begann ich nicht mit vielen Worten, sondern mit einer langen Pause. Langsam rollte ich über die steile Rampe Richtung Rednerpult. Neugierige Stille war dort eingekehrt, wo sonst geredet, diskutiert und mit Zeitungen geraschelt wurde. Das Mikrophon wurde abgesenkt. Ich blickte um mich, genoss kurz die volle Aufmerksamkeit des österreichischen Parlamentarismus,

dann holte ich tief Luft und fragte: »Hören Sie mich?« Kräftiges Kopfnicken und Ja-Rufe aller vier Parlamentsparteien, dann ein Probe-
scherz: »Ich habe eine leise Stimme, die heute aber Gott sei Dank von
einem Gebärdensprachdolmetscher verstärkt wird.« Kurze Pause. Niemand lachte. Schade, dachte ich, über Behinderung müssen die erst
lachen lernen. Nach einer längeren Ausführung über das Behinderten-
Gleichstellungsgesetz gab es dazu die nächste Gelegenheit. Wieder kam
ich auf den Gebärdensprachdolmetscher zu sprechen, der auf meinen
Wunsch hin neben mir stand und übersetzte. »Ich beginne heute einen
kleinen Gebärdensprachkurs für Abgeordnete«, kündigte ich an und
begann mit Vokabeln wie: »Ich liebe dich«, »Budgetbegleitgesetz« oder
»Sondierungsgespräche«. »Allgemeine Heiterkeit« wurde dazu im Par-
lamentsprotokoll vermerkt. Dann wurden Namen wie Fischer, Khol,
Prinzhorn und zuletzt Pilz durch plastische Handbewegungen des
Dolmetschers dargestellt. Wieder allgemeine Heiterkeit, die ich mit
den Worten kommentierte: »Bei der Pilz-Gebärde weiß man natürlich
nicht genau, ist es ein Eierschwammerl oder ein Giftpilz.« Zuruf von
den Grünen: »Das wissen wir oft selbst nicht.« Mit den Worten »Mein
Name ist Franz-Joseph und es hat mich sehr gefreut« verabschiedete
ich mich von meiner neuen, politischen Bühne. Während ich, begleitet von Lachen und allgemeinem Applaus, die Rampe hinaufrollte,
dachte ich zufrieden: Der erste Schritt zur gesetzlichen Anerkennung
der Gebärdensprache ist getan.

»Wie geht's?«, wurde ich früher oft gefragt. Die Antwort fiel mir zunehmend schwerer. Früher hatte ich offen und ehrlich einfach gesagt:
»Danke, es rollt wunderbar« und damit verdeutlicht, dass das Leben
im Rollstuhl schön sein kann. Meine neuen KollegInnen im Parlament
bekamen von mir aber immer nur »danke, leider nicht so gut« oder »so
lala« zu hören. Die Reaktionen waren dementsprechend: »Ich finde
dich bewundernswert«, »Schön, dass es dich gibt, du bist unser Schutzengel« oder: »Dass du dir das antust!« Zu verdeutlichen, dass man zwar
unter einer Krankheit leidet, nicht aber an der Behinderung, ist ein
schwieriges und bislang ungelöstes Problem.

Aktuelle Parlamentserlebnisse warfen für mich neue Fragen auf. Im

Wirtschaftsausschuss meldete ich mich zu Wort, doch die Stimme versagte kläglich. Im Verfassungsausschuss brachte ich einen Antrag ein und musste diesen ad hoc und auf der Stelle unterschreiben. Verzweifelt sah ich mich nach meiner parlamentarischen Mitarbeiterin um, die mir den Kugelschreiber irgendwie zwischen die Finger klemmte, sodass ich ein paar Striche auf dem Papier hinterlassen konnte. Telefonieren, lange Reden schwingen oder heftig argumentieren fiel mir zunehmend schwerer. Kann man da noch Politiker sein? Andererseits: Wer würde dem weltberühmten Wissenschafter Stephen Hawking die Fähigkeit absprechen, seiner Forschungs- und Lehrtätigkeit an der Universität nachzukommen? Hawking kann nicht reden und nur einen Finger aktiv bewegen. Damit steuert er seinen Computer, mit dem er schreibt und der anderen seine selbst verfassten Reden vorträgt. »Möglicherweise ein Zukunftsszenario für mich und das österreichische Parlament«, dachte ich. »Doch man wird sich auch daran gewöhnen. So wie es wohl noch vor Kurzem undenkbar erschien, dass eine Assistentin einem Abgeordneten bei der Abstimmung die Hand hoch hält.«

Meine Ängste, »Vorzeigebehinderter« der ÖVP zu werden, bestätigten sich nicht. Ich wurde ernst genommen und im Klub hörte man auf meine Meinung. Ich konnte bei der Beschlussfassung des Berufsausbildungsgesetzes oder bei der Verankerung des Gleichstellungsgesetzes im Koalitionsübereinkommen wichtige Akzente setzen. Und es war nicht zuletzt Wolfgang Schüssel, der Letzteres im Klub lobte und mir aufmunternd zurief: »Franz-Joseph, bleib uns auf den Fersen!«

Na klar doch. Es gab und gibt noch viel zu tun.

Am 1. 1. 2006 trat das Behindertengleichstellungsgesetz in Kraft. Aus diesem Anlass gab ich eine Pressekonferenz, in der die Eckpunkte des neuen Gesetzes öffentlich präsentiert wurden. Um das Gleichstellungsgesetz besser unter die Leute zu bringen, hatte ich mir etwas Besonderes einfallen lassen: eine »Gleichstellungsschokolade«. Die Idee kam eigentlich von Judit, die eines Abends im November 2005 beim Schokoladeessen gemeint hatte, es wäre doch eine tolle Idee, wenn es zum Gleichstellungsgesetz eine Zotter-Schokolade gäbe. Ich fand diesen Vorschlag großartig, schrieb Herrn Zotter gleich tags darauf eine Mail und bekam bald darauf die Nachricht, dass Zotter mitmachen würde. Die Schokolade sollte »Barrierefreiheit schmeckt!« heißen und Leute auf den Geschmack bringen, bei der Umsetzung von Barrierefreiheit mitzuhelfen. In den nächsten Monaten verschickte ich die Schokolade an Politiker, Journalisten, Kirchenvertreter, Firmen und andere Entscheidungsträger. Es war eine gute Möglichkeit, alle auf das neue Gesetz und dessen Intention hinzuweisen sowie beim süßen Genuss darüber nachzudenken, was jeder in seinem Lebensumfeld zur Gleichstellung behinderter Menschen beitragen könnte. Die Reaktionen waren unterschiedlich. Viele zeigten sich von der Süßigkeit positiv überrascht, dankten für die Information und versprachen eine Umsetzung in ihrem Zuständigkeitsbereich. Lediglich von Behindertenvertretern kam Kritik. Es hieß: »Mit einer Schokolade kann man die Welt nicht barrierefrei verändern.« Ich bin jedoch davon überzeugt, dass ein Gesetz nur so gut sein kann, wie es von den Menschen angenommen und gelebt wird.

So organisierte ich im Frühjahr 2006 im ÖVP-Klub drei Gleichstellungsdialoge mit unterschiedlichen Schwerpunkten, in denen ich mit behinderten Menschen und Experten die Umsetzung der Gleichstellung diskutierte. Im April startete der erste Dialog zum Thema Zukunft: Wie soll Österreich im Jahr 2020 aus der Sicht behinderter Menschen aussehen? Ist im Jahr 2020 die barrierefreie Inklusionsgesellschaft (also die von vornherein bestehende, selbstverständliche, gleichberechtigte Teilhabe von behinderten Menschen in allen Lebensbereichen im Unterschied zu bloßer Integration, die nur auf eine nachträgliche Eingliederung von zuvor Ausgesonderten abzielt) Realität? In der Inklusionsgesellschaft ist keine Integration mehr notwendig, weil keine Aussonderung mehr existiert.

Der zweite Gleichstellungsdialog befasste sich mit dem Thema »Der unsichtbare Bürger«. Die Europäische Kommission hatte 1994 behinderte Menschen als »unsichtbare Bürger« dargestellt, da sie weder im Gesellschaftsleben noch im Straßenbild oder in den Gesetzen vorkamen. In den letzten zehn Jahren ist es in Österreich gelungen, durch die Schulintegration, den Einsatz neuer Technologien, die Beschäftigungsoffensive und zuletzt durch das Behindertengleichstellungsgesetz die Betroffenen in Schule, Beruf und Freizeit sichtbarer zu machen. Behinderte Menschen sind heute Kunden, Arbeitskollegen und Unternehmer. Welche Anforderungen werden jetzt an eine »barrierefreie Gemeinde« gestellt? Wie sieht ein zugänglicher Betrieb aus? Wo beginnt Barrierefreiheit und wie soll sie umgesetzt werden? Im dritten Gleichstellungsdialog hieß es: »Was kann das österreichische Schulsystem von der Integration lernen?« Durch die Herausforderung, behinderte Kinder zu integrieren, müssen wir das System Schule und die Arbeitswelt weiterentwickeln. Davon profitieren letzlich alle Kinder und Jugendlichen. Wie funktioniert die integrative Berufsausbildung und welche Auswirkungen hat sie auf die Berufsschule und Lehrlingsausbildung? Wie kann ein »teilqualifizierter« Unterricht in den berufsbildenden Schulen aussehen? Welche Rahmenbedingungen müssen gesetzt werden, um den Übergang von der Schule in den Arbeitsmarkt zu gewährleisten? Es sollten wichtige Fragestellungen zur Weiterentwicklung der schulischen Integration und zum Übergang in die Berufswelt erörtert werden.

Ich will leben!

Meine Sehstörungen, die sich erstmals im Sommer 2003 bemerkbar gemacht hatten, waren 2004 wiedergekommen. Eines Morgens bat ich Nina, die eben als Assistentin bei mir zu arbeiten begonnen hatte, mir die Brille zu putzen. Als ich sie aufsetzte, sah ich alles durch einen Schleier. Ich sagte verärgert: »Bitte putz die Brille noch einmal!« Doch auch nach der zweiten Reinigung sah ich nicht besser. Es lag nicht an Ninas Putzkünsten und nicht an den Brillengläsern: Meine Augen funktionierten nicht mehr richtig. Entsetzt war ich auch, als ich eines Tages am Esstisch Katharinas Gesicht nicht mehr erkannte, die mir am Tisch gegenübersaß. Das konnte nicht sein! Das durfte nicht sein!

Ich ließ meine Augen von verschiedenen Augenärzten untersuchen. »Vermutlich eine Entzündung der Sehnerven«, hieß es. Möglicherweise würde eine Cortison-Therapie die Entzündung hemmen. Da sich der Sehschleier aber 2003 kurz nach einer Cortisontherapie das erste Mal bemerkbar gemacht hatte, schien mir die Erfolgsaussicht gering und ich verzichtete auf diese massive Therapie. Es blieb die Hoffnung, dass die Entzündung von selbst abklingen und ich wieder normal sehen würde.

Dass ich keine Texte mehr lesen konnte, war für mich ein schwerer Schlag. Nicht mehr lesen zu können konnte ich mir anfangs nicht vorstellen. Vor allem vermisste ich die Möglichkeit, Vorhaben oder den Aufbau von Reden in Stichwortzetteln festzuhalten. Nun war ich gezwungen, mir vieles zu merken, was nicht einfach war und mich sehr belastete. Der Druck, ja nichts zu vergessen, erschwerte meine Arbeit und mein Leben. Bei Plenarreden war ich herausgefordert, frei zu reden. Die Assistentin musste mir immer wieder den geschriebenen Text vorlesen und ich versuchte mir Redebeitrag und -aufbau einzuprägen. Dabei profitierte ich von meinen Erfahrungen als Kabarettist: Auch damals hatte ich mir Texte einprägen und frei vortragen müssen. Die Anstrengung machte sich bezahlt: Meine freien Redebeiträge wirkten überzeugend und selbstsicher.

Im Frühjahr 2006 lautete die endgültige Diagnose der Augenärz-

Die Familie gibt mir Halt

te: Die Sehnerven sind nicht mehr entzündet, aber stark geschädigt. Irreparabel geschädigt. Ich musste mich auf ein Leben im Nebel einstellen.

Zur selben Zeit verschlechterte sich mein Gesundheitszustand auch sonst dramatisch. Ich war ständig erschöpft und müde. Dazu kamen laufend Infekte der Lunge mit Fieberschüben. Fast monatlich musste ich Antibiotika nehmen, was wiederum meinem Magen zusetzte. Durch die verschleimten Lungenflügel verbrachte ich schlaflose Nächte, in denen ich nach Luft rang, tagsüber mussten mich die Assistentinnen und nächtens Judit mehrmals »ausklopfen«. Dazu wurde ich auf die Couch gelegt und von dort über die Knie der Assistentin in Bauchlage über die Kante der Couch gezogen. Der Oberkörper und der Kopf mussten nach unten hängen, damit der Schleim von selbst nach unten rann. Dann klopften mir Judit oder die Assistentin minutenlang auf den Rücken, während ich »Fester, fester!« rief. Besonders an einer Stelle, wo sich offenbar der Schleim in der Lunge angesammelt hatte, bekam ich durch das heftige Klopfen blaue Flecken. Wenn ich im Rollstuhl unterwegs war und durch den Schleim keine Luft mehr bekam, rief ich der Assistentin zu: »Aufhusten!« Da ich selbst nicht genug Luft holen konnte, musste mich die Assistentin in die Höhe heben, wodurch sich die Lunge mit Luft füllte, und danach ruckartig in den Sessel zurückfallen lassen. So wurde die Luft aus der Lunge gepresst und damit auch der Schleim.

Diese Infekte erschwerten mein Leben zusätzlich und ermüdeten mich. »Ich sollte meine Arbeit reduzieren. Sie kostet zu viel Energie«, dachte ich mir. Als ich mich einmal im Unterrichtsausschuss zu Wort meldete, weil ich eine mir wichtige Sache kommunizieren wollte, verstand mich niemand. Und das trotz eingeschaltetem Mikrophon, das mir die Assistentin ganz dicht an den Mund hielt.

Ich reduzierte meine Termine auf das Notwendigste. An Plenartagen verschwand ich, so oft ich konnte, in mein Büro und lag schlaff und schwitzend auf der Couch. Wahrscheinlich hatten mich auch die Gleichstellungsdialoge zu sehr angestrengt. Einen geplanten vierten Dialog musste ich deshalb absagen und auf den Herbst verschieben.

Das Parlamentsjahr endete Mitte Juli. Den Abschluss bildete für mich noch eine Rede im Plenum, kürzer als geplant, da ich so leise und abgehackt sprach, dass meine Kollegen mich nur mit Mühe verstehen konnten. Von einem Aufenthalt in Kärnten erhoffte ich mir die notwendige Erholung. Einfach nichts tun, schlafen und ausspannen, um im Herbst gestärkt den Wahlkampf zu bestreiten. In diesem Wahlkampf wollte ich mich im Gegensatz zum vorherigen mit meinen Inhalten einbringen.

Ursprünglich war ein zweigeteilter Urlaub geplant: eine Woche Kroatien, zwei Wochen Kärnten. Die Reise nach Kroatien sagten wir kurzerhand ab: Ich war zu erschöpft, um eine so lange Fahrt durchstehen zu können. Jede meiner Tätigkeiten strengte mich sehr an und ich schwitzte ständig. So fuhren wir direkt zu meinen Eltern nach Kärnten an den Millstätter See. Ich schlief viel, entweder im Bett oder auf der Liege im Garten. Aber es war wie verhext: Je mehr ich schlief, desto müder fühlte ich mich. Zudem hatte ich Probleme, genügend Luft zu bekommen. Judit meinte, dass mir möglicherweise ein Höhenunterschied gut täte. So fuhren wir mit unserem Renault-Bus steil bergauf auf die Millstätter Alpe. Während ich mit der Assistentin Enila bei einem Bauernhof saß und ein Käsebrot verzehrte, unternahmen Judit und Katharina eine kleine Wanderung. Katharina hatte viel zu erzählen, als sie zurückkehrte: »Weißt du, Papa, ich habe einen Schmetterling getroffen. Er hat sich bei mir auf den Pullover gesetzt. Und weißt du was? Er wollte gar nicht mehr wegfliegen. So lange ist er bei mir gesessen …«

Ich lachte. Es war schön, von der eigenen Tochter solche Geschichten erzählt zu bekommen.

Während wir uns mit einer Preiselbeer-Palatschinke stärkten, wurde mir plötzlich schwindlig und ich hatte das Gefühl, keine Luft mehr zu bekommen. »Wir müssen vom Berg runter!«, stöhnte ich mit letzter Kraft. So schnell sie konnte, fuhr Judit die kurvige Bergstraße bergabwärts; ich fühlte mich elend, schwitzte und atmete schwer. Unten ging es mir etwas besser und ich konnte wieder atmen.

Der Urlaub hatte nicht die erhoffte Erholung gebracht. Im Gegenteil, ich schien erschöpfter als vorher. Wenn ich redete, verstand mich kaum jemand. Das Essen strengte mich so an, dass ich mich gleich nach dem Frühstück wieder auf die Couch legen musste. Gleichzeitig tobte der Höhepunkt des Wahlkampfes. Das Thema »Pflege« beherrschte die Medien. Ein Thema, bei dem ich mitreden sollte, aber nicht konnte. Bundeskanzler Schüssel hatte die ehemalige Landeshauptfrau Waltraud Klasnic als Leiterin einer Arbeitsgruppe eingesetzt. Das Thema »Pflege« wurde von der Lebenssituation älterer Menschen dominiert, doch meiner Meinung nach hätten auch die Anliegen behinderter Menschen in dieser Arbeitsgruppe dringend behandelt werden sollen. So initiierte ich zusammen mit Klasnic den vierten Gleichstellungsdialog zum Thema Pflege und Assistenz. Um die Anforderungen und die Erwartungen an das Pflegesystem von Menschen mit Behinderung umfassend zu diskutieren und neue Wege zu beschreiten, lud ich fünfundzwanzig VertreterInnen von Behindertenverbänden und Vereinen sowie die Träger von Wohlfahrtsorganisationen und betroffene Menschen mit Behinderung ins Parlament ein. Unter der Moderation von Waltraud Klasnic wurde das Modell Persönliche Assistenz vorgestellt. Themen wie das Leben in Großheimen, die Pflege durch ausländische Fachkräfte oder das Altwerden von Menschen mit Lernbehinderungen wurden diskutiert.

Als Einladender musste ich ein einführendes Statement abgeben. War ich dazu noch in der Lage? Ich beriet mich mit Judit. Sie riet mir, einen Begrüßungstext zu verfassen, den meine Assistentin Nina vorlesen sollte. Sie schreckte kurz vor dieser Aufgabe zurück, erklärte sich dann jedoch dazu bereit.

Die Beteiligung am Gespräch war sehr rege. Nina hielt mir das Funkmikrophon nahe an den Mund. Ich begrüßte die TeilnehmerInnen und wollte eben an Nina übergeben, da dachte ich: »Du schaffst das selbst!«, und gab selbst mein Statement ab. Die mitleidigen und fragenden Blicke der Teilnehmer bemerkte ich aufgrund meiner Sehschwäche nicht. Sie verstanden kaum ein Wort. Aber das erfuhr ich erst später.

Nach dem Dialog verzog ich mich schnell, zu erschöpft, um mit den Teilnehmern lange Gespräche zu führen. Ein Jahr später erzählte mir ein Teilnehmer, dass er sich damals sehr um meinen Gesundheitszustand gesorgt habe. »Lange schafft der das nicht mehr!«

»Ich bekomme keine Luft mehr!«, jammerte ich am Abend im Bett. Judit war verzweifelt und wusste nicht, was sie tun sollte. Ich machte ihr die Entscheidung auch nicht leichter: »Du kannst alles machen, nur nicht ins Krankenhaus. Ich will nicht in ein Krankenhaus! Wahrscheinlich brauche ich wieder eine Cortison-Therapie.« Judit rief den Leiter des Neurologischen Zentrums Rosenhügel im Hietzinger Krankenhaus an, der uns aufgrund der Dringlichkeit für den nächsten Tag einen Termin gab. Zusätzlich rief sie den Hospiz-Arzt der Caritas an, der noch am selben Abend zu uns nach Hause kam. Er saß ruhig an meinem Bett, hörte sich unsere Geschichten an und meinte dann: »Wie lange sind Sie schon in diesem Zustand?« Während wir nur an eine vorübergehende Schwäche geglaubt hatten und vermuteten, dass sich im Rückenmark wieder etwas entzündet hatte, schätzte er meinen Zustand als »äußerst kritisch« ein. Er sprach von Ernährung über die

Magensonde. Es gebe auch Nahrung, die direkt in den Darm eingeführt werde. Und er habe auch Patienten, die zu Hause lebten und
beatmet würden. Auf jeden Fall sollten wir den Termin am nächsten
Tag wahrnehmen.

Als er weg war, brach Judit in Tränen aus. »Ich will dich nicht verlieren«, schluchzte sie.

Am nächsten Morgen fuhren wir auf den Rosenhügel. »Ich brauche
eine Cortison-Therapie«, diagnostizierte ich meinen Zustand selbst,
»die Infusionen kann ich auch zu Hause durchführen.«

Der Neurologe meinte: »Das müssen wir uns schon genauer ansehen. Zumindest müssen wir Sie für drei Tage stationär aufnehmen
und auch ein Test in einem Schlaflabor ist anzuraten.« Da er selbst die
nächste Woche auf einer Fachtagung war, vereinbarten wir einen Auf-
nahmetermin für die darauffolgende Woche. Dieser Zeitplan kam mir
auch insofern sehr entgegen, da ich am nächsten Tag zur Klubklausur
nach Sankt Wolfgang fahren wollte. Bei diesem Treffen der ÖVP-Ab-
geordneten wollte ich unbedingt dabei sein und Themen anschneiden,
die mir wichtig waren. Also fuhren wir wieder nach Hause.

Tags darauf hatte sich die Situation jedoch weiter verschlimmert.
Ich konnte vor Erschöpfung kaum im Rollstuhl sitzen und wollte mich
gleich ohne Frühstück wieder hinlegen. An eine Autofahrt nach Sankt
Wolfgang war nicht mehr zu denken. »Ich bekomme keine Luft«, sagte
ich. Judit und meine Assistentin packten die notwendigsten Sachen
und wir fuhren statt zur Klubklausur ins Krankenhaus. Unterwegs
musste Judit dreimal stehen bleiben, da ich durch das Rütteln des Autos keine Luft mehr bekam.

Ich wurde sofort stationär aufgenommen. Meine Blutwerte waren
dramatisch. In den letzten Wochen hatte ich aufgrund von Schluck-
problemen zu wenig Nahrung und Flüssigkeit zu mir genommen.
Man versuchte zunächst durch Infusionen die Elektrolyte wieder auf
Normalstand zu bringen. »Sie haben so viele rote Blutkörperchen
wie jemand, der am Himalaja lebt«, meinte die Stationsärztin. »Damit hat der Körper offenbar jedes Quäntchen Sauerstoff, das er in der
Lunge vorfand, aufgenommen.« Alarmierend waren vor allem meine
CO_2-Werte. Weil die Lunge nicht mehr richtig gearbeitet hatte, war

ich nicht in der Lage gewesen, das CO_2 richtig auszuatmen. Ich war förmlich durch Kohlendioxid vergiftet. »CO_2 wirkt wie ein Narkotikum«, erklärte die Ärztin, »darauf ist auch Ihre Müdigkeit zurückzuführen.«

Vieles wurde uns jetzt klar. Offensichtlich war die Lähmung in den letzten Jahren »aufgestiegen«. Das erste Anzeichen dafür war das Versagen der Blase gewesen, das wir und die Ärzte falsch gedeutet hatten. Nun hatte die Lähmung auch das Zwerchfell erreicht, wodurch ich nicht mehr richtig atmen konnte. Auch die Sehstörungen waren offensichtlich auf einen Mangel an Sauerstoff zurückzuführen. Die Sehnerven waren nahezu verhungert. Doch Zerstörtes kann nicht mehr »repariert« werden.

Judit und ich ärgerten uns über die einseitigen Sichtweisen der Fachärzte. Der Urologe hatte nur das Blasenproblem gesehen, der Augenarzt den Sehnerv, der Neurologe die Entzündung im Rückenmark; niemand hatte eine ganzheitliche Sichtweise gehabt. Das war umso unerfreulicher, als vieles verhindert oder zumindest hinausgezögert hätte werden können.

Ich rief Klubchef Wilhelm Molterer an, um mich für das Fernbleiben von der Klubklausur zu entschuldigen und ihm meine Situation darzulegen. Aber mehr als ein »Hallo, ich bin es, der Franz-Joseph«, brachte ich nicht heraus. Meine Stimme war zum Telefonieren zu schwach. Verzweifelt blickte ich Judit an, die das Gespräch übernahm und Molterer erklärte, dass ein stationärer Krankenhausaufenthalt unvermeidbar geworden sei. Er versprach, meinen Gesundheitszustand vertraulich zu behandeln.

»Hat Ihr Mann eine Patientenverfügung?«, wurde Judit am Gang von der Stationsärztin gefragt, »Will er überhaupt noch leben?«

»Natürlich will er leben!« Diese Fragen belasteten Judit sehr. Mir wäre es lieber gewesen, wenn mich die Ärzte direkt damit konfrontiert hätten.

Für den nächsten Morgen wurde ein Gespräch mit mir, Judit, der Stationsärztin und dem Hospizarzt der Caritas anberaumt. Ich hatte schlecht geschlafen und keine Kraft, die Frühstückssemmel zu kauen und zu schlucken. Alle Beteiligten versammelten sich um meinen Rollstuhl. Ich wurde mit schwierigen Fragen konfrontiert:

»Sind Sie im Ernstfall zu einer künstlichen Ernährung über eine Magensonde bereit?«

»Wollen Sie, wenn es nicht mehr anders möglich ist, künstlich beatmet werden?«

»Wie weit dürfen wir medizinisch gehen?«

»Was sind Ihre Aufträge an uns?«

Ich hatte keine Ahnung, was es heißt, künstlich beatmet zu werden oder die Nahrung über eine Magensonde zu erhalten. Aber eines war mir klar: »Ich will leben!« Meine weiteren zwei Aufträge an die Ärzte lauteten: »Ich will zurück zu meiner Familie, meiner Frau und meiner Tochter. Und: Ich möchte wieder beruflich tätig sein und meine Ideen verwirklichen können.« Ich sprach so leise, dass Judit ihr Ohr an meinen Mund halten und den anwesenden Ärzten meine abgehackten Sätze wiedergeben musste. Nach diesem schweren Gespräch musste ich erschöpft zurück ins Bett.

Judit verabschiedete sich, sie musste nach Hause zu Katharina, die bei Oma und Opa geschlafen hatte. Am späten Nachmittag würde sie jedoch wiederkommen. Die Assistentin Katja blieb bei mir. Kurz besuchte mich auch mein Schwiegervater.

Ab diesem Zeitpunkt kann ich mich an nichts mehr erinnern. Alles Nachfolgende weiß ich aus Erzählungen.

Ich klagte über Luftmangel. Die Lage schien ernst, da sich eine Gruppe von Ärzten um mein Bett versammelt hatte. Man versuchte mich mit einer Maske zu beatmen. Das schlug fehl. Mein Bett wurde in den Operationssaal geschoben, ich musste intubiert werden. Inzwischen kam auch Judit hereingestürmt. Die Ärzte wiesen sie an der Türe ab, sie durfte nicht in den OP.

Während ich bereits im künstlichen Tiefschlaf lag, präsentierte mich Bundeskanzler Wolfgang Schüssel bei der Klubklausur als Kandidat auf der Bundesliste.

Die Ärzte kämpften um mein Überleben. Eine Stunde später durften Judit und Katja mich auf der Intensivstation, wohin ich inzwischen verlagert worden war, besuchen. Ich lag im künstlichen Tiefschlaf, ein dicker Schlauch führte durch meinen Mund in die Lunge, rund um mein Bett gab es surrende Monitore, die meinen Körper überwachten und meinen Zustand durch Zacken, Wellen und Ziffern anzeigten. Durch die Beatmung hob und senkte sich mein Bauch regelmäßig.

Aus den geplanten drei Tagen Tiefschlaf wurden drei Wochen. Ich bekam nicht mit, dass ich aufgrund einer Lungenentzündung hoch fieberte. Ein schweres Antibiotikum nach dem anderen wurde mir gespritzt. Es half nichts. Die Bakterien schienen sich schneller weiterzuentwickeln, als die Medizin dem nachkommen konnte. Jeden Tag wurde Judit mit anderen Schreckensmeldungen konfrontiert: Mein Herz sei insuffizient, ebenso der Kreislauf und die Leber.

»Hat Ihr Mann viel getrunken?«, fragte ein Arzt meine Frau.

Sie antwortete: »Ja. In der Früh hat er immer darauf geachtet, gleich einen Liter zu trinken.«

Sein ungläubiger Blick machte sie auf das Missverständnis aufmerksam. Schnell sagte Judit: »Nein, nicht Alkohol, er hat Wasser getrunken, damit die Blase ordentlich durchgespült wird.«

Gleich am ersten Tag war Judit mit drei großen Säcken voller Polster in verschiedenen Formen in der Intensivstation aufmarschiert. Da ich mich nicht bewegen konnte, war eine schmerz- und druckfreie Nachtlagerung mit fünfzehn Polstern zu einer komplexen Sache geworden. Eine eigene Wissenschaft, die nur Judit beherrschte. Das Pflegepersonal lachte über diese Besorgnis: »Nein, wir brauchen sie nicht, wir wissen schon, wie wir ihren Mann richtig lagern müssen.« Judit musste wieder abziehen. Doch als ich einige Tage später durch das Liegen offene Druckstellen am linken Ohr, am Hinterkopf und am Rücken hatte, bat die Krankenschwester doch um die Polster. Judit zeichnete dazu eine »Lagerungsanleitung« und fortan hörte das Pflegepersonal auf die Expertin. Meine Frau kannte mich wie niemand sonst und hatte viele Probleme ideenreich gemeistert.

Viele Besucher kamen an mein Krankenbett: meine Geschwister, meine Eltern, Judits Geschwister und Eltern, Freunde und Katharina.

»Warum schläft der Papa?«, fragte sie. »Weil er so müde ist«, sagte Judit, »Aber schau, wie er jetzt entspannt da liegt und atmet.«

»Warum hat der Papa die Zunge heraußen hängen?«, fragte Katharina. »Das ist normal, wenn man so tief schläft«, erklärte Judit.

Dass bei keinem der anderen Patienten die Zunge heraushing, war Katharina zum Glück nicht aufgefallen.

Viele weinten, als sie mich mit aufgedunsenem Körper und schwitzend daliegen sahen. Katharina tröstete alle: »Papa kommt bald nach Hause.« Eines Tages kam auch ein Besucher mit Stirnband und Gitarre an mein Bett. Es war der Pfarrer der Caritasgemeinde, Tomas Kaupeny, der fröhliche Lieder spielte und dazu sang. Die Pflegefachkräfte und ÄrztInnen auf der Intensivstation staunten nicht schlecht. Ich dürfte ebenfalls etwas von der Aufführung mitbekommen haben, denn die Monitore spielten verrückt, ich drohte aufzuwachen und man musste das Narkosemittel verstärken.

Nach drei Wochen hatte mein Körper über die Infektionen gesiegt. Wie durch ein Wunder sank das Fieber und man konnte mich wieder aufwecken. Doch die Ärzte waren skeptisch, was die Wiederherstellung meines alten Zustandes betraf. Die heraushängende Zunge war möglicherweise ein Indiz, dass auch Teile des Gehirns geschädigt worden waren. Ob ich jemals wieder im Rollstuhl sitzen können würde, war fraglich.

Ich wusste nicht, wo ich war und was mit mir passiert war. Traum und Wirklichkeit vermischten sich. Meine Träume waren schrecklich:

Ich liege im Allgemeinen Krankenhaus und die Ärzte versuchen mich umzubringen. Ich habe nur einen Vorsatz: Ich muss bis sechzehn Uhr überleben, denn dann wird Judit auf Besuch kommen. Ein Arzt verabreicht mir eine Injektion, die mir nach und nach die Kraft nimmt. Doch dann ist es zum Glück sechzehn Uhr. Judit kommt, sieht meinen Zustand und besteht darauf, dass mir sofort ein Gegenmittel gespritzt wird. Der Arzt erklärt ihr: »Das ist nur zu seinem Besten. Mit so einer Behinderung ist das Leben ja nicht lebenswert.« Da Judit standhaft bleibt, spritzt mir der Arzt ein Gegenmittel. Ich darf weiterleben.

Da ich nicht sprechen konnte, gab ich Judit verzweifelte Zeichen, dass ich nach Hause wolle. Sie verstand mich lange nicht, und als ich es ihr doch irgendwie kommuniziert hatte, war ihre Antwort enttäuschend: »Du kannst jetzt nicht nach Hause. Du wirst von einer Maschine künstlich beatmet.« Noch immer in meinem Albtraum befangen, wollte ich ihr sagen, dass die Ärzte mich umbringen wollten. Sie verstand nicht. Ich war verzweifelt und Judit deutete meine Verzweiflung falsch.

Zu Hause weinte sie bitterlich: »Er will nicht mehr leben«, sagte sie zu ihren Eltern.

Täglich fuhr sie zweimal zu mir ins Krankenhaus. Da man mit einer Kanüle im Hals erst wieder sprechen lernen muss, war die Kommunikation zwischen uns äußerst schwierig. So brachte sie eines Tages eine gehörlose Frau mit, die von meinen Lippen lesen konnte. Judit las mir Briefe vor, von denen ich tags darauf nichts mehr wusste. Sie las dieselben Briefe wieder vor. Alles schien mir neu. In der Nacht versuchte ich wach zu bleiben, da ich Angst hatte, im Schlaf zu ersticken. Meine Frau brachte mir in dieser schwierigen Zeit Sicherheit, Geborgenheit, Zuversicht und führte mich so ins Leben zurück.

Ernährt wurde ich über einen Schlauch, der über das rechte Nasenloch in den Magen führte. Mittels dieser Sonde flößte man mir sechsmal am Tag flüssige Nahrung ein. Ich lag völlig bewegungsunfähig im Bett, wenn etwas kitzelte oder juckte, musste ich damit leben. Ich konnte niemandem mitteilen, was und wo es mir wehtat. Den Mund hatte ich ständig voller Speichel und Schleim, den ich nicht schlucken konnte. Ich ließ ihn in der Seitenlage einfach auf das Kopfkissen fließen. Viermal am Tag wurde ich im Bett gedreht, der Schleim aus der Lunge abgesaugt und die Bettwäsche gewechselt. Meine heraushängende Zunge hatte sich zum Glück wieder in den Mund zurückgezogen.

Wie ich beatmet wurde, wusste ich nicht, da ich mich selbst nie im Spiegel gesehen hatte. Ich wusste nur, dass ich im Hals eine Öffnung hatte, an der ein Schlauch angeschlossen war. Von einer Maschine abhängig zu sein war ein bedrückendes Gefühl. Konnte sie nicht plötzlich versagen und ich sterben? Mehrmals täglich zeigte sie mit schrillen Warntönen an, dass etwas nicht in Ordnung war. Ohne Erfahrungs-

An ihrer Hand ins Leben zurück

werte konnte ich nie wissen, ob eine lebensbedrohliche Situation ein-
getreten war. Mit der Zeit aber lernte ich, die Verbindung zwischen
mir und der Maschine zu nutzen. Sie beeinflusste mein Leben, doch
auch ich konnte sie beeinflussen und beispielsweise durch rasche Atmung einen Alarm auslösen. Eine großartige Entdeckung! So konnte
ich die Krankenschwestern herbeiholen, wenn es mich beispielsweise
an der Nase juckte.

Auf meinen Wunsch hin schob man mir einen Fernsehapparat ins
Zimmer, da ich die Diskussion der Spitzenkandidaten im Wahlkampf
ansehen wollte. Doch schon nach einer Viertelstunde musste der Apparat ausgeschaltet werden: Die Debatte hatte mich derart aufgeregt,
dass alle Alarme am Überwachungsmonitor losheulten.

Den Wahlsonntag 2006 erlebte ich im Krankenhaus. Meine Frau
hatte eine Wahlkarte organisiert und wir warteten auf die fliegende
Wahlkommission.

Der Pfleger wollte mir das Kreuz am Stimmzettel machen, das

lehnten Judit und ich aber entrüstet ab. Sein Augenzwinkern sollte sagen: »Es war ja nur ein Versuch.« Um siebzehn Uhr wurde der Fernsehapparat ins Zimmer geschoben. Gleich die erste Prognose war für die ÖVP vernichtend. Laut schrillte der Alarm durch die Intensivstation. Ein Ärzteteam rannte ins Zimmer. Ich war in Ohnmacht gefallen.

Ich wollte nach Hause. Nichts wie nach Hause. Judit versuchte mir zu erklären, was ihr die Ärzte gesagt hatten. »Man kann dich nicht so nach Hause gehen lassen. Du musst auf eine Heimbeatmung eingestellt werden. Das muss in einem anderen Krankenhaus geschehen; im Otto-Wagner-Spital sind sie auf derartige Fälle spezialisiert.« Natürlich wollte ich sofort dorthin verlegt werden. Doch es gab kein freies Bett. Also hieß es warten. Die Zeit schien nicht vergehen zu wollen. Doch eines Tages sagte mir ein Arzt: »Sie werden jetzt verlegt. Die Rettung ist bereits unterwegs, um sie abzuholen.« Mein Beatmungsschlauch wurde von der großen Beatmungsmaschine abgesteckt und ein kleines mobiles Beatmungsgerät montiert. Das Herz klopfte mir bis zum Hals. Ich hatte Angst. Zwei Sanitäter und eine Ärztin begleiteten mich zum Rettungsauto.

Die Fahrt mit Blaulicht und Folgetonhorn im verdunkelten Rettungswagen war eines meiner schlimmsten Erlebnisse. Ich kam mir völlig hilflos vor und war in Panik, ob ich genügend Luft bekommen würde. Die Rettungsleute schienen zwar ruhig und besonnen, aber auch durchaus besorgt. Jede Kurve, jede Straßenbahnschiene, jedes Asphaltloch schienen mir lebensbedrohlich. Im Otto-Wagner-Spital konnte ich dann im wahrsten Sinn des Wortes aufatmen, als man mich in ein Krankenhausbett legte und an eine große Maschine anschloss.

»Sprechen Sie! Es geht jetzt. Sie sind entcufft!«, sagte der Pfleger. Ich würgte, gurgelte und quetschte ein paar unverständliche Laute aus meinem Hals. »Sie werden sich daran gewöhnen«, beruhigte mich der Pfleger, »die Beatmungsmaschine gibt Ihnen den notwendigen Luftdruck zum Sprechen.« Ich zweifelte daran, dass ich mit einem Loch im Hals und einer kleinen aufblasbaren Manschette in der Luftröhre, einem »Cuff«, wieder sprechen würde können. Doch langsam gewöhnte

Der erste Abgeordnete mit Beatmungsgerät im österreichischen Parlament

ich mich an die Beatmungsmaschine, ein zischendes und pfeifendes weißes Kästchen. Sie spendet mir Leben. Und sie lebt durch mich.

Nun musste ich trainieren, die Luftstöße zum Sprechen zu benützen. Zunächst klang meine Stimme sehr gebrochen und verwaschen, doch von Tag zu Tag wurde sie deutlicher und kraftvoller, wenn auch mechanisch, ein wenig computerhaft.

Wie würde der Alltag als Abgeordneter unter den neuen Umständen zu bewältigen sein? Sprechen konnte ich wieder, wenngleich etwas leise. Aber in der Vergangenheit hatte ich ebenfalls sehr leise gesprochen, so leise, dass bei meinen Reden der ganze Plenarsaal verstummt war. Eine Seltenheit im Parlamentsleben.

Doch die Bewältigung des Alltags als »beatmeter Abgeordneter« bereitete mir einstweilen weniger Sorgen als die aktuellen Probleme im Krankenhaus. Schwierigkeiten hatte ich vor allem beim Schlucken. »Wahrscheinlich habe ich im Leben schon genug schlucken müssen«,

231

mutmaßte ich. Keiner lachte. Ich bekam absolutes Essverbot und operativ eine Sonde in Magen und Darm eingeführt. Über den Tag verteilt bekam ich direkt in den Darm eine stinkende gelbliche Flüssigkeit eingeträufelt – »alles, was man zum Leben braucht«, hieß es. Der Magen bekam nur Tabletten zu verdauen. Dass er revoltierte, wurde mit weiteren Medikamenten bekämpft. Gegen den Durchfall gab es Windeln. Alles zu meinem Besten.

In der Früh, zu Mittag und am Abend rollte der Speisewagen vorbei. Während mein Bettnachbar genüsslich aß, dachte ich darüber nach, dass man sogar im Gefängnis Wasser und Brot bekommt. Auf die Frage, warum ich nicht normales Essen über die Magensonde bekäme, antworteten die Ärzte: »Es besteht Gefahr, dass es in die Lunge raufrutscht. Keine Sorge. Es ist alles zu Ihrem Besten.«

Eines Tages brachte mir meine Assistentin Romana einen Kaugummi mit Apfelgeschmack mit und steckte ihn mir in den Mund. Vorsichtig schob ich das kleine Stück Gummi im Mund hin und her und wagte es kaum, hineinzubeißen. Dann begann ich doch vorsichtig zu kauen und grinste glücklich. Es war eines der schönsten Erlebnisse meines Lebens, wieder etwas im Mund zu haben, etwas zu kauen und zu schmecken. Von diesem Erlebnis angespornt, beauftragte ich Katja, mir am nächsten Tag aus dem Automaten Kaffee zu holen, den ich dann genüsslich Schluck für Schluck trank. Danach musste sie den Becher rasch wegwerfen, damit die Krankenschwestern mein Delikt nicht entdeckten. Doch zu meinem Erstaunen fragte eine Stunde später die Schwester: »Haben Sie Kaffee getrunken?« Woher wusste sie das? Konnte sie Gedanken lesen? Nein, sie deutete auf den großen braunen Fleck auf meinem weißen Krankenhausnachthemd: »Offenbar ist er Ihnen beim Trinken beim Tracheostoma wieder rausgeronnen.« Fortan trank ich den Kaffee nicht mehr, sondern ließ ihn von der Assistentin über die Magensonde einspritzen. Kein Geschmackserlebnis, aber zumindest aufmunternd. Das blieb unentdeckt. Zu auffällig war jedoch, als Judit auf meinen Wunsch hin einen Sack voll Bananen ins Krankenhaus brachte. Fair Trade – alles zu meinem Besten. Die geschockte Krankenschwester sah es anders: »Die Bananen können wir Ihnen dann nachher wieder aus der Lunge saugen! Das können

Sie vor uns nicht verbergen. Die abgesaugten Bananenstücke stinken immer zum Krankenhaushimmel, das haben schon andere vor Ihnen probiert!« Der Bananenschmaus wurde aufgeschoben.

Ich träumte weiter von Essen. Da fiel mir das Krankenhauserlebnis eines blinden Freundes ein. Als er am dritten Tag nichts bekommen hatte, fragte er die Krankenschwester, wie lange er denn noch nichts essen dürfe. Sie antwortete: »Sie sind gut. Ich stelle Ihnen jeden Tag das Tablett aufs Nachtkästchen. Sie rühren es ja nicht an, also räume ich es wieder weg.«

Ich will nicht missverstanden werden: Ich wurde während meines Spitalsaufenthalts medizinisch und pflegerisch gut versorgt und nur dank der engagierten Arbeit des Krankenpflegepersonals gelang es, mich aus meiner schwierigen Lebenssituation herauszuführen. Trotzdem muss ich feststellen, dass der Umgang von Ärzten und Pflegepersonal mit behinderten Menschen oft zu wünschen übrig lässt. Man kommt sich unzurechnungsfähig und entmündigt vor, wenn man beispielsweise (wie es mir bei einem Aufnahmegespräch im AKH passiert ist) schreiend mit den Worten begrüßt wird: »Tag, Herr Huwenig! Sie wissen, wie Sie hierher gekommen sind?«

Ich antwortete: »Ich bin mit dem Lift in den dritten Stock gefahren, meine Beine sind gelähmt, nicht meine Ohren!«

Oft redet man nicht mit dem Patienten, sondern – in seinem Beisein – über ihn. Oder man wird auf eine Körperfunktion oder ein Organ reduziert. (Siehe die Katheterschwester: »Da liegt die Blase und füllt sich wieder.«)

Papa schläft

Katharinas Papa schläft ...
und schläft ...
und schläft.
»Er ist sehr müde«, sagt Katharina.
Aber trotzdem hätte sie gerne, dass er bald wieder aufwacht und mit
ihr spielt.
Katharinas Mama weint. Sie hätte auch gerne, dass Papa wieder mun-
ter ist. »Papa träumt sicher von uns«, meint Katharina. Da muss Mama
lächeln.
Katharina wundert sich, warum Papa so gut schlafen kann, bei den
vielen Kabeln und Schläuchen und piepsenden Maschinen könnte sie das
nicht. Aber Papa scheint das nicht zu stören.
Eines Tages sagen die Ärzte, dass Papa jetzt wieder aufwachen
kann. Als Katharina ihn an der Wange kitzelt, blinzelt er mit den
Augen.
In den nächsten Tagen wird Papa munterer und munterer. Aber er
weiß zunächst vieles nicht mehr. Wo er sich befindet und wie er hierher
gekommen ist.
»Du hast nicht mehr alleine atmen können«, erklärt Mama, »denn
deine Lunge war zu schwach. Und so musst du künstlich beatmet werden.
Dazu hat man dich in einen künstlichen Schlaf versetzt.«
»Künstlicher Schlaf?«, fragt Katharina.
»Ja, Papa hat über einen dieser vielen Schläuche ein Medikament be-
kommen, das ihn ganz schläfrig macht. Aber auch zu essen und zu trinken
hat er über die Schläuche bekommen.«
Papa kann nicht sprechen. Darüber ist Katharina sehr traurig. »Du
musst seine Lippen beobachten, wenn er spricht«, sagt Mama. »Wenn du
genau aufpasst, dann weißt du, was Papa sagt.« Katharina probiert es.
Aber sie versteht nur »bilim balam blm«.
Papa hat sich verändert. Er hat jetzt ein Loch im Hals. Wenn das klei-
ne weiße Tuch weg ist, sieht man es ganz genau. Im Loch steckt ein kleiner
Schlauch. Mama sagt »Kanüle« dazu. »Über diese Kanüle atmet Papa«,

erklärt Mama. Katharina kann sich nicht vorstellen, ein Loch im Hals zu haben und damit zu atmen.

»Heute wird die Kanüle gewechselt«, sagt Mama. Eine Krankenschwester zieht Papa den Schlauch aus dem Hals und steckt wieder einen neuen hinein. Katharina sieht sich interessiert die Kanüle an. An dem Schlauch hängt ein kleiner Luftballon. »Wenn man den in der Luftröhre aufbläst, bekommt Papa viel Luft von der Maschine. Denn diese kann dann nicht über den Mund flüchten. Dafür kann Papa nicht sprechen«, erklärt Mama. »Warum kann er nicht sprechen?«, fragt Katharina.

»Zum Sprechen benötigt man Luft. Die Luft muss über die Stimmbänder blasen und dann kann man erst sprechen«, sagt Mama.

»Ich werde jetzt den Ballon ganz klein machen«, sagt die Krankenschwester zu Papa und zieht die Luft aus dem Ballon. Papa gurgelt, zischt und presst ein paar unverständliche Laute heraus.

»Du musst genau hinhören«, sagt Mama, die Katharinas enttäuschtes Gesicht sieht, »Er sagt ›Hallo Katharina‹!« Katharina bemüht sich, aber sie hört nur »Lokina«. So soll ihr Papa nun sprechen?! Katharina ist traurig.

Mama und Katharina fahren nach Hause. Im Auto ist es still. Plötzlich sagt Katharina: »Ich hab den Papa ur-, ur-, urlieb!«

Mama nickt. »Ich auch.«

»Wird Papa wieder richtig sprechen können?«, fragt Katharina.

»Er wird wieder sprechen können. Aber es wird ein wenig anders klingen«, erklärt Mama. Katharina weiß nicht, ob sie sich an diese neue Stimme vom Papa gewöhnen wird. Ihr Papa ist so anders geworden, ein wenig fremd.

Mama hat Geburtstag. Gefeiert wird im Krankenhaus. Nenna hat eine leckere Schokoladentorte gebacken. Vor dem Kaffeeautomaten werden Tische und Sessel zusammengerückt. Mamas Geschwister und Freunde sind gekommen und singen gemeinsam »Happy Birthday«. Und auch die Ärzte und Krankenschwestern singen mit. Dafür bekommen sie auch ein Stück Torte. Kaffee, Kakao und gespritzten Apfelsaft gibt es aus dem Automaten. Katharina darf die Münzen einwerfen, darin ist sie Meisterin. Papa sitzt am Tisch, lächelt und freut sich mit. Singen kann er leider nicht. Und auch die Torte darf er nicht essen, da es ihm die Ärzte verboten haben.

»Warum darf Papa keine Torte essen?«, fragt Katharina den Arzt.
»Dein Papa kann leider nicht gut schlucken. Die Torte landet dann nicht im Magen, sondern in der Lunge. Und dann bekommt dein Papa keine Luft mehr. Das wollen wir schon gar nicht«, meint der Arzt.

»Das stimmt nicht ganz«, meint die Krankenschwester. »Dein Papa bekommt jetzt doch eine Torte.« Sie füllt eine dunkelbraune Flüssigkeit in eine große Spritze. Dann holt sie unter Papas T-Shirt einen Schlauch heraus. »Dieser Schlauch führt direkt in den Magen«, sagt die Kranken-schwester, während sie Papa die flüssige Torte in den Magen spritzt.

»Wie schmeckt das?«, fragt Katharina.

»Gar nicht«, sagt Papa.

»Ich möchte so eine Wassertorte auch nicht essen«, meint Katharina und sieht sich nachdenklich Papas Magenschlauch an.

In der Nacht wacht Katharina mit furchtbarem Bauchweh auf. Sie weint, obwohl Mama lange ihren Bauch streichelt. »Wer hat Papa ein Loch in den Bauch gebohrt? Tut der Schlauch weh?«, fragt Katharina.

»Der Schlauch ist eine Magensonde, die Ärzte einsetzen mussten«, er-klärt Mama, »ohne diesen Schlauch kann Papa nichts essen. Und er muss essen, sonst wird er ganz schwach.«

»Aber tut es ihm weh?«, fragt Katharina.

»Ich glaube nicht«, sagt Mama, »aber du kannst ihn ja morgen fra-gen.«

Papa muss viele Tage im Krankenhaus verbringen. Natürlich hat Ka-tharina ihn gefragt, ob er Schmerzen hat. Papa hat immer verneinend den Kopf geschüttelt. Wenn sie ein Loch im Hals und im Bauch hätte, würde ihr das sicher sehr wehtun.

»Heute holt mich mein Papa ab!«, freut sich Katharina und hüpft im Kindergarten von einem Bein auf das andere.

»Ist das dein Papa?«, fragt ihre Freundin Melanie, die erst seit kurzem in diesen Kindergarten geht. Katharina dreht sich um und ruft: »Ja, das ist mein …« Sie verstummt. Aus Papas Hals ragt noch immer ein Schlauch.

»Hallo Katharina!«, ruft Papa mit deutlicher Stimme. Katharina sagt nichts. »Was ist das?«, fragt Melanie und deutet auf den Rollstuhl.

236

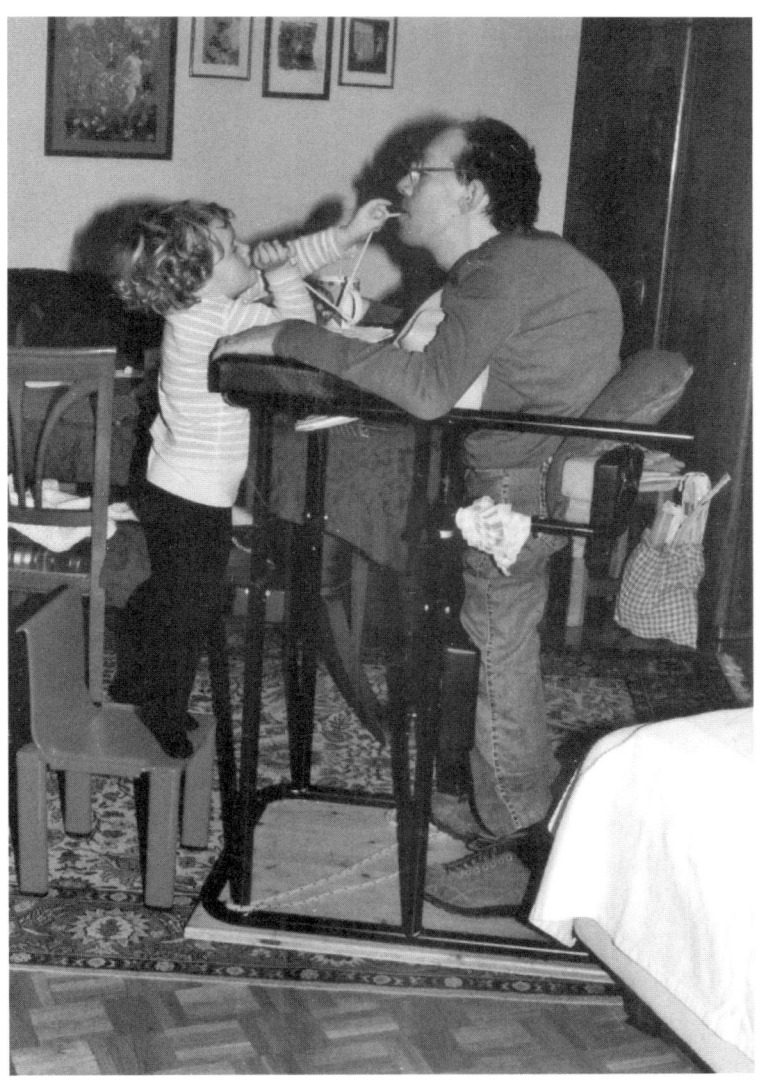

Papa und Katharina – jeder mit »Röhrle«

»Das ist mein Elektrorollstuhl«, sagt Papa, »mit ihm bewege ich mich fort und vorne auf den Fußbrettern sitzt Katharina, wenn wir spazieren fahren. Komm, Katharina, möchtest du dich nicht raufsetzen?«

Katharina will nicht. Sie zieht stumm ihren Mantel an und dann verlassen beide den Kindergarten. Katharina geht zu Fuß, immer ein Stück hinter Papa. Zuhause angekommen, rennt sie in ihr Zimmer und legt sich mit dem Mantel auf den Boden. Mama hockt sich zu Katharina auf den Boden und nimmt sie in den Arm. Papa sitzt im Rollstuhl daneben.

»Kannst du dich erinnern, als Papa aufgewacht ist, hat er nicht reden können«, beginnt Mama. »Jetzt kann er reden, aber dazu braucht er den Schlauch im Hals und die Beatmungsmaschine.«

»Aber Papa ist so anders als die anderen«, sagt Katharina.

»Ja, er ist anders. Aber gerade deshalb mag ich ihn besonders«, sagt Mama.

Katharina überlegt, dann sagt sie: »Ja, mein Papa spielt mit mir und singt … Kannst du singen?«

Papa sieht sie lächelnd an. »Na, probieren wir's halt einmal.« Katharina geht zu ihrem CD-Player und schaltet ihn ein. Bald ist der Raum erfüllt von fröhlichen Kinderliedern. Papa singt mit, zuerst ein wenig krächzend, dann immer schwungvoller. Katharina zieht sich den Mantel aus und tanzt mit Mama im Takt der Lieder. Papa rollt mit.

Plötzlich hört Katharina zu tanzen auf, geht zu Papa und greift ihm unter das T-Shirt. Dort ist noch immer der Schlauch der Magensonde. »Weißt du was«, sagt sie, »wir können gemeinsam ein Eis essen. Ich schlecke es und du kannst dein Eis zerrinnen lassen und dann essen!«

»Eine gute Idee«, freut sich Papa, »am besten, wir machen es gleich!«

Zurück im Alltag und alles ist anders

»Machen wir heute einen Ausflug?«, begrüßte mich die Krankenschwester. Es war noch früher Morgen. Ich wurde gründlich gewaschen, eingecremt, gekämmt, kurzum: rundum poliert in den Rollstuhl gesetzt. Sogar die Brille bekam ich glasklar geputzt aufgesetzt. Um den Hals band man mir ein neu gekauftes Halstuch – nicht jeder sollte mein Tracheostoma, die künstliche Öffnung in meiner Luftröhre, sehen. Lediglich das Zischen aus dem Loch im Hals war nicht aus der Welt zu schaffen. Dann wurde der Elektrorollstuhl technisch aufgerüstet: die Beatmungsmaschine (sie läuft mit Akku), das Luftbefeuchtungsgerät und ein Absauger wurden hinten auf der Ladefläche aufgebaut. Und ab ging es Richtung Parlament zur Angelobung des Nationalrats.

Vor der Krankenhaustüre traf mich die frische Luft wie ein Schlag ins Gesicht. Wir waren mit unserem Auto unterwegs, in das ich über eine Rampe mit dem Rollstuhl einfahren kann. Drinnen wurden der Rollstuhl und ich festgeschnallt, während am Rücksitz Oberärztin Dr. Sylvia Hartl Platz nahm; sie begleitete mich, da meine Frau für Notfälle noch nicht ausreichend eingeschult war.

Auf der Fahrt berichtete Dr. Hartl von den Problemen der 1500 beatmeten Personen in Österreich. Kinder mit einer Beatmungsmaschine werden nicht in Integrationsklassen aufgenommen, da sich niemand mit dem Gerät auseinandersetzen und letztlich die Verantwortung übernehmen möchte. Nach dem Krankenhausaufenthalt gibt es auch Probleme mit der Pflege zu Hause, die nur durch Persönliche Assistenz geleistet werden kann; dafür fehlt es aber an der notwendigen Finanzierung und den rechtlichen Regelungen. (Auf meine Initiative hin wurden 2008 Persönlichen Assistenten delegierte Pflegetätigkeiten gesetzlich erlaubt.) Beatmete querschnittsgelähmte Menschen erhalten keine Rehabilitationsmaßnahmen der Allgemeinen Unfallversicherungsanstalt. Es fehlt an Nachbetreuung und an einer Tagesklinik. Die engagierte Ärztin ist dabei, eine solche aufzubauen. Eine Liste an Forderungen und Wünschen. Ich lächelte: So redete man mit einem Politiker und nicht mit einem Patienten. Ich war zurück im Leben.

»Ich gelobe«, sagte ich. Doch kaum jemand hörte es. Im Plenarsaal herrschte Verunsicherung über meine neue Stimme. Skeptische Blicke, neugierige Fragen und ein herzliches Willkommen. Mein Beatmungsgerät erlaubte keine lauten Worte. Fünfmal musste ich es sagen, bis es jemand mitbekam: »Ich gelobe!« Da nickte mir Andreas Khol in seiner letzten Sitzung als Nationalratspräsident zu. Offenbar hatte er von meinen Lippen gelesen. Ich war wieder als Abgeordneter angelobt. Und ich hatte viel zu tun.

Ein seltsames Gefühl, wieder hier zu sein, nach all den kritischen Wochen. Alles war vertraut und die Situation dennoch neu: Am Tag der Angelobung trug ich Windeln. Erst als ich eine Kollegin mit Kinderwagen sah, entschlüpfte mir ein Lächeln – ich war nicht der Einzige …

Judit hatte durch E-Mails Freunde, Verwandte und die Persönlichen Assistentinnen auf dem Laufenden gehalten, wie es mir ging. Nun standen meine Entlassung und die Bewältigung des Alltags bevor und Judit stellte eine schwere Frage an die Assistentinnen: »Wer von euch möchte weiter bei Franz-Joseph arbeiten? Er wird beatmet bleiben, was in der Betreuung und Pflege eine große Verantwortung bedeutet.« Zu Judits und meiner freudigen Überraschung sagten alle zu, weiterarbeiten zu wollen, auch unter den neuen Bedingungen. Das Pflegepersonal schulte nun nicht nur Judit, sondern auch die sechs Assistentinnen ein. An einer Puppe wurde zunächst trainiert, was sie später bei mir praktizierten: Atemkanüle absaugen, Kanülenwechsel, Tracheostoma-Pflege. Da ich ständig auf Hilfe angewiesen war, organisierten wir für das Spital einen Assistenzdienst rund um die Uhr. Entweder war Judit bei mir oder eine der Assistentinnen. Damit war ein großes Problem gelöst. Da ich meine Hände nicht mehr bewegen konnte, konnte ich auch den »Schwesternruf« nicht betätigen. Ich benötigte immer eine Person in Rufweite.

Untertags wurde ich nun in meinen Rollstuhl gesetzt. Nach zehn Wochen Liegen eine Herausforderung für den Kreislauf. Vor mir drehte sich alles und ich war anfangs froh, nach einer halben Stunde wieder im Bett liegen zu können. Ich begann wieder zu schreiben, genauer gesagt Texte zu diktieren. Ein mühsames Unterfangen, da ich Worte nur schwer und schon gar nicht lange Sätze artikulieren konnte. Ich schrieb Gedichte – Liebesgedichte an meine Frau und meine Tochter, traurige Gedichte, die meine Situation im Krankenhaus beschrieben. Dann begann ich einen Essay über meine Situation zu verfassen und ihn Satz um Satz den wechselnden Assistentinnen zu diktieren. Der Text erschien unter dem Titel »Ich will leben« im Dezember 2006 in der Zeitschrift *profil*.

Mitte November 2006 wurde ich endlich entlassen. So sehr man sich auch im Krankenhaus um mich bemüht hatte, den Lebenspartner, die Assistentinnen, das soziale Umfeld und die eigenen Räume konnte man mir nicht ersetzen. Judit hatte es in diesen ersten Tagen nicht leicht. Sie wusste nicht, wie das Leben zu Hause mit der Beatmungsmaschine und allem Drum und Dran funktionieren würde, etwa wenn ein Alarm losging. Was dann zu tun war, hatte sie zwar im Krankenhaus ausführlich gelernt und geübt, doch ein Trockentraining wird immer ein Trockentraining bleiben.

Judits Mutter Marialuise hatte zur Begrüßung die von mir geliebten Lammkoteletts gebraten. Leider durfte ich nichts davon essen, immer noch galt striktes Essverbot. Zu groß war die Gefahr, dass das Essen statt im Magen in der Lunge landete. So sah ich allen beim Essen zu – auch eine Freude.

Während des Essens gab es die erste Bewährungsprobe für Judit: Die Kanüle war durch Schleim verstopft. Den Verwandten blieb das Essen im Hals stecken, als Judit Schleim durch die Atemkanüle absaugte. Sie tat es so meisterlich und präzise, wie man es nur machen konnte. Es war auch in dieser Hinsicht ein großes Glück, sie an meiner Seite zu haben.

In den ersten zwei Wochen war es für Judit sehr schwierig, alles unter einen Hut zu bringen: die Arbeit, Katharina und mich. Die Assistentinnen wurden erst nach und nach vom Otto-Wagner-Spital eingeschult und so musste Judit morgens die Tracheostomapflege machen, spülen und absaugen. Mit der Zeit übergab sie diese Aufgabe den Assistentinnen, die immer mehr in ihre Aufgabe hineinwuchsen.

241

Es funktionierte auch erstaunlich gut und Judit wagte es wieder, mich mit den Assistentinnen alleine zu lassen. Doch die Entlastung war relativ gering, da sich die Arbeit auf ihrem Schreibtisch stapelte. Sie war müde und ausgelaugt. Ich wusste nicht, wie ich die Last von ihren Schultern nehmen sollte. Was blieb, war die Hoffnung auf die Zukunft.

Am Sonntag fuhren wir in die Kirche, gemeinsam mit meinen Eltern, die übers Wochenende auf Besuch gekommen waren. Es war mein erster Ausflug und wir waren dementsprechend aufgeregt. Judits Vater hatte ein fünfzehn Meter langes Kabel besorgt, das wir nun mitschleppten, ebenso wie das Absauggerät, Ambubeutel, Alexander-Spritzen, Katheter, eine Notfalls-Kanüle, Schlitzkompressen, Desinfektionsmittel, Harnflasche, Handschuhe, Küchenrolle, steriles Wasser für den Befeuchter und Tupfer. Was man eben alles so zum Verreisen benötigt.

Katharina freute sich auf den Kirchenbesuch, bis – ja, bis sie erfuhr, dass ich dabei sein würde. »Nein, der Papa soll zu Hause bleiben. Ich will nicht, dass er mitfährt!«, sagte sie. Sie genierte sich für mich. Das tat mir weh.

Letztlich saßen wir dann doch alle im Auto und fuhren in die Messe. Bei jedem Schlagloch blickte Judit ängstlich in den Rückspiegel und fragte besorgt: »Ist eh alles okay?« Ich nickte. Ganz wohl war mir allerdings nicht dabei.

»Wir müssen hinten auf das Auto ein Pickerl kleben, so wie ›Baby an Bord‹«, sagte meine Mutter.

»Behinderter an Bord«, sagte Katharina plötzlich und alle lachten.

Ich genoss die Messe und den Kinderchor, in dem Katharina eifrig mitsang. Plötzlich merkte ich, dass ich keine Luft mehr bekam. Entsetzt blickte ich zu Judit und da meldete sich auch schon die Atemmaschine mit schrillem Alarm. Rasch kletterte Judit aus der Kirchenbank und fuhr mit mir zum Ausgang. Mein Schwiegervater folgte uns mit dem Notfallskoffer. Der Schreck stand ihm ins Gesicht geschrieben. In der Vorhalle der Kirche saugte Judit zweimal meine Kanüle ab, es kam nur wenig Schleim heraus. Wir suchten eine Steckdose und fanden sie schließlich im Anbetungsraum. Überall brannten Kerzen und ich sah mich schon fast im Himmel, aber Judit schloss das Absauggerät am Netz an und es saugte jetzt doppelt stark. So gelang es ihr, das »Fischl«, einen verhärteten Schleimpfropfen, herauszuholen. Ich bekam wieder Luft und lächelte dankbar.

Seit damals schimpfe ich nicht mehr über den ganzen Klimbim, den ich mit mir herumschleppe. Notfalls ist man froh, wenn alles griffbereit in der Nähe ist. Und der Notfall kann jederzeit eintreten.

Der Alltag war nun von konsequentem Training geprägt. Dreimal pro Woche trainierte ich mit einer Logopädin, da ich endlich wieder normal sprechen wollte. Beim Sprechen versetzt die ausgeatmete Luft die Stimmbänder in Schwingung, doch ich konnte jetzt meinen Atemrhythmus nur mehr beschränkt bestimmen. Die Maschine gab das Sprechtempo vor, sie schickte regelmäßige Luftstöße, die es zum Sprechen auszunutzen galt. Das fiel mir anfangs sehr schwer. Bei längeren Worten oder Sätzen ging mir manchmal plötzlich die Luft aus. Ich übte auch, weniger verwaschen zu sprechen und alles klar und deutlich zu artikulieren. Meine Logopädin hatte eine gute Idee: »Probiere zu singen!« So sang ich mit Katharina Kinderlieder, was nicht nur eine gute Übung war, sondern noch dazu Spaß machte.

Über eine Darmsonde erhielt ich künstliche Flüssignahrung, die in einem Beutel hinten am Rollstuhl hing und über eine Pumpe langsam in meinen Darm gespritzt wurde. Diese Flüssignahrung war fürchterlich klebrig und stank, wenn sie versehentlich aus dem Schlauch tröpfelte. Mein Körper vertrug sie nicht sehr gut, ich hatte ständig Durchfall und musste dagegen Opiumtropfen einnehmen. Die erste Flüssignahrung hatte ich im Krankenhaus bekommen, die Ernährungsberaterin war gleichzeitig Vertreterin der Herstellerfirma. Als meine Frau sie fragte, ob diese Flüssignahrung mit der Zeit abzusetzen sei, antwortete die Vertreterin: »Schauen Sie sich ihren Mann an. Der kommt davon nicht mehr los. Aber machen Sie sich keine Sorgen, so gut und ausgewogen ernährt ist er noch nie zuvor gewesen.« Die Gegenfrage, warum sie diese Nahrung nicht selbst zu sich nehme, verkniffen wir uns.

Aber ich wollte auch wieder richtig essen können. Alle Nahrung wurde vorerst passiert und mit blauer Lebensmittelfarbe eingefärbt, damit man beim Absaugen der Lunge feststellen konnte, ob möglicherweise Essensreste statt in den Magen in die Lunge gerutscht waren. Da ich nicht husten kann, wäre es lebensbedrohlich, wenn ich mich beim Essen verschlucken würde. So gab es jeden Tag blaues Schlumpfessen: am Morgen ein blaues Frühstück, das nach passierter Semmel mit Lachs und Joghurt schmeckte, zu Mittag blaues Gulasch mit Polenta, nachmittags einen blauen Pudding und am Abend eine pürierte blaue Banane. »Irgendwann werde ich auch selbst ein blauer Schlumpf werden«, dachte ich. Nach dem Essen wurde regelmäßig die Lunge abgesaugt. Hätte sich etwas in die Lunge verirrt, wäre dies durch die Farbe sofort aufgefallen. Zum Glück war beim Absaugen immer nur weißer und kein blauer Schleim sichtbar.

Zu Beginn der Fastenzeit schrieb ich ein E-Mail an meine Assistentinnen: »Jetzt vor Ostern ist Fasten angesagt. Esst nicht zu viel, ich habe auch meine künstliche Flüssignahrung auf die Hälfte reduziert.« Fortan ernährte ich mich zur Hälfte mit pürierter Nahrung, die ich über den Mund zu mir nahm. Endlich hatte ich auch wieder etwas zu schmecken – ein schönes Gefühl.

Im Mai bekam ich immer öfter zu hören: »Du schaust gut aus!« Dieses Kompliment klang bei Judit etwas anders: »Schätzle, du hast einen Bauch bekommen!« Es war Zeit, dass ich die Flüssignahrung zur Gänze wegließ. Judit telefonierte mit der Vertreterin: »Können Sie die restlichen Packungen wieder zurücknehmen? Wir benötigen sie nicht mehr.«

Die Vertreterin meinte: »Wäre es nicht sinnvoll, wenn Ihr Mann diese Ernährung zusätzlich zu sich nimmt?«

Judit: » Nein, er wird mir zu dick!« Ein kleiner Triumph.

Die Beatmungsmaschine funktionierte ohne Probleme. Zwar brodelte hin und wieder Schleim in der Atemkanüle und ich bekam weniger Luft. Kein Problem für Judit und die gut eingeschulten Assistentinnen: Der Beatmungsschlauch wurde abgesteckt und die freigelegte Atemkanüle mit einem Katheter abgesaugt. Alles funktionierte schon sehr routinemäßig und problemlos. Meine ursprüngliche Angst, dass mein Leben an einer Maschine hing, wich dem Vertrauen in die Technik.

Bis es eines Tages zu einem Zwischenfall kam: Plötzlich blieb mir die Luft weg. »Absaugen«, sagte ich mit leiser Stimme zu meiner Assistentin Nina. Sie führte den Katheter in die Kanüle und saugte in gewohnter Weise mit der Maschine den Schleim ab. Aber diesmal wirkte das Absaugen nicht, ich bekam noch immer keine Luft.

»Ich glaube, die Beatmungsmaschine arbeitet nicht richtig! Ambubeutel!«, flüsterte ich. Nina geriet zum Glück nicht in Panik und holte den so genannten Ambubeutel, mit dem sie mechanisch Luft in meine Lunge zuführte. Wir fragten uns, was wir tun sollten. Zum Bebeuteln benötigt man beide Hände, also konnte Nina nicht telefonieren. Da wir aber selbst nicht wussten, warum die Maschine nicht richtig arbeitete, wäre ein Telefonat etwa mit der Herstellerfirma oder der Lungenabteilung des Otto-Wagner-Spitals dringend notwendig gewesen. Nina und ich sahen uns ratlos an. Da läutete es an der Wohnungstür. Aleksandra war eine Viertelstunde früher zum Schichtwechsel gekommen und übernahm meine Beatmung mit dem Ambubeutel, während Nina mit dem Krankenhaus telefonierte. Dabei entdeckten wir die Ursache des Problems: Ein Druckschlauch war vom Rollstuhl abgeklemmt gewesen. Ich wurde wieder an die Beatmungsmaschine angehängt und sie funktionierte tadellos.

Am Abend piepste mein Handy. Eine SMS-Nachricht von Nina: »Je öfter ich dir dein Leben rette, desto öfter rettest du auch mein Leben! Denn dann merke ich wieder, mein Leben hat einen Sinn.«

Aber da sind wir trotzdem

Mitte Dezember nahm ich langsam wieder meine Arbeit im Parlament auf. Die »Lebenshilfe« hatte mich zu einer Diskussion mit ihrem Vorstand eingeladen. Sollte ich dort hingehen? Konnte ich überhaupt vor einer Gruppe Menschen reden? Ich wollte es ausprobieren.

Der Präsident der »Lebenshilfe« begrüßte mich und erteilte mir das Wort. Doch es kam nicht. Ich versuchte verzweifelt zu sprechen. Mein Mund war ausgetrocknet, die Zunge klebte am Gaumen. Betretenes Schweigen in der Runde. Alle sahen mich erwartungsvoll an, manche wendeten verlegen den Blick ab und starrten auf den Tisch. Judit, die mich begleitet hatte, ergriff das Wort: »Es ist heute sein erster öffentlicher Auftritt. Er hat noch nie in einer größeren Runde mit der maschinellen Beatmung gesprochen.« Ich flüsterte ihr zu, dass ich unbedingt einen Schluck Wasser brauche. Sie kramte in meinem Koffer und fand zum Glück einen Trinkhalm. Ich saugte an dem »Röhrle«, nur einen kleinen Schluck, gerade so viel Wasser, wie es bedurfte, meinen Mund zu befeuchten. Die Zunge löste sich vom Gaumen und ich begann leise und abgehackt meine kleine Ansprache. Ich entschuldigte mich für mein Stimmversagen und begann mit dem wichtigsten Anliegen: »Ja zum Leben!« Was damit beginnt, dass man behinderte Föten nicht mehr bis zur Geburt abtreiben darf. Ab der zwanzigsten Lebenswoche ist der Embryo außerhalb des Mutterleibes überlebensfähig; behinderte Föten werden daher im Mutterleib durch einen Herzstich getötet. »Für mich ist diese ungleiche Bewertung zwischen behindertem und nicht behindertem Leben unerträglich«, sagte ich und erntete Zustimmung.

Noch vor Weihnachten 2006 kam es zu Koalitionsverhandlungen zwischen der ÖVP und der SPÖ. In einer eigenen Verhandlungsrunde suchten die zukünftigen Koalitionspartner Gemeinsamkeiten bei ihren Vorhaben für die Verbesserung der Lebenssituation behinderter Menschen. Für die ÖVP rangen Maria Rauch-Kallat und ich um eine Lösung, uns gegenüber saßen der damalige Salzburger Landesrat Erwin Buchinger und mein SPÖ-Pendant Christine Lapp. Zusätzlich hatte jede Partei zwei Vertreter nominiert, die ebenfalls am Verhandlungstisch saßen. Diesmal ging es mit dem Sprechen schon besser, allerdings klang meine Stimme noch sehr leise und abgehackt. In vielen Punkten gab es Einigkeit, heikle Themen wie die Erhöhung der Beschäftigungszahl behinderter Menschen durch eine Anhebung der Ausgleichstaxe oder durch Aufhebung des Kündigungsschutzes wurden gegen Ende länger und kontroversiell diskutiert.

Ich war schon müde geworden und bat Katja, sie solle doch schnell in die Kantine gehen, um Kaffee zu besorgen. Sie tat es und ging. Ein folgenschwerer Fehler von mir, denn plötzlich merkte ich, dass ich weniger Luft bekam. Die Atemkanüle hatte sich mit eingetrocknetem Schleim verstopft. Hilfesuchend blickte ich zu meiner parlamentarischen Mitarbeiterin Claudia, die den Ernst der Lage erkannte.

»Was ist los?«, fragte sie.

»Ich bekomme keine Luft mehr, die Kanüle hat sich verstopft«, sagte ich stockend. Inzwischen hatten auch die anderen Verhandlungspartner bemerkt, dass ich Probleme mit der Beatmung hatte. Claudia rannte in die Kantine, um Katja zu holen. Betroffene Stille im Sitzungsraum. Ich atmete schwer. Alle sahen sich hilflos und betreten an. Rauch-Kallat und Buchinger führten rasch die Verhandlungen zu Ende; ohne diesen Zwischenfall wäre die Einigung sicherlich nicht so rasch zustande gekommen. Als das Beatmungsgerät alarmierend zu piepsen begann und mir endgültig die Luft auszugehen drohte, tauchten endlich Claudia und Katja auf. Katja saugte mir gekonnt und rasch den Schleim ab, ich bekam wieder Luft und die Verhandlungen waren für alle Beteiligten glücklich zu Ende gegangen.

Der Vorfall war mir eine Lehre: Nie wieder schickte ich meine Assistentin weg. Auch wenn ich noch so müde war, verzichtete ich auf den Kaffee. Mein Leben war mir wichtiger. Ich durfte einfach nicht mehr alleine sein.

Im Jänner 2007 wurde die neue SPÖ-ÖVP-Regierung vom Bundespräsidenten angelobt. Ich rief Christine Lapp, die Behindertensprecherin der SPÖ, an und schlug ihr eine gemeinsame Pressekonferenz vor, in der wir die Eckpunkte des Kapitels »Behinderung« im Koalitionsabkommen vorstellen wollten. Viele Journalisten waren gekommen. Das Sprechen fiel mir zu diesem Zeitpunkt schon wesentlich leichter und ich konnte alle meine Anliegen verständlich vorbringen.

Im »Mittagsjournal« des ORF wurden einige Passagen meines Statements gesendet. Judit hatte es im Radio gehört und rief mich an. »Und, wie war es? Hat man mich verstanden?«, fragte ich.

Judit sagte: »Deine Stimme hat man gehört, aber dein Beatmungsgerät war fast lauter.« Es jaulte wirklich schrecklich laut. Mein Schwiegervater fand immer neue Vergleiche für dieses Geräusch: Mal meinte er einen heulenden Sturm am Gipfelkreuz zu hören, dann wieder einen aufgeschreckten Geist oder jammernde russische Klageweiber. Auch bei einer Fernsehdokumentation für die Sendung »Hohes Haus« hörte man bei den Interviewpassagen meine Stimme im Wettstreit mit der Beatmungsmaschine. Wir mussten das Gerät austauschen und endlich war klar, wer von uns zweien das Sagen hatte.

Die erste Rede im Plenum stand bevor. Wieder hatte ich Angst und Bedenken, ob ich laut genug sprechen konnte, ob die Atemkanüle plötzlich verstopft sein würde… Vor den Abgeordneten und den Fernsehkameras abgesaugt zu werden wäre fürchterlich gewesen. Judit kam eigens ins Parlament, um mir zu helfen. Der Koffer stand griffbereit hinter dem Rednerpult. Wenn die Kanüle verstopfte, würde sie sofort das Absauggerät auspacken und den Schleim absaugen. Ihre Anwesenheit gab mir in doppelter Hinsicht die notwendige Sicherheit.

Doch alles ging gut. Ich redete erstmals durch ein Funkmikrophon, das mir Judit zum Mund hielt, und war zum Erstaunen meiner Kollegen so laut und verständlich wie noch nie zuvor.

Der Arbeitsalltag im Parlament hatte mich wieder. Durch die Beatmung hatte ich mehr Energie, die üblichen Mittagsschläfchen waren nicht mehr notwendig. Um sieben Uhr morgens kam die jeweilige Assistentin, gegen acht Uhr dreißig saß ich bereit im Rollstuhl, und dies ohne Unterbrechung bis kurz nach dem Abendessen. Da das lange Sitzen mich anstrengte, ging ich für meine Verhältnisse früh zu Bett. Gegen zwanzig Uhr verließ mich die Assistentin, ich lag im Bett und sah fern. Die Sehprobleme waren zwar nicht behoben, doch ein Beamer, der ein großes Fernsehbild auf die Wand wirft, machte mir das Fernsehen wieder möglich.

248

Das Signieren gehört zum Geschäft eines Autors – wie immer man es anpackt

Im Parlament wusste ich inzwischen, wo überall Steckdosen versteckt waren, denn mein Leben spielte sich von Steckdose zu Steckdose ab. Wenn die Atemkanüle bei einer Klubsitzung verstopfte, ließ ich sie vor den Augen aller absaugen. Anfangs ein spektakuläres Unterfangen, doch mit der Zeit wurde dieser Vorgang zu einer gewohnten und vertrauten Situation. Gab mir die Assistentin mit Hilfe einer Spritze Wasser durch die Magensonde, fragten die Kollegen: »Isst du wieder etwas?« Ich sagte: »Nein, ich trinke nur Wasser.« Und dann fügte ich hinzu: »Der Vorteil der Magensonde liegt auf der Hand: Ich kann gleichzeitig trinken und reden.« Meine Politiker-Kollegen lachten neidisch.

Im Frühjahr 2007 war ein großer Parteitag in Salzburg anberaumt. Ich wollte Wilhelm Molterer, den ich als Klubchef als Unterstützer für meine Anliegen und als Mensch kennen und schätzen gelernt hatte, als Parteiobmann wählen. Daher meldete ich mich bei der Bundespartei und sagte zur Überraschung aller, dass ich Parteimitglied werden wolle, was ich trotz meines Nationalratsmandats bisher nicht gewesen war.

Die Reise nach Salzburg war der erste längere Ausflug mit Beatmungsgerät. Da man zwar dieses, aber nicht die Befeuchtungsmaschine an die Autobatterie anschließen kann, besteht bei längeren Fahrten immer die Gefahr, dass die Atemkanüle verstopft. Doch alles verlief zum Glück ohne Komplikationen und ich konnte mit meiner Stimmkarte unter den Zuhörern am Parteitag sitzen.

Nach der Rede von Wilhelm Molterer gab es eine offene Diskussion, bei der ich mich zu Wort meldete und unter anderem Folgendes sagte:

»Die ÖVP hat sich auf das Behindertenthema eingelassen und die Bilanz nach vier Jahren kann sich sehen lassen: Behindertengleichstellungsgesetz, Anerkennung der Gebärdensprache im Verfassungsrang, Erhöhung der Beschäftigung behinderter Menschen, Einführung der integrativen Berufsausbildung; Diskriminierungen wie die ›Schulunfähigkeit‹ und die ›körperliche Eignung‹ wurden aus Gesetzen eliminiert. Behinderte Menschen können heute Richter oder Lehrer werden. Vier Jahre zuvor alles noch völlig unvorstellbar.

Heute bin ich überzeugt, dass ich und die Anliegen von Menschen mit Behinderung in der ÖVP sehr gut aufgehoben sind. Die ÖVP ist eine Partei, die Vielfalt, Individualität und Menschenwürde wirklich lebt. Deshalb bin ich dieser Tage der ÖVP beigetreten. Freiwillig! Noch vor vier Jahren für mich völlig unvorstellbar.

Georg Paulmichl, ein sogenannter ›geistig behinderter‹ Autor aus Südtirol, schrieb:

Die Welt braucht keine behinderten Menschen.
Aber da sind sie trotzdem.

Die ÖVP ist meine Partei, da sie nicht etwa wie andere Parteien die Abtreibung auf Krankenschein fordert. Wir sagen: ›Ja zum Leben!‹ ›Nicht durch die Hand eines anderen sterben, sondern an der Hand‹, formulierte einst Kardinal König, und dies kann ich auch als neues ÖVP-Mitglied unterschreiben. Der europaweiten Euthanasie-Debatte setzen wir die Patientenverfügung, Palliativmedizin und Rahmenbedingungen für ein würdiges Leben bis zum Ende durch die Hospizbetreuung entgegen.

Die Menschenwürde ist durch die Gentechnologie, die pränatale Rasterfahndung nach behindertem Leben und die Präimplantationsdiagnostik mehr denn je gefährdet. Die Würde des Menschen muss daher in der Verfassung verankert werden. Wir sollten uns auch nicht vor der Diskussion scheuen, die eugenische Indikation zu streichen. Die Tatsache, dass ein Fötus bei Verdacht auf Behinderung bis zur Geburt abgetrieben werden darf, stellt eine für mich unerträgliche Lebensbewertung und Diskriminierung behinderter Menschen dar.

Die gleichberechtigte Teilhabe und Vielfalt in der Gesellschaft ist Basis der christlichen Soziallehre und darf bei der Schule nicht Halt machen. Auch nicht bei der achten Schulstufe. Wir dürfen Eltern behinderter Kinder nicht im Stich lassen. Die Integration behinderter Kinder darf nicht mit vierzehn Jahren enden.

In Georg Paulmichls Gedicht ›Behinderte‹ heißt es zum Schluss:

Die Körperbehinderten sind im Rollstuhlsitz integriert.
Ob sie im Himmel Einlass finden, weiß nur der liebe Gott.

Einlass in den ÖVP-Klub finden sie auf jeden Fall!

Das Reden funktionierte wunderbar, meine Stimme war laut und deutlich. Offenbar hatte ich auch die Zuhörer mit meinen Worten bewegt, denn sie erhoben sich spontan zu einer »Standing Ovation«. Wolfgang Schüssel kam später zu mir und meinte: »So etwas habe ich noch nicht erlebt. Standing Ovations gibt es üblicherweise nur, wenn jemand seine Politkarriere beendet oder wenn jemand verstorben ist. Nicht, wenn jemand beitritt.« Mit dieser Rede war ich endgültig wieder in die Politik zurückgekehrt.

Schöne Bescherung

Weihnachten 2006. Wie alle Jahre wieder hatte sich die Familie unter dem Christbaum versammelt. Es war wie immer und doch ganz anders. Mein Schwiegervater brachte es auf den Punkt: »Dass wir alle hier sind, ist ein Weihnachtswunder.«

Judit hielt mir die Hand. Wochenlang hatte sie um mein Leben gezittert, während ich im Krankenhaus im künstlichen Tiefschlaf lag. Täglich hatte sie mich zweimal besucht, hatte mit mir geredet, mir vertraute CDs vorgespielt, Briefe vorgelesen, aufmunternde Worte zugeflüstert. Gemeinsam hatten wir den Kampf ums Überleben geführt, ich in meinen Träumen, sie am Bett sitzend, mich streichelnd. Ohne sie, so war ich mir sicher, wäre ich nicht mehr auf der Welt gewesen. Für sie hatte ich weiterleben wollen, für sie den Kampf gegen die Maschinen, die Bakterien, die Entzündungsherde geführt.

Dass wir uns kennengelernt hatten, mag Zufall, Bestimmung oder eine Fügung Gottes gewesen sein. Ich glaube an Letzteres. Als Jugendlicher hatte ich jeden Abend vor dem Einschlafen gebetet: »Bitte lass mich die Frau kennenlernen, die zu mir passt.« Ich lebte in dem Glauben, dass es auf dieser großen Welt zumindest eine Frau geben müsse, die für mich bestimmt sei. Und wenn es eine war, dann Judit. Hatte sie nicht selbst gesagt, jetzt wisse sie endlich, warum sie als Jugendliche beinahe täglich auf den Pfänder gekraxelt war? Ihren durchtrainierten Körper konnte sie nun bei meiner Pflege einsetzen, ich war ihr bestes Sportgerät. Als junge Frau hatte sie zudem in Moskau Lifte repariert. Wer es schaffe, diese desolaten Geräte wieder instand zu setzen, scherzte sie, für den sei die Reparatur eines Rollstuhls ein Kinderspiel. Auch dieses Talent kann sie nun gut gebrauchen.

Obgleich solche Begabungen in der Bewältigung meines Alltags sehr nützlich sind, liebe ich Judit nicht deshalb. Ich liebe sie wegen ihres Humors, ihrer Verständnisfähigkeit, ihres Engagements, ihrer Kinder- und Menschenliebe. Sie ist der wunderbarste Mensch, den ich mir an meiner Seite vorstellen kann.

Als wir uns vor dreizehn Jahren kennenlernten, war ich bereits be-

Der wunderbarste Mensch an meiner Seite

hindert, aber es war nicht absehbar, wie sich mein Zustand entwickeln würde. Damals saß ich zwar im Rollstuhl, war aber mit meinem Auto völlig mobil. Heute kann ich weder Auto fahren noch alleine essen noch mir die Zähne putzen. Wenn mich im Gesicht etwas juckt, kann ich mich nicht kratzen; jede Bewegung meines Körpers muss von einer anderen Person ausgeführt werden. Judit nahm diese Verschlechterungen hin, klagte nie und hielt auch in schlechten Stunden zu mir.

Wir hatten schöne Zeiten miteinander erlebt, waren auf Reisen quer durch Europa gewesen, hatten gemeinsam gekocht. Unsere Tochter Katharina ist unser großes Glück. Gemeinsam prägten Judit und ich die österreichische Behindertenpolitik, ich im Parlament als Abgeordneter, sie bescheiden im Hintergrund. Wenn ich nicht weiterwusste, konnte ich auf Judits Erfahrungen zurückgreifen, die sie in verschiedenen Ministerbüros gesammelt hatte.

In der Nacht besuchten wir gemeinsam die Mitternachtsmette in der Pfarre Namen Jesu in Meidling. Dort zelebrieren Pfarrer Tomas Kaupeny und Kardinal Christoph Schönborn jede Weihnachten gemeinsam die Messe. Hanni, ein Mitglied der Caritasgemeinde, hatte uns Plätze reserviert. Als sie Monate zuvor erfahren hatte, dass ich plötzlich ins Krankenhaus müsse und dass es mir sehr schlecht gehe, hatte sie alle Hebel in Bewegung gesetzt, um Pfarrer Kaupeny davon in Kenntnis zu setzen. Er stand Judit mit Rat und Tat zur Seite. Eine wichtige moralische Unterstützung war auch, dass die Kirchengemeinde bei jeder Sonntagsmesse an mich dachte. So gab es bei der Messe am Heiligen Abend großen Applaus, dass ich wieder da war.

Mit meinem Kommen hatte ich ein Versprechen eingelöst. Als ich im Oktober im Otto-Wagner-Spital gelegen war, war Kardinal Schönborn, der zufällig eben dort war, an mein Bett gekommen. Ich konnte damals kaum sprechen und Judit übersetzte meine schwer verständlichen Worte: »Wir sehen uns bei der Messe am Heiligen Abend.« Fragend blickte sie zur Oberärztin. Die lächelte und nickte: »Das dürfte sich ausgehen.« Es ist sich ausgegangen.

Bildnachweis

Jakop Glaser: S. 203
A. Felicitas Kruse: S. 169
Bettina Mayr-Siegl: S. 213 und 249
Gerhardt Ordnung: S. 111
Eva Thebert: S. 231
Alle weiteren Fotos stammen aus dem Privatbesitz von
Dr. F.-J. Huainigg

Freundlicher Dank gilt dem Verlag Ibera, aus dessen Buch »Auf der
Seite des Lebens« (Hg. von F.-J. Huainigg) ein Auszug für das Kapitel
»Schöne Bescherung« übernommen wurde.

ISBN 978-3-219-11323-5

ISBN 978-3-219-11198-9

ISBN 978-3-219-11097-5

ISBN 978-3-219-11218-4

ISBN 978-3-219-11291-7

ISBN 978-3-8000-1603-7